心一堂術數古籍珍本叢刊

書名：《人相學之新研究》《看相偶述》合刊
系列：心一堂術數古籍珍本叢刊　相術類　第二輯　148
作者：盧毅安
主編、責任編輯：陳劍聰
心一堂術數古籍珍本叢刊編校小組：陳劍聰　素聞　梁松盛　鄒偉才　虛白盧主

出版：心一堂有限公司
通訊地址：香港九龍旺角彌敦道六一〇號荷李活商業中心十八樓〇五－〇六室
深港讀者服務中心：中國深圳市羅湖區立新路六號羅湖商業大厦負一層〇〇八室
電話號碼：(852)67150840
網址：publish.sunyata.cc
電郵：sunyatabook@gmail.com
網店：http://book.sunyata.cc
淘寶店地址：https://shop210782774.taobao.com
微店地址：https://weidian.com/s/1212826297
臉書：https://www.facebook.com/sunyatabook
讀者論壇：http://bbs.sunyata.cc/

版次：二零一六年六月初版
平裝

定價：港幣　一百八十元正
人民幣　一百八十元正
新台幣　七百九十八元正

國際書號：ISBN 978-988-8317-21-9

香港發行：香港聯合書刊物流有限公司
地址：香港新界大埔汀麗路36號中華商務印刷大厦3樓
電話號碼：(852)2150-2100
傳真號碼：(852)2407-3062
電郵：info@suplogistics.com.hk

台灣發行：秀威資訊科技股份有限公司
地址：台灣台北市內湖區瑞光路七十六巷六十五號一樓
電話號碼：+886-2-2796-3638
傳真號碼：+886-2-2796-1377
網絡書店：www.bodbooks.com.tw
台灣國家書店讀者服務中心：
地址：台灣台北市中山區松江路二〇九號一樓
電話號碼：+886-2-2518-0207
傳真號碼：+886-2-2518-0778
網絡書店：http://www.govbooks.com.tw

中國大陸發行　零售：深圳心一堂文化傳播有限公司
深圳地址：深圳市羅湖區立新路六號羅湖商業大厦負一層〇〇八室
電話號碼：(86)0755-82224934

心一堂微店二維碼

心一堂淘寶店二維碼

心一堂術數古籍 珍本整理叢刊 總序

術數定義

術數，大概可謂以「推算（推演）、預測人（個人、群體、國家等）、事、物、自然現象、時間、空間方位等規律及氣數，並或通過種種『方術』，從而達致趨吉避凶或某種特定目的」之知識體系和方法。

術數類別

我國術數的內容類別，歷代不盡相同，例如《漢書・藝文志》中載，漢代術數有六類：天文、曆譜、五行、蓍龜、雜占、形法。至清代《四庫全書》，術數類則有：數學、占候、相宅相墓、占卜、命書、相書、陰陽五行、雜技術等，其他如《後漢書・方術部》、《藝文類聚・方術部》、《太平御覽・方術部》等，對於術數的分類，皆有差異。古代多把天文、曆譜、及部分數學均歸入術數類，而民間流行亦視傳統醫學作為術數的一環；此外，有些術數與宗教中的方術亦往往難以分開。現代民間則常將各種術數歸納為五大類別：命、卜、相、醫、山，通稱「五術」。

本叢刊在《四庫全書》的分類基礎上，將術數分為九大類別：占筮、星命、相術、堪輿、選擇、三式、讖諱、理數（陰陽五行）、雜術（其他）。而未收天文、曆譜、算術、宗教方術、醫學。

術數思想與發展——從術到學，乃至合道

我國術數是由上古的占星、卜筮、形法等術發展下來的。其中卜筮之術，是歷經夏商周三代而通過「龜卜、蓍筮」得出卜（筮）辭的一種預測（吉凶成敗）術，之後歸納並結集成書，此即現傳之《易

經》。經過春秋戰國至秦漢之際，受到當時諸子百家的影響、儒家的推崇，遂有《易傳》等的出現，原本是卜筮術書的《易經》，被提升及解讀成有包涵「天地之道（理）」之學。因此，《易・繫辭傳》曰：「易與天地準，故能彌綸天地之道。」

漢代以後，易學中的陰陽學說，與五行、九宮、干支、氣運、災變、律曆、卦氣、讖緯、天人感應說等相結合，形成易學中象數系統。而其他原與《易經》本來沒有關係的術數，如占星、形法、選擇，亦漸漸以易理（象數學說）為依歸。《四庫全書・易類小序》云：「術數之興，多在秦漢以後。要其旨，不出乎陰陽五行，生尅制化。實皆《易》之支派，傳以雜說耳。」至此，術數可謂已由「術」發展成「學」。

及至宋代，術數理論與理學中的河圖洛書、太極圖、邵雍先天之學及皇極經世等學說給合，通過術數以演繹理學中「天地中有一太極，萬物中各有一太極」（《朱子語類》）的思想。術數理論不單已發展至十分成熟，而且也從其學理中衍生一些新的方法或理論，如《梅花易數》、《河洛理數》等。

在傳統上，術數功能往往不止於僅僅作為趨吉避凶的方術，及「能彌綸天地之道」的學問，亦有其「修心養性」的功能，「與道合一」（修道）的內涵。《素問・上古天真論》：「上古之人，其知道者，法於陰陽，和於術數。」數之意義，不單是外在的算數、歷數、氣數，而是與理學中同等的「道」、「理」——心性的功能，北宋理氣家邵雍對此多有發揮：「聖人之心，是亦數也」、「萬化萬事生乎心」、「心為太極」。《觀物外篇》：「先天之學，心法也。……蓋天地萬物之理，盡在其中矣，心一而不分，則能應萬物。」反過來說，宋代的術數理論，受到當時理學、佛道及宋易影響，認為心性本質上是等同天地之太極。天地萬物氣數規律，能通過內觀自心而有所感知，即是內心也已具備有術數的推演及預測、感知能力；相傳是邵雍所創之《梅花易數》，便是在這樣的背景下誕生。

《易・文言傳》已有「積善之家，必有餘慶；積不善之家，必有餘殃」之說，至漢代流行的災變說及讖緯說，我國數千年來都認為天災，異常天象（自然現象），皆與一國或一地的施政者失德有關；下至家族、個人之盛衰，也都與一族一人之德行修養有關。因此，我國術數中除了吉凶盛衰理數之外，人心的德行修養，也是趨吉避凶的一個關鍵因素。

術數與宗教、修道

在這種思想之下，我國術數不單只是附屬於巫術或宗教行為的方術，又往往是一種宗教的修煉手段--通過術數，以知陰陽，乃至合陰陽（道）。「其知道者，法於陰陽，和於術數。」例如，「奇門遁甲」術中，即分為「術奇門」與「法奇門」兩大類。「法奇門」中有大量道教中符籙、手印、存想、內煉的內容，是道教內丹外法的一種重要外法修煉體系。甚至在雷法一系的修煉上，亦大量應用了術數內容。此外，相術、堪輿術中也有修煉望氣（氣的形狀、顏色）的方法；堪輿家除了選擇陰陽宅之吉凶外，也有道教中選擇適合修道環境（法、財、侶、地中的地）的方法，以至通過堪輿術觀察天地山川陰陽之氣，亦成為領悟陰陽金丹大道的一途。

易學體系以外的術數與的少數民族的術數

我國術數中，也有不用或不全用易理作為其理論依據的，如揚雄的《太玄》、司馬光的《潛虛》。也有一些占卜法、雜術不屬於《易經》系統，不過對後世影響較少而已。

外來宗教及少數民族中也有不少雖受漢文化影響（如陰陽、五行、二十八宿等學說。）但仍自成系統的術數，如古代的西夏、突厥、吐魯番等占卜及星占術，藏族中有多種藏傳佛教占卜術、苯教占卜術、擇吉術、推命術、相術等；北方少數民族有薩滿教占卜術；不少少數民族如水族、白族、布朗族、佤族、彝族、苗族等，皆有占雞（卦）草卜、雞蛋卜等術，納西族的占星術、占卜術，彝族畢摩的推命術、占卜術……等等，都是屬於《易經》體系以外的術數。相對上，外國傳入的術數以及其理論，對我國術數影響更大。

曆法、推步術與外來術數的影響

我國的術數與曆法的關係非常緊密。早期的術數中，很多是利用星宿或星宿組合的位置（如某星在某州或某宮某度）付予某種吉凶意義，并據之以推演，例如歲星（木星）、月將（某月太陽所躔之宮次）等。不過，由於不同的古代曆法推步的誤差及歲差的問題，若干年後，其術數所用之星辰的位置，已與真實星辰的位置不一樣了；此如歲星（木星），早期的曆法及術數以十二年為一周期（以應地支），與木星真實周期十一點八六年，每幾十年便錯一宮。後來術家又設一「太歲」的假想星體來解決，是歲星運行的相反，週期亦剛好是十二年。而術數中的神煞，很多即是根據太歲的位置而定。又如六壬術中的「月將」，原是立春節氣後太陽躔娵訾之次而稱作「登明亥將」，至宋代，因歲差的關係，要到雨水節氣後太陽才躔娵訾之次，當時沈括提出了修正，但明清時六壬術中「月將」仍然沿用宋代沈括修正的起法沒有再修正。

由於以真實星象周期的推步術是非常繁複，而且古代星象推步術本身亦有不少誤差，大多數術數除依曆書保留了太陽（節氣）、太陰（月相）的簡單宮次計算外，漸漸形成根據干支、日月等的各自起例，以起出其他具有不同含義的眾多假想星象及神煞系統。唐宋以後，我國絕大部分術數都主要沿用這一系統，也出現了不少完全脫離真實星象的術數，如《子平術》、《紫微斗數》、《鐵版神數》等。後來就連一些利用真實星辰位置的術數，如《七政四餘術》及選擇法中的《天星選擇》，也已與假想星象及神煞混合而使用了。

隨着古代外國曆（推步）、術數的傳入，如唐代傳入的印度曆法及術數，元代傳入的回回曆等，其中我國占星術便吸收了印度占星術中羅睺星、計都星等而形成四餘星，又通過阿拉伯占星術而吸收了其中來自希臘、巴比倫占星術的黃道十二宮、四大（四元素）學說（地、水、火、風），並與我國傳統的二十八宿、五行說、神煞系統並存而形成《七政四餘術》。此外，一些術數中的北斗星名，不用我國傳統的星名：天樞、天璇、天璣、天權、玉衡、開陽、搖光，而是使用來自印度梵文所譯的：貪狼、巨門、祿存、文曲，廉貞、武曲、破軍等，此明顯是受到唐代從印度傳入的曆法及占星術所影響。如星命術中的《紫微斗數》及堪輿術中的《撼龍經》等文獻中，其星皆用印度譯名。及至清初《時憲曆》，置閏之法則改用西法「定氣」。清代以後的術數，又作過不少的調整。

此外，我國相術中的面相術、手相術，唐宋之際受印度相術影響頗大，至民國初年，又通過翻譯歐西、日本的相術書籍而大量吸收歐西相術的內容，形成了現代我國坊間流行的新式相術。

陰陽學——術數在古代、官方管理及外國的影響

術數在古代社會中一直扮演着一個非常重要的角色，影響層面不單只是某一階層、某一職業、某一年齡的人，而是上自帝王，下至普通百姓，從出生到死亡，不論是生活上的小事如洗髮、出行等，大事如建房、入伙、出兵等，從個人、家族以至國家，從天文、氣象、地理到人事、軍事，從民俗、學術到宗教，都離不開術數的應用。我國最晚在唐代開始，已把以上術數之學，稱作陰陽（學），行術數者稱陰陽人。（敦煌文書、斯四三二七唐《師師漫語話》：「以下說陰陽人謾語話」，此說法後來傳入日本，今日本人稱行術數者為「陰陽師」）。一直到了清末，欽天監中負責陰陽術數的官員中，以及民間術數之士，仍名陰陽生。

古代政府的中欽天監（司天監），除了負責天文、曆法、輿地之外，亦精通其他如星占、選擇、堪輿等術數，除在皇室人員及朝庭中應用外，也定期頒行日書、修定術數，使民間對於天文、日曆用事吉凶及使用其他術數時，有所依從。

我國古代政府對官方及民間陰陽學及陰陽官員，從其內容、人員的選拔、培訓、認證、考核、律法監管等，都有制度。至明清兩代，其制度更為完善、嚴格。

宋代官學之中，課程中已有陰陽學及其考試的內容。（宋徽宗崇寧三年〔一一零四年〕崇寧算學令：「諸學生習……並曆算、三式、天文書。」「諸試……三式即射覆及預占三日陰陽風雨。天文即預

定一月或一季分野災祥，並以依經備草合問為通。」

金代司天臺，從民間「草澤人」（即民間習術數人士）考試選拔：「其試之制，以《宣明曆》試推步，及《婚書》、《地理新書》試合婚、安葬，並《易》筮法，六壬課、三命、五星之術。」（《金史》卷五十一・志第三十二・選舉一）

元代為進一步加強官方陰陽學對民間的影響、管理、控制及培育，除沿襲宋代、金代在司天監掌管陰陽學及中央的官學陰陽學課程之外，更在地方上增設陰陽學課程（《元史・選舉志一》：「世祖至元二十八年夏六月始置諸路陰陽學。」）地方上也設陰陽學教授員，培育及管轄地方陰陽人。（《元史・選舉志一》：「（元仁宗）延祐初，令陰陽人依儒醫例，於路、府、州設教授員，凡陰陽人皆管轄之，而上屬於太史焉。」）自此，民間的陰陽術士（陰陽人），被納入官方的管轄之下。

至明清兩代，陰陽學制度更為完善。中央欽天監掌管陰陽學，明代地方縣設陰陽學正術，各州設陰陽學典術，各縣設陰陽學訓術。陰陽人從地方陰陽學肄業或被選拔出來後，再送到欽天監考試。（《大明會典》卷二二三：「凡天下府州縣舉到陰陽人堪任正術等官者，俱從吏部送（欽天監），考中，送回選用；不中者發回原籍為民，原保官吏治罪。」）清代大致沿用明制，凡陰陽術數之流，悉歸中央欽天監及地方陰陽官員管理、培訓、認證。至今尚有「紹興府陰陽印」、「東光縣陰陽學記」等明代銅印，及某某縣某某之清代陰陽執照等傳世。

清代欽天監漏刻科對官員要求甚為嚴格。《大清會典》「國子監」規定：「凡算學之教，設肄業生。滿洲十有二人，蒙古、漢軍各六人，於各旗官學內考取。漢十有二人，於舉人、貢監生童內考取。附學生二十四人，由欽天監選送。教以天文演算法諸書，五年學業有成，舉人引見以欽天監博士用，貢監生童以天文生補用。」學生在官學肄業、貢監生肄業或考得舉人後，經過了五年對天文、算法、陰陽學的學習，其中精通陰陽術數者，會送往漏刻科。而在欽天監供職的官員，《大清會典則例》「欽天監」規定：「本監官生三年考核一次，術業精通者，保題升用。不及者，停其升轉，再加學習。如能黽勉供職，即予開復。仍不及者，降職一等，再令學習三年，能習熟者，准予開復，仍不能者，黜退。」除定期考核以定其升用降職外，《大清律例》中對陰陽術士不準確的推斷（妄言禍福）是要治罪的。《大清律例・一七八・術七・妄言禍福》：「凡陰陽術士，不許於大小文武官員之家妄言禍福，違者杖一百。其依經推算星命卜課，不在禁限。」大小文武官員延請的陰陽術士，自然是以欽天監漏刻科官員或地方陰陽官員為主。

官方陰陽學制度也影響鄰國如朝鮮、日本、越南等地，一直到了民國時期，鄰國仍然沿用着我國的多種術數。而我國的漢族術數，在古代甚至影響遍及西夏、突厥、吐蕃、阿拉伯、印度、東南亞諸國。

術數研究

術數在我國古代社會雖然影響深遠，「是傳統中國理念中的一門科學，從傳統的陰陽、五行、九宮、八卦、河圖、洛書等觀念作大自然的研究。……傳統中國的天文學、數學、煉丹術等，要到上世紀中葉始受世界學者肯定。可是，術數還未受到應得的注意。術數在傳統中國科技史、思想史，文化史、社會史，甚至軍事史都有一定的影響。……更進一步了解術數，我們將更能了解中國歷史的全貌。」（何丙郁《術數、天文與醫學中國科技史的新視野》，香港城市大學中國文化中心。）

可是術數至今一直不受正統學界所重視，加上術家藏秘自珍，又揚言天機不可洩漏，「（術數）乃吾國科學與哲學融貫而成一種學說，數千年來傳衍嬗變，或隱或現，全賴一二有心人為之繼續維繫，賴以不絕，其中確有學術上研究之價值，非徒癡人說夢，荒誕不經之謂也。其所以至今不能在科學中成立一種地位者，實有數因。蓋古代士大夫階級目醫卜星相為九流之學，多恥道之；而發明諸大師又故為惝恍迷離之辭，以待後人探索；間有一二賢者有所發明，亦秘莫如深，既恐洩天地之秘，復恐譏為旁門左道，始終不肯公開研究，成立一有系統說明之書籍，貽之後世。故居今日而欲研究此種學術，實一極困難之事。」（民國徐樂吾《子平真詮評註》，方重審序）

現存的術數古籍，除極少數是唐、宋、元的版本外，絕大多數是明、清兩代的版本。其內容也主要是明、清兩代流行的術數，唐宋或以前的術數及其書籍，大部分均已失傳，只能從史料記載、出土文獻、敦煌遺書中稍窺一鱗半爪。

術數版本

坊間術數古籍版本，大多是晚清書坊之翻刻本及民國書賈之重排本，其中豕亥魚魯，或任意增刪，往往文意全非，以至不能卒讀。現今不論是術數愛好者，還是民俗、史學、社會、文化、版本等學術研究者，要想得一常見術數書籍的善本、原版，已經非常困難，更遑論如稿本、鈔本、孤本等珍稀版本。在文獻不足及缺乏善本的情況下，要想對術數的源流、理法、及其影響，作全面深入的研究，幾不可能。

有見及此，本叢刊編校小組經多年努力及多方協助，在海內外搜羅了二十世紀六十年代以前漢文為主的術數類善本、珍本、鈔本、孤本、稿本、批校本等數百種，精選出其中最佳版本，分別輯入兩個系列：

一、心一堂術數古籍珍本叢刊

二、心一堂術數古籍整理叢刊

前者以最新數碼（數位）技術清理、修復珍本原本的版面，更正明顯的錯訛，部分善本更以原色彩色精印，務求更勝原本。并以每百多種珍本、一百二十冊為一輯，分輯出版，以饗讀者。

後者延請、稿約有關專家、學者，以善本、珍本等作底本，參以其他版本，古籍進行審定、校勘、注釋，務求打造一最善版本，方便現代人閱讀、理解、研究等之用。

限於編校小組的水平，版本選擇及考證、文字修正、提要內容等方面，恐有疏漏及舛誤之處，懇請方家不吝指正。

心一堂術數古籍 珍本 整理 叢刊編校小組

二零零九年七月序

二零一四年九月第三次修訂

序

近代科學漸發達，尋常之見囿于物質，不可思議之形而上學，則每識爲玄，因而形相學亦被擠于玄之列。不知形不離物質，藏于形而近奧妙者爲色與氣，慧眼能深察之，是有條理可尋，有效驗可徵，若疑爲玄學，不如証明爲科學較當也。人身如一小天地，自日月星辰，山川河嶽，電光雲團，森林蕪野，包羅萬有之文，蘊蓄無量之藏，無處而不可以發秘搜奇，無時而不可以超常突變，是殆有待于天聽厚，學力深，經驗宏富者，會其隱微而使得之。常人于此三者不備具；無從說起矣，就令三者備具焉，亦有程度深淺之分。毅安天聽之厚，最特異者，在全副眼睛，其運用幾如X光鏡，蓋科學儀器也，然則非尋常所謂天聽厚者所能及，故毅安之眼睛，亦物質科學也，並益以不可思議之玄，儲藏于其心靈中者無限，宜其周察隱微，每料輒中，然則又豈常情所能測耶。三十年前，毅安曾著人相學，載譽一時，最近數年間又有看相偶述之著，予受而讀之，益嘖嘖稱奇！管公明復生今日，當拜下風矣。孔子降生二千五百有六年乙未春伍憲子序於九龍半島之雞鳴風雨樓。

自序

辛卯夏，客居無裡，時集三數友好，縱談學藝。詞鋒所至，與會飈發，往往運用人相學理，臧否當代人豪，描述所見經過，而剖析其勝敗得失之源，藉窺世運所趨，其所言說，縱無補于時，然亦有足資一代史料，故未忍遽棄。客退，輒搦筆記之，以顯淺週密之俚詞，闡發艱深之相理，舉例引証，風趣盎然，務令讀者可不假思索，而得到相學的輪廓，故所記雖屬區區餘話，意尚自得。又竊自念，一旦發佈，即招時忌，乃隱藏篋底，瞬逾三載，更不願為此，留待身後，只將其刺目部分，予以刪除，誠非得已，知我罪我，未遑顧也。此外另謄以相理之精微，而鮮為世人有統系的所道及，又足資治相學之津逮者，錄寫若干言。予以參証，相學眞諦，披此亦可了然洞悉矣。乙未仲春盧毅安序于香港之超觀室。

序

命運之說。果有據乎。此則自孔墨以來。成爲二千餘年之懸案。而未嘗解决者也。然而儒者之言任命。乃慰其情於失意之後。墨者之言非命、乃鼓其勇於進取之先。此乃教育家之學說。原非就科學的研究有所發明也。且從來命運之辯論。總不外乎禍福範圍。禍福云者。乃事實之結果。然所以能載福致禍之由。固自有其原因。欲究其原。非從生理學及心理學兩方面融會而貫通之。莫能知也。見羔羊而知其馴良。見兇虎則知其兇暴。此則辨情性於狀貌。乃骨相學之所由起。生理學之範圍也。羞慚則容赤。恐懼則容白。所謂有諸內。必形諸外。乃氣色學之所由起。心理學之範圍也。是故非命者。固近於武斷。而任命者。亦未能探其源。遇兇虎而狎之。禍乃立見。是則禍福因果。從可知矣。吾友盧君毅安。以學問之餘力。復精研相人之術。其驚世駭俗之譚。喧傳已久。無待余言。且余之於斯學。未嘗問津。但以相處既深。每側聞其緒餘。而知其用力之所在。彼蓋由性質而定事業。由事業而定禍福者也。若所執之業。合乎其人之本性。則結果必成功。是謂之福。反是則謂之禍。此則眞能窮禍福之本原。而異乎流俗者矣。且盧君又力持命運可以改造之說。其立論非從作善降祥方面。乃從不立乎巖牆方面而也。此則眞能知命者矣。此其大畧也。若欲窺其奧。則須讀盧君之書矣。甲子仲夏新會梁仲策識

序

信少時聞人談神怪之事。是相之學。竊心焉非之。蓋以虛無荒渺之論。實背乎即物窮理之旨也。自負笈海外。稍讀哲學及心理學等書。乃知心理感應。原具有不可思議之能力。吾人以腦力所限。未能領會其究竟。故凡一切不能了解之事。無以名之。名之曰神怪而已。民國二年冬。國會解散。小住津門。時陳君瀾生。亦居津。遂常過從。陳君本財政專家。又以數學深邃著於時。顧於星命之學。言之津津有味。吾固未之信。抑亦無由領會也。時有某人爲陳君推算。謂民國五年。陳君必掌財權。然至民國六年春末而止。陳君對於此言。亦認爲有研究價值。未幾陳君西去倫敦。余亦南返上海。人事倥傯。轉瞬而民國六年春矣。余自漢抵京。得與陳君相晤於某氏座中。陳君以遷於東鐵匠胡同某宅相告。余應之曰。新宅亭園頗佳。中有池。滿栽荷花。雖冬令稍寒。而夏景不俗。陳君曰。然至夏間。此宅已非吾宅矣。余詰以何故。陳君笑曰。民國二年。津門之預言。乃竟忘之乎。余乃恍然笑曰。此種讕言。胡竟信爲事實耶。乃未幾而財政部之大獄起矣。余至是心志搖動。已不敢謂星命之學。全爲無稽。再進而求其證據。則不足徵者固多。而若合符節者。仍不少。反復思求。不得其解。乃購星命之書。涉獵一過。而朋輩中凡通是學者。亦就之請益。然不得其解。仍如故也。一日在某外國雜誌中。得閱一文。論地球太陽彗星之關係。忽恍然有悟曰。噫吾知之矣。然則所謂數者。一定之軌道之謂。星命學之所謂數。正科學上之所謂軌道也。就地球與太陽言之。假使地球去太陽太遠。則人類日在冰天雪海之中。地球去太陽太近。則人類不至焦頭爛額不止。顧地球自轉。爲時已久。而去太陽之遠近。無甚變動者。何也。無他。蓋因有一定之軌道。亦即所謂數也。地球與太陽不能脫離此數字。則生息於地球上之人類。詎能超出於數外乎。民國七年。余因事來津。朋輩中。極道盧君毅安善讀相人書。有所言無不奇驗。余因是甚欲一面其人。至年前乃因黃芬圃君。始獲交焉。初疑其人與普通之相士等耳。及獲交以後。乃悉其人品節之高亢。學問之淵深。不禁爽然自失曰。此非相士也。是固相學者也。所謂相士者。但能讀相人之書。不求甚解。即出而問世曰吾固善相也。毅安君則不然。於科學中以研求相之理。於經驗中。以推究相之用。彼所謂相士者。知其所當然而止。絕不知其所以然。亦不問其所以然。若毅安君則知其所當然。而又求其所以然者也。吾國之有相術。由來已久。周內史叔服相公孫敖之二子。九方歅相子綦之八子。鄭神巫之相壺子。呂公之相漢祖。老父之相呂后。此相術之見諸左史莊列諸古籍者。至相人之書。則上自漢書藝文志。以迄於書肆所印行者。其類甚多。然謂爲相術之書則可。謂爲相學之書則未也。今毅安君以其歷年研究之所得。著爲相談一書。稿既成。出以相示。余受而讀之。既竟。恍然大悟。知少時所認爲虛無荒渺之論。實無背乎即物窮理之旨。所謂虛無荒渺者。蓋未即物以窮其理耳。是故相術。則虛無荒渺之論也。相學。則即物窮理之學也。相學非單簡之學問。乃集合各種科學而成。而心理學生理學尤爲主要之部分。此相學之書。所以難能而可貴。吾國人祇知有相術。而不知有相學。今得此書。不特相術進步。將日起而有功。而其關於科學上。又豈淺鮮哉。民國十三年立夏日盧信謹序

序

毅安少年遊藝。不幸而知相術。固未嘗欲以此問於時也。歸國以還。朋舊遊談。興會飆發。往往有所表露。談言微中。輒驚儕輩。浸假而朝紳顯宦。奔走其門。甚至方鎮連牽。耳其名。千里幣致。昔所以供談笑之資者。今遂成自苦之具。或且以抑揚予奪。獲罪時流。此眞非毅安所樂爲也。毅安讀書富所習。政治法律經濟諸科學。無不深造而有得。顧皆爲相術掩。若無復有他長。嗚呼。富貴熱中。徼倖無忌。世人之心皆已死矣。吾偏有術焉。以投其所好。因果影響。當如是矣。友朋以毅安苦。又此後應致力之事方多。不宜舉寶貴之光陰。役役於爲人之學。群謂不如有所著述。以厭求者。使自心領神會於語言之外。毅安韙其說。閉戶數月。遂成此書。此毅安涕泣悔罪之辭也。若以爲衒術於世則謬矣。余爲建言者之一人。故知其著書之緣起。雖不文。不得不爲之叙述。甲子長夏順德盧毅叙於京師北垣之道樞廬

序

相學果足憑信乎。余不敢遽決也。蓋相者。世人以爲知人之過去未來。而超乎科學之可能者。實未敢輕信。然史書所載。恆謂有徵。而身所見聞。亦時有奇驗。抑又何也。是故相學在學問上地位如何。實有大堪研究者。謂相學爲一科學。似無不可。以其由統計學而成。如所謂耳長者必壽是也。然耳長何以必壽。則非統計之學所能知。似別有精微玄妙之理。存乎其間矣。科學乃盡人所能學者。既非科學。則不然。然則江湖鬻技者流。僅讀麻衣柳莊數書。而自命能相者。其眞能通相學者乎。余友盧君毅安夙治政治經濟之學。造詣至深。而游藝之餘。旁及相學。其研究之方法。別有領會。故重內相。多論性情才智。而不斷斷於吉凶禍福之末。蓋眞能得相學之盧旨者也。頃盧君徇衆人之請。舉所蘊蓄。著成一書。以厭求者。名曰相譚。徵言於余。余雖不知相。但與精君相處既久。亦不敢以不文辭。因述所懷。答之。非敢言序也。甲子七月香山鄭天錫

序

相術爲治世所不談。以其人有恆產。事有常軌。無法外之休咎。無意外之希冀。故斯道不甚見重於世。而人亦不懷有求相人之心。亂世則不然。許劭管輅之說。得以傾倒一世者。正以時非太平。而是非賞罰。不明不行。人人有非分之心。許管諸說。遂乘之而起。往往因時勢之向背。其言乃亦多奇中。是雖小道。可以覘世變矣。盧君毅安。於今之時。乃精斯術。吾觀是册。甚佩其有所見。而益歎世道之不古若也。於是乎言。甲子中秋羅文幹識

序

相學非小道也。上古惟聖哲。能通之。知人性情心術疾病死生。不徒在形相之長短大小美醜也。春秋以降。漸失其眞。以貌取人。粗於牝牡。相學由是衰矣。荀子非相。所以力攻相形。謂古之人。無有也。吾友盧君毅安。天姿穎悟。間學東瀛。法律經濟之外。旁求相術。擷其精華而歸。勤搜中國古籍以證之。毅安相學。遂集中外大成。間以相人。無不奇驗。然毅安常自秘。不肯炫也。夫人生不能與社會國家相離。則人與人之交際。大之關係乎政治。小之關係乎倫常。用人擇交。皆當謹慎。尚書知人則哲之訓。大易同人於野之占。苟非善相。何以判焉。自世衰道微。天心好亂。人懷非分。事越常軌。愚妄之夫。自欺之徒。往往攬鏡慰情。自信其頭顱身手。挾術求售者。遂徧都市。投其所好。車轍盈門。毅安恥之。以爲相術。不若是之輕也。又惡乎鄙雜之察察。非明哲保身之道也。益秘不肯談。然而毅安不談。今中國更孰能談之。相術之精。原不可以載籍求。漢書藝文志之相人二十四卷既失。後賢所集。今四庫所收。能爲有條理之發明者。絕少。中智之士。欲得門徑已難。毅安所長在天資。其頭骨之構造。異乎尋常。雙目炯炯。如X光線。無待懸絲辨豆也。更以中外載籍之博。石龍法眼之徒之切磋。此豈死讀麻衣柳莊書者所可幾及。二三友朋。時強毅安著書。久之不得已。乃成相談一卷。二三友朋。謀付之梓。問序於予。予因知相術之深粹。非一卷書所能盡也。其精妙非筆墨所能傳也。然而數千年來。庸耳俗目。所詫爲神秘。或斥爲迷信。或視爲無稽者。今毅安能用科學說明之。不襲術士窮通休咎之粗迹。而直抉性情心術之微。探疾病死生之奧。是亦漢以後可貴之書矣。天地閉塞。毅安所懷抱經世之學。無以顯於時。然出其緒餘之相學。以救世。亦人生切用之學也。故序之。以告國人。甲子四月順德伍非

人相學之新研究目錄

人相學之新研究

盧毅安述

第一篇 原理

第一章 緒論

(一)緒言 今之以能相自命者衆矣。顧或驗或不驗。且不驗較驗者居多。世人以是或弗信。搢紳先生尤非之。夫相術起原。書缺有間。莫之詳也。然自內史叔服見於傳。能者接踵。亦既數千年於茲矣。向使持之無故。所言莫驗。其術當滅絕久。而何恃以至今尚存。於以知相雖小道。而始終能成一家言者。其中必有物也。夫吾既以相爲無可非。間嘗求其定義。蓋相學者。鑒貌辨色。足以察其心中之情狀。而考其運命之所屆也。其術如工師視木。但審外皮。而其質之堅脆。年之久暫。無逃於目焉。若輔以植物學之新智識。則其將來之結局。更可預測而先決焉。載稽典籍。有風鑑、水鏡、圖南、人相、骨相、神相、諸名稱。而普通謂之相學相術。命名雖殊。其實皆指此道也。又按相字。入之目部。不居木部。吾意相字偏旁。非從木。似由人字十字相併而成。其義爲十人之目。蓋可作積經驗而重觀察解也。抑此道不獨吾國有之。即泰西亦極風行。其命之曰Physiognomy 廣爲解釋。乃對於自然智識之意。原以人類本能。生而能相。故在若許程度之內。凡宇宙間森羅萬象。皆可以智力所及。而悉曉然。

惟吾人各自有感情。一切眞象。輒易受其所蔽。故不能專藉本能遍相萬物。譬如我以此人爲惡者矣。然其果爲惡與否。非俟學問上之証明。不能確定也。而能爲此証明者。惟相術是賴。吾前以游藝自娛。旁及相人之術與學者。歷有年所。博覽群籍。見道其道者。純從經驗立言。然苟求其靈驗之故。根據何在。未由明也。故自有科學智識者視之。類不能解。且以其所舉原理。多未一貫。無以闡其說也。吾於是大惑。乃益發憤。盡發生理、心理、解剖、人類、及新近始創之心理哲學。即(Phrenology)(即所謂心相學）諸書。悉心探索。久之久之。而始恍然悟也。蓋吾人表情之顯現於外者。必先發於腦內。所謂腦髓作用者是也。而此腦髓。又即爲心性器官。其發於諸種神經。如臂使指然。於是皮膚筋肉骨格。爲此心性所左右。而萃於顏面。故腦髓構造。實影響顏面。二者相爲表裡。而誠形之理。無或爽焉。是故相者觀察之點。雖必周及全身。而尤以顏面爲主地位使然也。必明乎此等關係法則。而後能於相學融會貫通。推之中西學說。而皆準焉。夫講斯學者。其原理原則之研究。我或較遜於泰西。而至察別顏面之種種表情。及指証其他事實的特徵。皆非彼所及。況氣色流年之法。更屬我之所有。而彼之所無乎。要而言之。我之學說。超於直覺。故近神秘。彼重骨格形貌。多言性情才智。實惟推理是尙。此其所異也。而言各有當。實不相背。鄙人不揣固陋。擬將兩者之長。短折衷闡明。合一爐而冶之。期成一系統之書。而又力求普及。使可一目了然。故於精細之論。稍涉專門者。俟諸異日也。

(二)官體之比例停勻與特殊發達　人類有種族文野之分。男女老少之別。其容貌狀態。自其細微者觀之。固人各一相。變化萬千。雖有類似。終鮮雷同。然至語其大概。則兩耳兩目。一鼻一口。又盡人若是。其構造。相差之點。殆間不容髮。且不獨人與人之間。其五官百體。無甚懸殊也。即就一人而論。其全體之構造。亦以不偏不倚爲原則。夫古代神話有牛首蛇身。小說家言有鈴眼獠牙。即吾人耳目所及。又常有胎生殘缺。奇形怪狀。令人一見而失驚者。由是言之。人固不盡骨肉調勻。五官相稱也。然此皆必以有特別原因故。若夫尋常。則凡身上各器官發育純正。毫無障礙之人。其全身格局。隱若造物者善爲布置。故各部之間。其發達必能互相聯絡。互相調和。互相犄角。互相補助。俗所謂彼此相稱者是也。試舉例以明之。如面圓腕肥者。身必不長。股瘦顴削者。肩必不大。此固歷驗不爽。故命之曰比例停勻。雖然。有變例焉。如身體某部分過度用力。或爲他力所制。則其血液流注。自然向於其常所動作之處爲多。而他處則反之。而形不足焉。不見乎持手操作者手腕大。多步行者脛力強乎。推之顏面腦髓。其消長盈虛。亦同此理。故往往有因此而失其比例停勻者。是之謂特殊發達。夫兩者之形成。雖各異其趣。而以生理學觀之。抑亦並行不悖。是其關係影響於相學之研究者極大。故當檢驗心性之際。決不容輕視而忽之也。

(三)心形之一致及其變化　人之顏面頭蓋。及其全身之種種外徵。皆爲心性器官之表現。其間殆有聯絡關係存焉。此聯絡關係。可命之曰心形一致。譬諸動物。禽也。獸也。魚也。蟲也。莫不各有本相。而自治動物學者視之。即不難判其質與情之所異。物固如此。人亦有然。是以寬厚之人。不見猙獰之容。龍鍾之叟。必無英發之貌。推此理也。人有智愚。苟明乎表裏相因。則其腦髓之輕重清濁。自可一望而立斷。傳曰。誠於中。形於外。豈虛語哉。然此乃就過去及現在者言之。若破此聯絡關係。則相者絕無可恃以觀測。而術窮矣。顧或囿于此說。以爲人既受形而生。即爲形之所限。不特貧富壽夭或賢或不肖。無所逃於造物者之布置也。至體質之末。亦似不能決此藩籬。嘗見體質薄弱者。雖苦功鍛鍊。無以使其奮賁育之勇。況乎轉移有更難於體質者。是故夭者自有夭相。無藥足以長年。福者自有福相。遇險尚能有救。世人輒以此爲天命。至由此因果。再爲遺傳。則壯碩之軀。不舉孱弱之子。奸慝之輩。不育寧馨之兒。乃亦認爲天下之所眞。而均以爲一成而不可易者。殊不知此乃謬見。似是而實非也。夫人爲萬物之靈。其所挾持以異於禽獸者。恃有高等智力感情。能相和合以求進步也。故苟盡其能事。則斡旋天地。一切境界皆可自闢。豈形相所得範圍而束縛之。故其對於過去及現在者。雖或付之無可奈何。而至未來。則或藉教育。或緣處境。或其對於一事。專志肆力之結果。每足使其官體。頓呈變化之象。其變化善者。貌雖不颺。性雖下愚。苟能刻意上進。亦可一躍而厠於才智之林。倘若變化不善。則高明之家。聰明子弟。一旦自暴自棄。不免變成盜賊。或流爲乞丐。如此者所在多有此之謂心形變化。其變象與前述之特殊發達。不無相類。而其原因。則大異特異也。今舉一例以証明之。吾友某君貧而多病。人壽保險公司。至不肯受保。某君於是發願保養。不數年間。其當夭者一變而爲壽者相矣。由是言之。人之富貴貧賤壽夭禍福。在於若許程度之內。固可因心性而改造之。遂成爲後天之相。語有之曰。貌隨心變。又曰。有心無相。相逐心生。有相無心。相隨心滅。又曰。人無一定心。即無一定相。大率皆指此而言。人相筆話有一則。專論此理。其言曰。凡人之壽數。固有天分者。又有人分者。由人事變化而挽回者。謂之人分也。故譚命者必先盡人事。若不盡人事。而譚命者。此非知命之人也。相書所謂由修養陰德。而夭相變爲壽相者。古來不鮮矣。蓋相法之理。天稟形質者。謂之先天。人事變化者。謂之後天。骨格毛髮。則主先天。爲相之體。血色神氣。則主後天。爲相之用。其體者難變也。在天而不在己。故也。其用也。易變也。在己而不在天故也。人之壽夭。亦如是而已。未有不盡後天之養。而能全先天之壽者。此爲低折相。又謂不終天年也。然天人固一致。先後亦不二。人事即天命。後天即先天也。何有二乎。何有別乎。此眞精透之論也。脫令不明乎此。見相者斷語每多驗於前。而不驗於後。輒疑相術。果無足取。夫豈知情態有時而中變。是相法之驗與不驗。其權操諸被相者。而相者不能全負其責也。抑相人之術。必宜注意顏面。固也。然自四肢軀幹以迄腦髓。其分量大也。其心性亦必強盛。其間無不可以比例求之。故亦爲相人者所當留意。然而凡物有量。亦有質。使量大而質劣。仍不得謂之全美也。是故善於觀察者。既審其分量大小。以判其發達之良否。而同時必須考究其質之精粗如何。庶可視其外貌。而恃其內心焉。此亦相學之要義也。故附及之。

(四)相學之功用　相學之功用。在能變化氣質。挽救人心。使不才者才。使不正者正。與儒家講學佛氏說法。同有關於世運。不能以小道輕之。若徒執富貴窮通之說。以固定之。則愿者失向上之志。黠者啓僥倖之心。是阻塞社會進化之階。而養成世好亂之俗也。豈徒無益。抑有害焉。惟相者之上乘。必也追溯本源。研究心性。明乎相由心生。而心由自養。負見微知著之任。樹閑邪長善之功。務使愚者明。柔者強。而人定勝天之說。於以實現。吾閱儕輩多矣。其心術變時。相輒隨之。苟自其形相斷之。善相惡相。前後有迥若二人者。然則相非生成而不變者也。形相由天生。心術由自定。壽夭之數。猶可以心術變之。矧富貴貧賤智愚賢不肖邪。至性運變換之法。詳載流年法附論章中。可資參考。茲不及論。今先論形質心性。乃及於窮通禍福。不泥於世俗吉凶之末。讀者幸體斯意也。

心一堂術數古籍珍本叢刊　相術類　二二

第二章　相之沿革略

吾國相學。古無專科。然徵諸記載。則古人心理。其注重人心。猶可考見。古籍所記相人之證據如左。

竹書紀年。載黃帝生而能言。龍顏有聖德。顓頊首戴干戈。帝嚳駢齒。帝堯眉八彩。鬚髮長七尺二寸。面銳。上豐下。足履翼宿。身長十尺。帝舜目重瞳子。龍顏大口。黑色。身長六尺一寸。帝禹虎鼻口。兩目參鏤。首戴鈎鈐。胸有玉斗。足文履己。身長九尺九寸。成湯豐下銳上。晳而有髯。句身而揚聲。身長九尺。臂有四肘。文王龍顏虎肩。身長十尺。胸有四乳。武王駢齒望羊。

按竹書紀年係瘞於秦火未燔以前之八十六年。其爲古籍可信。其記載相人之詳如此。足爲上古時代注重人相之證。又五帝外紀載伏羲人首蛇身。神農人首牛身。皆表示身之長大。非表示怪異也。竹書所載龍顏虎肩。亦然。歷史所載龜背猿臂虎頭燕頷之類。亦然。此後世相書龍眉、鳳眼、獅鼻、虎口等之所自倣也。其他如后稷枝頤異相。皐陶色如削瓜。伊尹面無須眉。閎夭鬚髯蔽膚。傅說身如植鰭。周公身如斷菑。諸如此類。散見古籍。多可攷證。此人相學之嚆矢也。

上古相人之學。雖無專科。然醫學發明最早。醫學之有賴於相學者甚重。故上古醫聖。無不通相學者。其時相學與醫學相爲表裏。必先通相。而後能通醫。後來四診。猶首列望聞。則其故可想矣。今舉證如左。

素問載岐伯曰。色脈者。上帝之所貴也。先師之所傳也。上古使僦季貸理色脈而通神明。

五帝外紀載黃帝命俞跗岐伯雷公察明堂究色脈巫。彭相君處方餌。（按此則上古時代醫師與藥師亦各有專門也）

路史載神農命僦季貸理色脈。對察和齊摩項訖告以利天下。而人得以繕其生。

相醫既並重而相合於醫能救人於俄頃。人之視醫自較爲重。故古代祇有言醫之書。言相者極渺。自周之叔服。（生孔子前百三十年）始專言相。自是以還左傳國語之屬。譚相之事隨處散見。故相醫劃然分離。約在春秋時代。下迄戰國。遂漸昌明。有姑布子卿唐舉鬼谷子之徒。盛行一時者述亦不少。荀子之非相篇所由作也。雖然相爲醫所掩。醫則挾相以自重。矧漢書藝文志所列相人二十四卷散失無存。故蒐求古籍。仍莫如在醫書中求之。黃帝內經爲漢時人所托。人所共知。是以相說。亦較前人進步明晰。試略舉証數條。如左。

靈樞本藏篇云。五藏者。故有大小高下堅脆正端偏傾。六府亦有大小長短厚薄結直緩急。凡此二十五者。各不同。或善或惡。或吉或凶。又云。五藏皆小者。少病苦燋心。大愁憂。五臟皆大者。緩於事。難使以憂。五藏皆高者。好高舉措。五藏皆下者。好出人下。五藏皆堅者。無病。五藏皆脆者。不離於病。五藏皆端正者。和利得人心。五藏皆偏傾者。邪心而善盜。不可以爲人平反覆言語也。（六

府長不具引）

按此段論內相。相學之重要。不重在外。而重在內。此相學之精微也。泰西之學。純發端於此。

靈樞論勇篇云。勇士者。目深以固。長衡直揚三焦理橫其心端直其肝。大以堅其胆。滿以傍怒。則氣盛而胸張。肝舉而胆橫。眥裂而目揚毛舉而面蒼。怯士者目大而不減。陰陽相失。其焦理縱䯏。骭短而小。肝系緩其胆不滿。而縱腸胃。挺脅下空。雖方大怒氣不能滿其胸。肝肺雖舉。氣衰復下。故不能久怒。

按此段內外合相。亦在其內。與上段所論。均是關於心性者居多。即心相性相之所由作也。

靈樞五色篇云。明堂者鼻也。闕者眉間也。庭者顏也。蕃者頰側也。蔽者耳門也。其間欲方大。去之十步。皆見於外。如是者壽必中百歲。又云。明堂高以起。平以直。五藏次於中央。六府挾其兩側。首面上於闕庭。王宮位於下極。

按此段即後世相書部位之說也。部位名稱。雖自此始。但至神相全編。方見完備云。

素問脈要精微論云。夫精明五色者。氣之華也。赤欲如白裹朱。不欲如赭。白欲如鵝羽。不欲如鹽。青欲如蒼璧之澤。不欲如藍。黃欲如羅裹雄黃。不欲如黃土。黑欲如重黑漆。不欲如地蒼。五色敗象見者其壽不久也。

按此即後世相耑氣色之始。此爲吾國所特產。雖至今日。泰西尙未有也。

素問壽夭剛强篇云。黃帝問於伯高曰。余聞形有緩急。氣有盛衰。骨有大小。肉有堅脆。皮有厚薄。其以立壽夭奈何。伯高曰。形與氣相任。則壽。不相任。則夭。皮與肉相裹。則壽。不相裹。則夭。血氣經絡勝形則壽。不勝形。則夭。形充而皮膚緩。則壽。形充而皮膚急。則夭。形充而脈堅大者順也。形充而脈小以弱者氣衰。形充而顴不起者骨小。骨小則夭。形充而大肉䐃堅而有分者肉堅。肉堅則壽。形充而大肉無分理。不堅者肉脆。肉脆則夭。

按此則精神骨格。亦包在內。不祗論形色已也。可謂深探本源矣。

靈樞陰陽二十五人篇云。木形之人。蒼色。小頭。長面。大肩背直身。小手足。好有才。勞心少力多憂勞於事。火形之人。赤色。廣朋脫面。小頭。好肩背髀腹。小手足。行安地疾。心行搖肩背肉滿。有氣輕財少信。多慮見事明好。顏急心不壽暴死。土形之人。黃色。圓面。大頭。美肩背。大腹。美股脛。小手足。多肉。上下相稱。行安地舉足浮。安心。好利人不喜權勢。善附人也。金形之人。方面。白色。小頭。小肩背。小腹。小手足。如骨發踵外骨輕。身清廉。急心。靜悍。善爲吏。水形之人。黑色。面不平。大頭。廉頤。小肩。大腹。動手足。發行搖身。下尻長背。延延然不敬畏。善欺紿人。戮死。

按此則五行形格之說所自出。又通天篇論太陰少陰太陽少陽陰陽和平五人之論。與此略同。此與昔泰西之論形質者。分爲多血質、多痰質、胆液質、沈鬱質、四種。及近代彙類之淋巴質、多血質、胆液質、神經質、四種。而其透辟實幾過之也。(其詳在形質章論之)

以上所載。皆關於壽夭疾病。性情才智。實相學之上乘。古代人民質樸。守素安分。無僥倖富貴之心。無得失窮通之患。故與近世泰西之相說。極相脗合。既足知人壽夭疾病。則醫學之受用尤切。此相學之所以幷於醫學之原因也。古之名醫。莫不通相。越人望齊侯之色。視公扈嬰齊之內藏。則直勝於近世所謂千里眼者矣。後人嗜慾漸多。用心不一。既無慧眼。遂失神通。相學不明。醫之前驅已敗。望聞無效。問切徒勞。醫學之衰。未始不由於此也。

今更一攷相學之源。在於決人之壽夭疾病性情而已。觀前引竹書紀年。所載三皇五帝之狀貌。皆表示其才智。內經所載。則關於壽夭疾病。亦兼及性情才智。其後則醫者有所偏重。留意於壽夭疾病。忽略於性情才智。而於心性之部失。醫學既衰。則並壽夭疾病。亦不能決之。而壽夭疾病之一部亦失。其不習醫者。則於壽夭疾病之故。更忽略無聞。間有所通。亦只及心性。相學之全能遂寡矣。左氏傳記叔向之論單子。視下言徐。關於壽夭。惡婉美很之宋太子。則性情論也。蜂目豺聲之商臣。能狀豺聲之越椒。豺聲之伯石。亦皆性情論也。至叔服之論穀。雖則於壽夭疾病心性之外。而近於窮通矣。吳越春秋以後之相學。由此而漸變遷。但心性論尚能保守於孔門。如察言觀色。粹面盎背。睟子噫旺等說。暨至戰國。尉繚見始皇隆準長目。鷙膺豺聲少恩。虎視狼心。謂居約易以下人。得志亦輕視人也。乃亡引去。及後漢王充所著之骨相篇。王符之相列篇。雖幾成有系統之述作。然而時勢既易。人心之變態。已漸察富貴而僭貧賤。故窮通得失之說。較易聳人聽聞。又察外易察內相術。雖由此呈一大變化。富貴貧賤窮通得失說太勝。忽略相內。而偏重相形。觀以貌取人。失之子羽之論。則當時之風尚可知。此荀子所以有非相之篇也。荀子非相。專攻美醜。力主性情。曰相形不如論心。論心不如擇術。形相雖惡而心術善。無害為君子也。形相雖善而心術惡。無害為小人也。此論本為相學之正宗。孔門之所尚。故姑布子卿之得名。由於相趙襄子曰此眞將軍。唐舉之得名。由於相李兌曰百日之內秉國政。此富貴窮通之論也。及於漢世。如呂公之相高祖。黥徒之相衛青。亦富貴窮通之論也。鄧通餓死。李廣不侯。亦富貴窮通之論也。若朱建平管輅之決壽。則僅見矣。漢後方技傳之人物。如晉之陳訓。戴洋。北齊之皇甫玉。吳雙育。隋之來和。韋鼎。唐之袁天綱。張憬藏。乙弗弘禮。金梁鳳等。雖震動一時。但亦不能脫富貴窮通之軌。然而相學成書。實肇始於孫權赤烏年間之月波洞中經。繼有來和之相經四十卷。洎梁武帝時達摩來自天竺。授其衣缽於紫龍洞。是為達摩相法秘訣。袁天綱之相書七卷已失。李太白師事之趙甤其人。所著之祭相篇。郭北宗之燭膽經。雖多可取。究未能謂為大觀。暨五代之末。陳圖南入華山石室。所謂得麻衣老祖千古之秘者。即為神相全篇。人相之學。於是略備。自是以還。術者漸興。下迄宋元。斯風尤盛。蘇東坡文文山劉克莊高翥方岳皆有贈相士之詩。吳草廬亦有贈相人詩序。可想見當時風氣。及明柳莊更將陳氏所傳之神相全篇。復加訂正。益以己說。於是斯學在吾國蔚為大觀。而心性之說。乃愈稀。相之眞源。愈失矣。淸乾隆中開四庫館。采入之相書。僅有太淸神鑑、玉管照神局、月波洞中經、人倫大統賦。寥寥數篇。斯學不為當時士夫所重。故辨別之力。似甚缺欠。且雜說龐然。良莠難分。亦難怪己。此外載於各叢書者。有麻衣相法、柳莊相法、風鑑原理、人相水鏡集、人相全篇、海上玄相、古今鑑識篇、太乙照神經、燕山神相及各項筆記等。而世間秘籍未刻之本亦多有足珍者但可遇不可求即如曾滌生視為相書中圭臬之冰鑑雖太簡括惟屬辭典麗且言內相誠亦不易多得者至於近日坊間流行之本。亦極繁多。大率彼此沿襲。甲乙雷同。能推闡發明。自出新義者。不可多得。以予所見。仍不能不推尹文潔石鬘石楷白峯陳淡埜高味卿之徒。獨步於時也。

又考相之為用。自客觀的觀之。向不為世所重。以其學之本源。殆盡泯滅。而怪誕之論。多出於術者之口也。然當亂世。人人有非分之心。避禍之想。返顧環境。一無可恃。且宗教之力。失其憑依。於是羣趨於占相者之門。以决休咎。春秋戰國無論矣。即試一稽五代南宋金元之載籍。班班可考。近十年來。橫覽大江南北。挾術求售者。大有如過江之鯽。亦因人民不能各安其業耳。而此種現象。與相消長。相學之遲遲不進。雖原因甚多。在承平之世。士夫概以爲小道而輕之。此亦其一也。

印度相術發育最早。但其學有與中國溝通之處與否。因無載籍可稽。末由證明。惟据佛典所言。淨飯王於摩耶夫人妊娠之際。招五百相師。使爲之相。又檢經文中如法華經金剛經之屬。論相之語。觸目皆是。且其寓意又極深妙。則當佛陀降生以前。斯術久已盛行。達摩來自印度。因無術傳道面壁九年。其間似係研究相人之術。即所謂達摩相法也。覈其內容。純與吾國向所言者無殊。故仍可認定其所學非傳自印度。而印度自前世紀以來。斯學甚與手相尤盛。歐人至今宗之。但創自何人。亦無考證。其不及吾國之光明可想見矣。

日本上古間亦有相學。據史乘所載。有鈴鹿其人者。言天武帝踐祚之事。斯爲肇始。而其書之最古者。似爲足利時代之應永年間。（約在公歷千四百二十年）天山阿闍梨所傳之先天相法。但其書已佚。故自佛典中記錄以外。皆得自我之衣鉢而已。暨延寶（即靈元朝家綱代約在公歷千六百五十年）年間。卓異之士。稍稍輩出。仍屬依旁於我。迄德川時代。始大昌明。當時有管沿海莊、水野南北之流。各自成家。競爲雄長。而鶴塞翁者。竟至吾國。受業於白峯禪師之門。自是以後。三派勢力。隱然支配全國。及明治維新。相學亦與科學而俱進。彼高橋邦三、市川紀元二。雖盛倡泰西骨相之學。從者尚稀。今之石龍子先生。亦主加爾氏最力之人。但其根據。仍多宗舊說。以窮通禍福之說。

爲世所喜也。

泰西相學之起源。不知始自何時。埃及希臘古書中。間亦載觀相之事。其見之史傳者。實始於希臘之相士蘇維亞者。相蘇格拉底。謂其剛愎無賴。醜惡不作。蘇格拉底亦深謂然。謂性實如此。自悔悟修養之後。始爲人師。阿里斯多德、著書中言內臟與顏面之關係。與希波拉他士、醫聖之四液說。斯爲顯要。此外直至近世。瑞士之拉巴得爾氏出。始有相學之可言。而拉氏者生當十八世紀之交。天資頴悟。性嗜相理。初習醫。後終棄之。其所著書觀察實驗。兩無偏倚。尤重內相。故所論列。以生理解剖之理。詳述性質。語精而確。署其書名。猶極謙遜。曰觀相學之斷片。而後世之相家。竟無出其右者。故在泰西。拉氏可稱爲相學之開祖矣。

繼拉氏而起者。是爲佛蘭西士造石夫加爾氏 (Francis Josopp Call) 之人相學。斯學基礎。存於腦髓。乃爲心理學之一種。似與相學不同。但腦髓之發達與否。可視其頭蓋而知之。腦質之美惡。全由形質之如何而定。則又與言相無異。以實用言之。純屬相理範圍。且其心性力之符號。置於顏面。與其姿勢。故至今談相者。皆宗其說。加爾氏本爲維也納人。(生千七百五十八年。沒千八百二十八年) 生九歲。即悟言語中樞之所在。長修醫術。爲帝侍醫。以不耐繁縟。退而致力於心性之研究。提倡腦髓分業之論。爲世所忌。乃走巴黎。終其身焉。加爾氏費二十年之久。創心性機關之論。爲之宣傳最力。而又共同著書者。乃其友人斯勃爾海(Spurzheim)氏。而大成之者。為約治甘(George Kumb)氏也。是謂相界三傑。其次有大功於相學者為英國之查爾斯比爾。其人乃一解剖學者。曾發見脊髓運動根及知覺根。有名於時。復以其餘力從事相學。遂著一書。名為「表狀之哲理及其解剖」。而進化論者之達爾文所著「表彰情緒之動物與人類」。亦於相理之闡明。獲益匪淺。十九世紀中葉。英國醫師阿力山大窩加者。著有「建設於生理學之觀相學」。其所論頭腦。雖與相學略殊。但其顏面之表彰符號。無一不根據生理之學者。又紐約之醫師力德菲爾氏。置符號於面部百四十餘個。較我之百三十部位。甚多相似。其所著「比較觀相學」。詳述人類與動物之關係。有足多者。距今四十餘年前。紐約有大相學者。惠爾斯所著「新觀相學」。據其自述此書。乃研究三十年之結果。古今相法。收羅殆盡。復加以自家之觀察。在泰西相書中可稱巨擘也。此外名著甚多。難以盡舉。但亦大同小異而已。自歐戰後。斯風尤盛。聞美國已設學校。專司研究。而學會報章。更僕難數矣。

泰西相學。側重內相。故以腦髓為心性機關。而顏面同時為心性之表彰機關也。顏面身體腦髓之動作。雖屬一致。但有本末內外之別。此種說明直與我古代之骨格法者。如出一轍。而精細過之。至於其他。我似為優矣。雖然。兩者之間。其理一致。故以性質即屬運命之說。亦可應用於流年氣色之法。而吾國之窮通禍福論。亦能以生理解剖之學。爲之基礎。而說明之也。合兩者所長而擧治之。則相學之全璧。庶幾近乎。

近日美國哥侖比亞大學出版之相書。皆精辟無倫。今舉數種。用備參考。亦可悉彼方之致力處也。

<u>Character Analysis</u>

1. Blackford-Character Analysis By The Observation method
2. Hallingsworth-Judging Human Character.
3. Blackford-Reading Character at Sight.
4. Clarke-Power and Force through The Practical Application of Memory. the reading of character and Personality in Business and Social Life.

第三章 論形質

形謂體格形狀。如長短肥瘦是也。質則專指皮膚筋肉之美惡而言。猶言米粒。小大者其形。精粗者其質也。據生理學家言。人有筋骨、動靜脈血、消化力、排泄機關、交感神經、與感覺運動神經。及腦髓。凡名爲人。莫能缺此。但此機關機能。有大小曲直善惡之殊。則其表彰之力。自有差等。此形質之區別所由來也。因形體之互殊。嗜好亦異。由是種種色色。蔚爲奇觀。人心之不同。皆如其面矣。故在古昔有謂此等差異。實關於人體中環流之液體。及內臟中或機關之過大者。當時解剖生理之學。未大昌明。其中理由。罕能詳盡。惟其結果。尙無大誤。近世以來。彙此形質。別爲三種。曰營養質。曰筋骨質。曰心性質。蓋以人之腦髓。可分三段。即一爲動物固有之顳顬葉、後頭葉。二爲人類固有之額葉、顱頂葉。三則前頂部發揮超越人間力以上之地。有此特徵。故生斯別也。

形質區別之說。由來甚古。靈樞經之形態說。實爲權輿。形態者。五形五態也。五形已在前章靈樞經文中詳引。不復贅述。至所言五形中。木形之於脾。火形之於心。土形之於胃。金形之於肺。水形之於腎。其配置五臟。以狀顏面身體之偏長偏短。定其心性作用運行之善惡。其說本甚正確。惟後世之人。只採陰陽質。及此五形法而已。明代王文潔別五形之正形與變形。爲十字面。而石楷亦曾將形質分爲二十。此雖各有心得。但仍襲用舊說。未闢創論。至於五態之說。向爲五形論所蔽。研究者少。

直至今日。五態之說。空存於靈樞經中。無過問者。但天下事物。無不有陰陽。太陰太陽小陰小陽等辭。即爲今日所謂積極消極之意。實研究人相學者之一好資料也。今略言之。

(1)太陰人　色黑下視。身大前僂。心意不露。執拗而貪。外似溫和。內實陰險。筋肉徐緩。皮膚作厚重之狀。故陰多陽少。實一陰陽不和之人也。

(2)少陰人　形似甚清。但滯沈鬱。且常前屈。立時仰。行時伏。小有才。性柔忍。幸災樂禍。嫉妬之念深。胃小腸大。乃陰多陽少之人也。

(3)太陽人　身反仰腰。張腹。亢自滿而不知足。大言不慚。不恤人言。不顧是非。雖敗無悔。甚至狂亂。實陽多陰少之人也。

(4)小陽人　立時好仰。行時好搖。肘少張。頗有才慧。自待甚高。思慮過密。但過飾虛文。不求實際。意志不定。乃陽多陰少之人也。

(5)陰陽平和之人　舉止安詳。溫文爾雅。無憂懼。無欣悅。婉然與事物俱化。陰陽血氣。均得其平。即所謂君子人也。

泰西上古。亦以身體機關。與機能作用。各自有其固有之疾病。及心性狀態。故有四大形質之說。四大形質者。以人體四大元素。即血液、痰汁、黃汁、黑汁區之。於此四大元素中。以何者過重。即爲何質。

今略述如下。

(1)多血質　多血即温熱質。多肉多毛。觸之感熱。此質過度之人。易染腐敗之症。

(2)多痰質　多痰即寒温質。皮膚柔軟色白多肥胖。毛髮不濃。四肢筋肉軟弱。靜脈管隱而不現。胆小懶惰。

(3)膽液質　胆液即暖燥質。毛髮皮膚皆甚濃黑。動靜脉管巨大。筋肉堅牢。全身結實。

(4)沈鬱質　沈鬱質即寒燥質。身眇小。筋肉及關節毛髮亦俱細少。性易感動。氣象薄弱。多失望。

近世類別形質。多與古說相同。但其依據純從生理學上。病理學上立論。在醫學上。雖有極大之價値。然於形體與心性之狀態關係殊鮮。故自加爾氏等。發見以形質歸腦質之法以來。以腦髓神經爲基礎者。曰神經質。以胆囊肝臟爲基礎者。曰胆液質。以淋巴腺胃等爲基礎者。曰淋巴質。以心臟血管爲基礎者。曰多血質。此種區別。亦近病理分法。只能適於變態時之用。故不如直取解剖學上所定者之爲愈也。解剖學上所謂分類法。乃以形態分之。第一爲運動。（機械的系統）第二爲生活。（營養的系統）第三爲心性。（神經的系統）即第一系統過大者。爲運動質。第二統系發達者。爲營養質。第三爲心性質。而此三質。在身體健康時。各機關例應賦有。故以形質考察心性。當以此爲最正確。至於變形之法。亦有多端。今併將各種研究及變形法。列之如下。

火——多血……
水……
土——多痰——淋巴
金——胆液……
木——沈鬱——神經

營養——動物（火、水、土）
筋骨——人間（金）
心性——神靈（木）

心性質　筋骨質　營養質

綜合比照。大約如右。但既名之曰人。則無論如何。須有動物質。乃能存立於世。而人間質者。亦然。苟無人間質其人。必與動物無擇。若只有神靈之質。亦唯持幽玄微妙之思。跡近鬼神。均失其爲人之道。故三形質者實混合於形體之上。祇因其人。有特殊發育之故。致生畸輕畸重之殊。是以所謂某質某質者。亦不過比較的言辭而已。

三形質之情狀如何。今略述之。凡筋骨質(Osseous Temperament卽人間質)之人。其面長方形。□或長椭圓形。0營養質之人。(Nutritive Temperament卽動物質)面形四方□或圓○心性質之人。(Nerval Temperament神經質或神靈質)面形三角。△或逆卵形。▽歐美人謂之梨子狀者

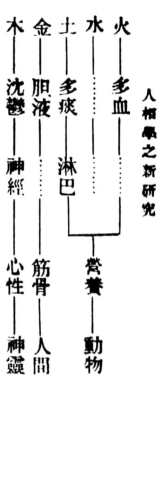

是也。故筋骨之人。其骨格較他內臟各機關及腦神經爲大。營養質者。其身體之營養機關。比各筋骨及腦神經發達。即呼吸器消化器循環器等。均形偉大。心性質者。其腦髓神經之作用。則大於內臟及筋骨者也。今不憚詞費。更將各質之特徵。詳論如下。

筋骨質之人。不獨姿形瘦長而已。即筋肉皮膚緊張骨立。毛髮粗黑。手掌瘦直。豎紋多而橫理少。胸圍較大於腹腰。面色多黑。但亦有赤白者。赤帶多血質。白則有神靈質混入也。此形質者之特徵。多勇壯猛烈之舉。無怠惰懶慢之狀。好涉山野。不樂蟄處。長於觀察。而短於思想。顧其所思想者。實事求是。不涉空幻。能耐艱苦。有不撓之氣。彼哥崙布該撒關羽之徒。即此形質之過重者。故此種形質之人。上焉可任將帥。下則爲販夫走卒也。

此種人一生之運命。多屬長壽。雖不如營養質者之多財善賈。但以名望。多躋顯位。權勢尤歸。故樹敵必多。易蹈險難。且不甘家食。輕離鄉土。妻子朋友之緣薄。而愛惡恩怨之念厚。若此形質欠乏。則又受人指使。不能貫徹所信。盤根錯節之事。難期担負。縱有學識財產。亦未易十分享用。苟營養質過大者。乃必只顧目前。唯求飽暖。若神靈質加厚。則其志行過於高尚。究其極。必至遯跡山林。絕人逃世故如是之人。須養成堅忍不拔之氣。即力求助長筋骨質之法。以救濟之。又凡筋骨質者之體質。強健堅獷。不易生疾。故每恃風寒暑溫之不易侵入。每縱飲食起居無節至罹胃病肺病。往往然也。

營養質本屬幼者形質。其出處在內臟。故因吸收循還及排泄機關之發育。顯示其形質之形狀。而其本源。既在腦髓中後頭葉顳顬葉。（即在相學上言之飲食、男女、理財、密秘等器官。為其主宰）主生活營養一切也。故稱為營養質。惟此質為人類動物所共有。又稱動物質。夫動物無推理感情之可言。只有嗜慾。故其賦與之能力。惟有飲食男女等性。而內臟機關同時亦甚發達。彼幼者之較為肥滿。亦因飲食生命等部分之機能。過為活動所致。餘外高等能力。尚未發生也。是以此質過大之人。其體格概屬肥圓。毫無骨露角張之狀。頸短腹豐。髮細不濃。顏面多肉而下部尤甚。故恒有重頤者。至於血色。有赤有白有黑。亦因其形質加減之殊。生此差異。例如面赤。由於心臟血管之過大。而同時側腦。較大於後腦。即屬多血質者。是謂火形。色黑原於肝汁分泌（屬肝）之旺盛。耳後上部較為發達。故跡近膽液質。是謂水形。面白屬於下腹部之過大。與小腦及側腦下部之發達。是謂土形。世所稱淋巴質者。即此形質之變態也。頰部皮肉豐大者後頭葉當亦因之。側腦滿者。腮骨自張。故定形質之是否屬於動物質。雖視後頭側腦兩部以為斷。但以小腦側腦中。何者為大。而與下顎頰部腮骨。互相對照。較其表彰之強弱。尤爲緊要爾。

此形質若能有相當發達之時。其人性質。必善於營謀。自衛之術甚工。多稱富有。機智靈敏。處理事物。洽到好處。但其本色。既在於私利。高尙優美之思想。不易期諸彼輩。故從事學問。非其所長。且性耽安逸。艱鉅之事。更非所堪。惟側腦比後腦較爲發達之人。則其腮骨顯露面之下部。張突離看。（一俗稱腦後見腮者） 厥性遂趨於貪狠。世有殺人奪貨。陰謀詭計。以致暴富者。實此動物質之下等者。使之然也。

持此質者之運命極強。終其身殆不知憂患爲何物。子孫蕃衍。財產豐富。人世之樂。無以逾之。然而變態之人。荒淫無度。不務正業。以致破家喪身者。亦復不少。蓋此質爲人類不可少之質。苟其人之內臟機關。與腦之機能。在顏面中克能相稱。使其形質活動。恰合無間。則身名俱泰。福祿靡窮。內之一家。外之社會。均受其惠矣。

又此質者之身體。本極強健。故恒自恃充實。不講衛生。致罹疾苦。此等人能逃此公例者殊寡。所患之病。多爲腦充血。風癱。中風。及關於心臟之急性病。且其病勢。多猛烈而迅速者也。

心性質又稱神靈質。主無我。無我作用。在公平無私。博愛正義。蓋以嗜慾爲動物質領域。而理性與主我。則出於筋骨質也。此兩質者。雖如何活動過大。亦不能使此無我之感情。發揮盡致。雖此形質。

盡人皆有。但其分量。因人而殊。有一生無我者。有因事物感動之結果。一時入於無我之境域者。究厥差違。不齊脊壞。此則視神靈質之發育程度如何。彼骨筋質之所主。在於顱項前額。營養在於後頭側腦。此神靈之質。當居前項。可無疑矣。然則前項過度發達之人。其外面究有如何表現乎。曰上項廣闊。面如梨子。皮肉不豐。骨格不大。形雖修長。毫無疏放巨大之狀。腠理緻密。組織優美。面色蒼白。毛髮軟麗。眉彎目長。絕無惰容。聲音柔和。仍能徹耳。姿態雍容。皆其特徵也。

面色之蒼白。木為此形質之特色。但亦有帶黑色赤色者。此則由於與他質締合之故。黑色為筋骨質之混交。赤色乃動物質之和合。而以前所稱之神經質。其顏色亦有時現點點赤色者。斯為病態。即神靈質與人間質相混合而成之變態。因腦髓一部分吸收血液而表現。絕非心性質所特有也。蓋神靈質苟過旺盛。面色雖白。皮肉齊整。無粗雜難看之態。此乃上項部腦細胞所主之表徵。故在身體各神經中。此質過大者。為感覺神經。次為運動神經。動物質過盛。而此質較為薄弱。即為交感神經系發育不良所致。營養不良。成為變態。神靈質之作用。不易行使矣。形質苟不屬變態。則維持此質之營養力。雖屬可能。亦居第三等。以盡其職而已。緣感覺神經。本支配運動神經者。表裏若能相稱。則其人之性。必不如筋骨質之猛烈。因以薄弱之無我腦細胞。使之執行。故表現於顏面及全身者。當俱優雅之姿。無晦滯之態。蓋交感與運動二神經。在於無我之感覺神經下。而盡其機能。故致此也。

由心性作用言之。此質者乃表示腦髓活動。感覺敏捷。及情緒之強盛也。故其氣韻高尚。思想活潑。想像之力。極爲美麗。道義之念。尤見深切。於文學美術。嗜好特甚。詩人學者及技藝家。多從斯出。蓋形質之爲用。在幼年時。需要動物營養之力甚強。故其主要。在腦髓下部。洎乎壯歲。筋骨營養機能。同時並用。中下兩部。乃其關鍵。若一入老年期。則動物人間之質。次第減殺。致各項慾望。因而稀少。實即上項部啓發之時期。斯爲生理法則。抑亦成老年人之形質也。第幼年有此質。多聰明絕世。惟殊易夭折。世所稱神童者。多屬此類。故有此類兒女者。切勿因其秀拔。而強其求學。當先養成其動物人間兩質。以強其體魄。根本既固。大器可冀也。

抑更有言者。斯質若係上等。必師表人倫。恒作開山之始祖。但在下等之時。則思想唯見高尚。維持生活之力。必甚缺乏。依人作計。難自樹立。此形質發達過度之人。一見雖似虛弱。其實體健無病。比肥肉多血者。較爲永命。形貌雖瘦。血色雖青白。絕非病徵。第其疾病。因其瘦與青白而生者。亦所常有。如各種神經病。消化病之屬。乃其主要。故此形質之人。宜使營養力趨於旺盛。爲當務之急也。

人之體格。不能專賴一種形質而成。必於三形質中。各有成分。其多少強弱之差異。則因人而殊。例如肥胖者。雖稱動物質。但於其中。亦參合神靈質人間質。祇以動物質比例的過大。（如合神靈人間各質三四分動物質六七分之類）故謂之動物質而已。他質亦然。惟此三質。因大小輕重過與不及之殊。其相結合。殆無一人相同。第自其概形言之。不能脫此三形質而獨立也。然則究以何種狀態。爲最完美之形質乎。曰此三大元素。若能適度配置。則形態組織。心性表彰。亦得均齊統一。斯爲上乘。惟形質之結合複雜多端。不如是簡單者。細爲甄別。殊非易易。但提其大綱。亦可因其外形。而悉其內容。即於三形質中。先檢定何者過大。而後復查他二質中何者發達。則其大概可得而言矣。例如其人。外張顴突。骨格棱棱。顱頂豐隆者。曰人間質。次查面之下部。比上部小者。則爲神靈質。反之者爲動物質。故能常留意於左列之區別法者。分辦或可無誤耶。

一、動物的人間質　二、人間的動物質

三、動物的神靈質　四、人間的神靈質

五、神靈的動物質　六、神靈的人間質

形質中發達極薄者。置之第三。依右次序。而研究前述各表示。以計量人之內狀。則其人之品格高下。善惡邪正。及其運與不運。自然知悉。然而研究形質之目的。在知己知彼。尤以知自己之長短。與過不及。而力求克治。斯爲至要。吾人因遺傳與教育所賦受之形質。如獲上乘者。當益加勉勵。以致上達。固無俟言。苟不幸而列下駟。仍當淬厲奮發。使平均其形質。勿甘暴棄。終於墮落。則顏面雖若何粗雜。亦呈美麗之觀。即亦不能脫「外形一如心性表彰」之原則。語曰。人定勝天。區區之意。實敢以奉勸世人者也。

四十二心性機關圖

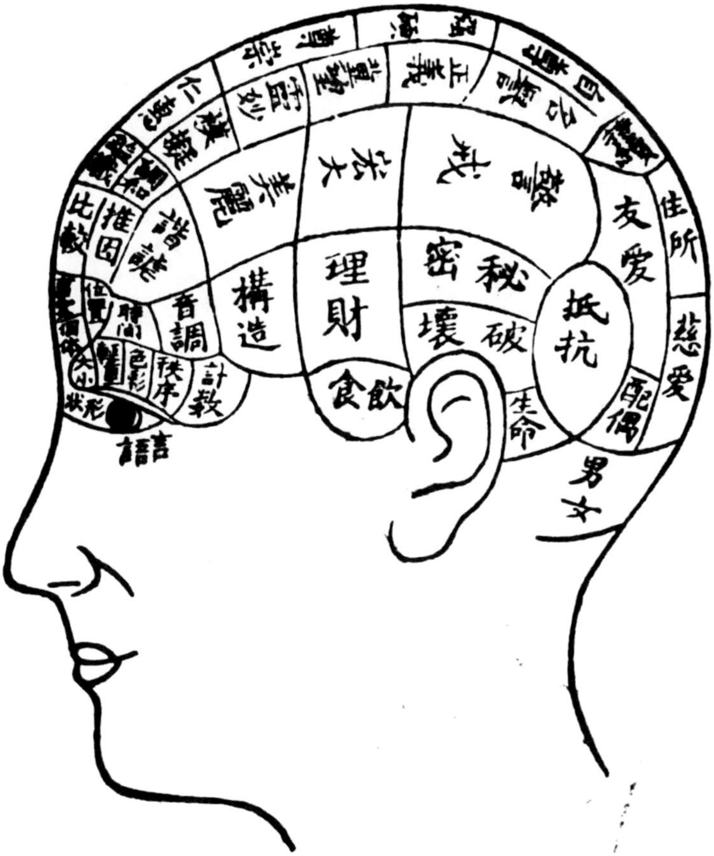
言語
形狀
色彩
秩序
計數
音調
構造
理財
秘密
破壞
飲食
生命
抵抗
友愛
住所
慈愛
配偶
男女
警戒
誇大
美麗
諧謔
推因
比較
仁慈
正義

心性機關正面圖

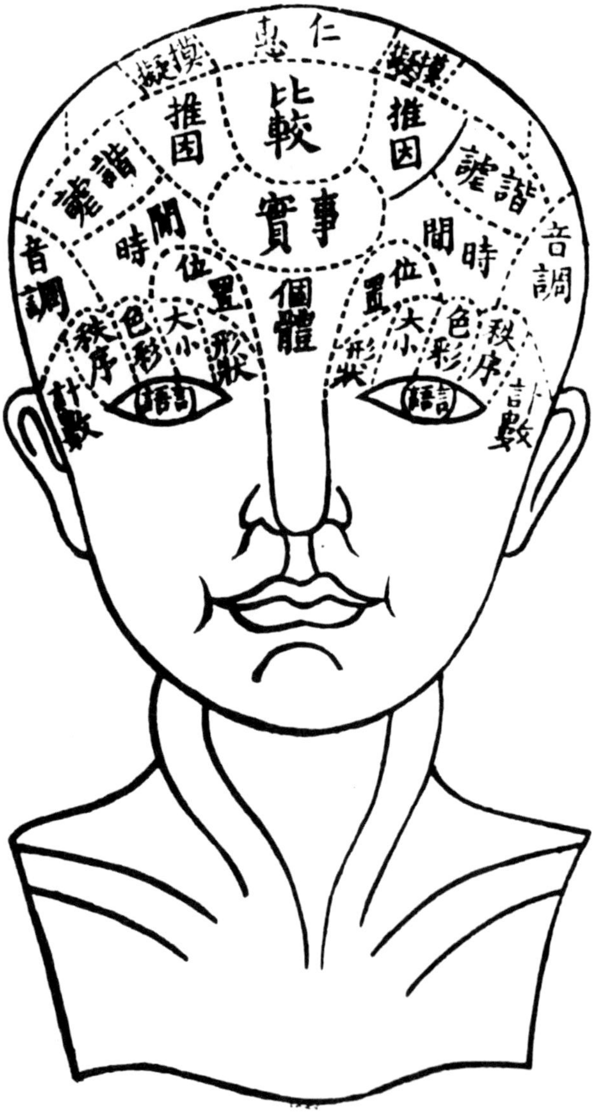
比較
推因
推因
諧謔
諧謔
事實
時間
時間
音調
音調
位置
位置
個體
色彩
色彩
大小
大小
形狀
形狀
秩序
秩序
計數
計數
言語
言語

人相學之新研究

心性機關後面圖

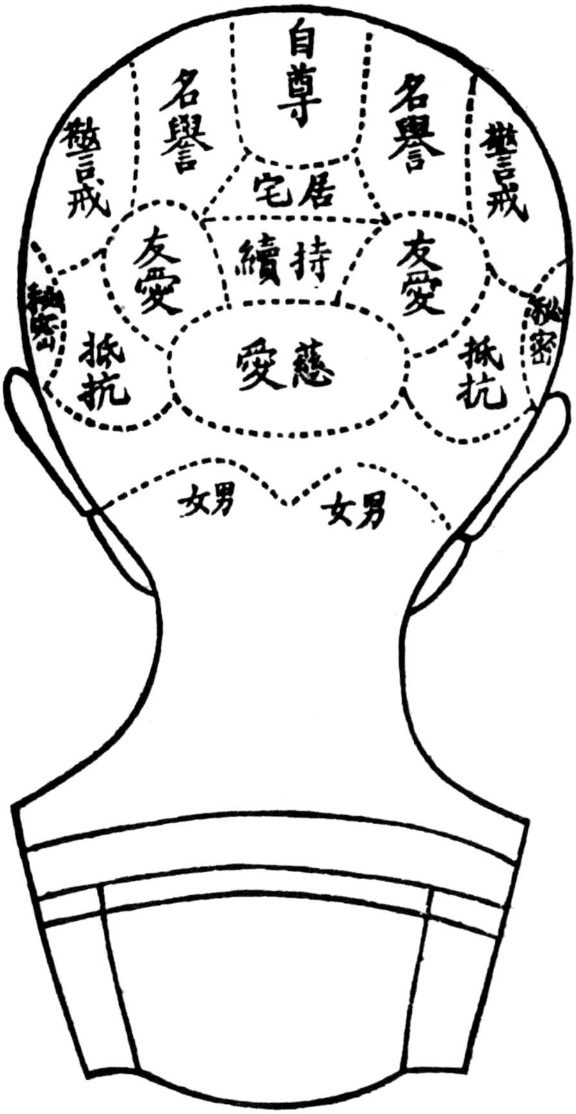

心性顏面表彰圖

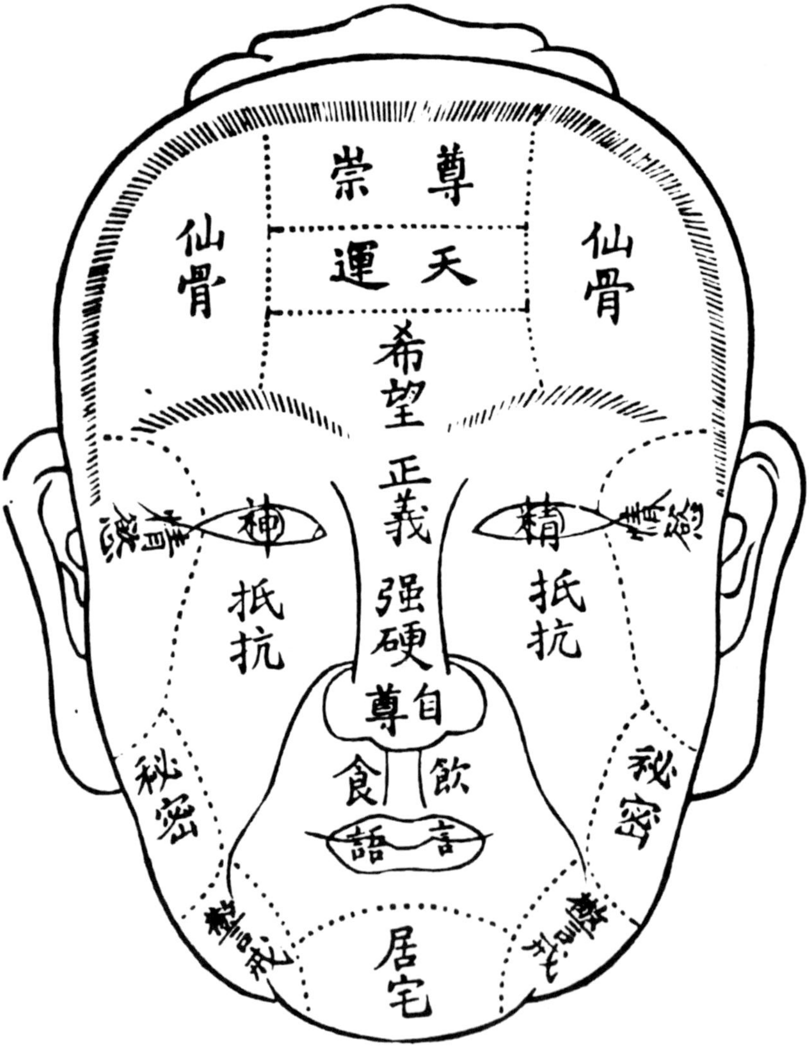

第四章　論心性諸機關分類

心性諸機關最大之分類。不外感情智力而已。自感情分之曰欲。曰情。由智力分之爲感覺。爲視察。爲反省。如在腦髓所占据之部分言。則如下圖所列。一曰嗜欲。占後頭部。及側腦部。一曰感情。在頂部。一曰智力。居額部。此即斯勃爾斯海 Spuryheim 所發明之說也。今細分述之。

第一　嗜欲

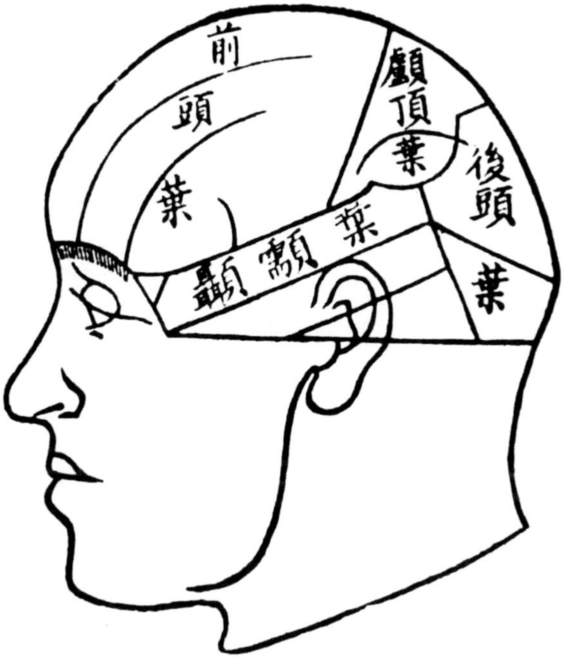

腦面分類及與頭蓋關係

嗜欲有親愛嗜欲自衛嗜欲二類。前者機關在頂後及後頭部。是爲男女配偶慈愛友愛住所五種。此部乃使人有交友家庭念慮。凡愛護家族住所朋友國土之基礎。純在於是。自衛嗜欲居兩耳上側。顳顬部之下側。有生命抵抗破壞飲食理財秘密六性。其主要任務。在維持人之生存。專事確守身體生命財産之權利也。

第二　感情

感情分自利道德完美三種。自利感情。在嗜欲性上部。即後頭部。有警戒名譽自尊强硬。其作用則在於希望謹慎獨立強固意力道德感情在上頂部。即居於自利感情之前。有正義希望靈妙尊崇仁惠諸性。是使其人有上尊鬼神下友弟兄道德責任之念。感從斯出。完美感情在道德感情之下側部。有構造美麗模倣誇譚宏大人和直覺等七性。其機能在使天作人工。發美妙之愛。表快樂之情。能令人躋於高尚優美之域。與道德感情同其行動者也。

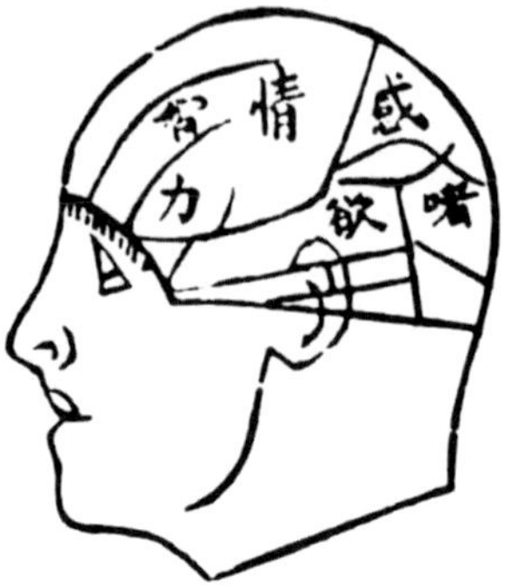

心性機能的總分類

第三　智力

智力分視察記憶反省三部。視察力有個體形狀大小輕重色彩秩序計數七性。在上眼窠板。即前頭葉之下前部。因該處之隆起與否。而定其廣狹如何。其機能在賦與關於外界物之存在。及其性質之智識也。記憶力在額之中間橫斷。有事實時間音調地位言語五性。其功用在使將因視察力而得之事實。收藏之。傳播之。或於時間起繼續之思想。或於音調與以均齊之念慮。故其傾向在意識事物。表彰思想焉。反省即為推理力。有推因比較二性。在上額部。其功用在比較事實。分類異同。即供給推理力之機關。第持續性則雖與以上所列分類。蓋因此性。乃由思想感情之結合。而對於他心性力之作用。有恆久忍耐之氣力。故為便利起見。置此性於諸友愛性之次。

以上所列心性諸能力。乃爲組織心性之元素。既謂之曰人。則不能缺此。其在物質界。彼化學的元素。即爲物質最極之元子。人之心理。亦何莫不然耶。物質元素之發見。非盡一人之力。其間經許多學者連續勤勞。乃克有成。而相學之四十二性。亦歷幾多歲月。方始成立。物質界之元素。尚有未經發見。須俟人之智力。以愈臻精密者甚多。相學亦復如是。心性機關之屬於未知之數者。亦待發明。俾與吾人以方便。豈俟詞費哉。

茲所謂心性力者。乃指心性機關活動。而特殊興奮之者而言。心性機關。專言腦髓一部。適應於心性力者是也。心性機關。蓋屬一對。即腦髓分爲兩半球。各機關對於外界物體。有一定關係。故其關係。苟趨於考察之一途。而表現之時。則其機關。直形活動。心性自因以刺激而進行矣。又有因外傷疾病。血行鼓動。致使心性活動者。若斯活動。無論用何方法。概克爲之。然而表彰其特殊心性。則因其機關之故。定必呈露無遺。且各心性力。又爲求幸福及其必要起見。自必於正當範圍之內。有相當活動。若此心性之力。有所欠缺。或刺激過度。監督補助之力。或失其效用時。則脫軌而出。超越範圍。靡知所屆矣。故各機關之活動。苟能劃一。無長短輕重之殊。則吾人品格。自無差別。生活上亦無過或不及之虞。然而各機關之發育。例有差等。自古及今。人之氣質才幹。千差萬殊。職是故也。今將各心性。列之如下。

第一節　親愛的嗜欲機關（社會的及家庭的部分）

小腦爲嗜欲機關。在後頭下部。稱爲後頭結節。其所主項目。除男女性外。有慈愛性。在男女性上。慈愛性兩側。有配偶性。配偶性上。有友愛性。友愛性內側。慈愛性上。有居宅性。綜此機關。專司愛情。後頭部若能發達得宜。則其人忠厚友愛。一家和睦矣。

第一　男女性（Amativeness）

此性爲男女性表彰機關。專司雌雄牝牡之愛。即對於異性。有戀愛吸引之能力。雖禽畜不能異也。

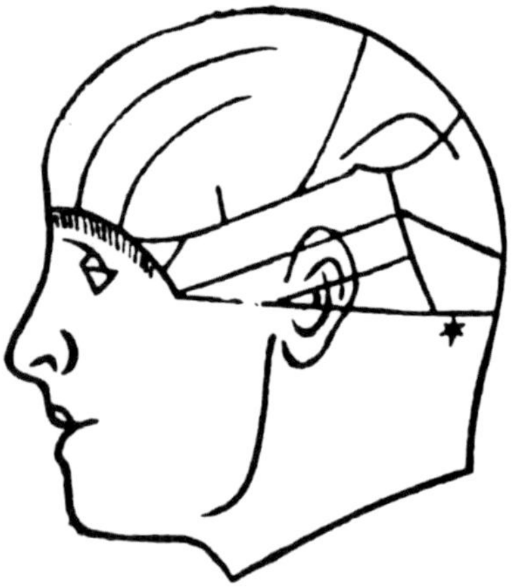

男女性中樞

此能力過大者。後頭結節下。必甚漲滿。爲一頸短之人。慈愛配偶兩性。自然較弱。唯慾念則甚強。無論男女。均不能一夫一婦以相終始。色荒之害。勢所難免。然小腦爲生殖機關之中樞。又爲遺傳機關。豈容缺小。要在發達適宜而已。又婦人小腦較張者。其性行容貌似父。男子小腦較弱者。似母。由此觀之。即可窺父母之遺傳矣。

第二　慈愛性（Philoprogenitiveness-Parental-love）

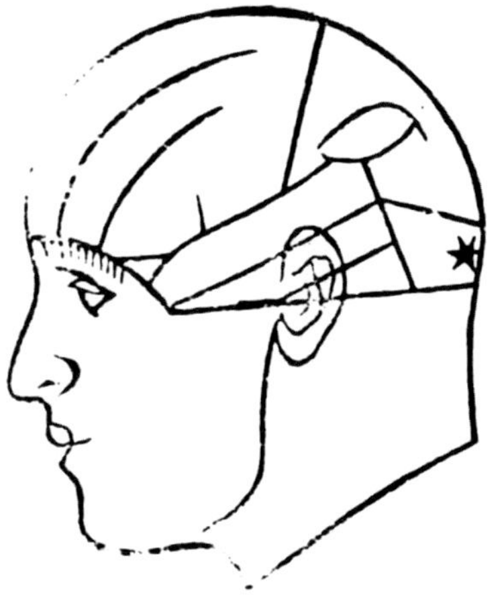

慈愛性中樞

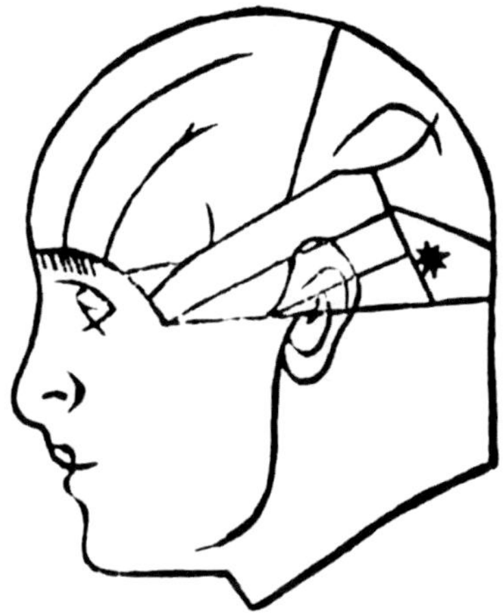

配偶性中樞

此爲表彰父母愛其子女之機能。爲人類一種天性。雖犧牲一已以衛護其子女。亦所不辭者。乃此性之結果也。人口之蕃殖。種類之保存。端賴夫此。觀於動物之保衛其雛兒。及猛獸之哺育其子女。一以奮鬥。一以柔和。全改其平常之性行。可概見矣。但此機關。婦人常較男子爲大。惟其中亦有缺少不全者。加爾氏曾往維也納監獄。發見殺兒犯廿九人中。有廿五人。此機關均有欠缺云。

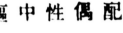

第三 配偶性（Gonjugality）

此機關在慈愛性兩外側。男女性上。友愛性下。夫男女性之作用。專司男女生殖。而此則以一夫一婦。互相愛慕。白首偕老。苦樂相共。爲職志。彼夫婦間之事。雖有謂由於男女友愛兩性結合而成。但徵之人類以外之動物。此兩性雖具。而於其配偶之選擇。絕無關係。配偶作用。若果由此兩性結合而成。何以除一二禽畜。如獅鶴者外。凡百動物。未聞有求匹配之事耶。故謂此爲人類所獨有。亦無不可。若能發達適宜。則伉儷必篤。自無疑義矣。第世間有持多妻主義。或多夫主義者。乃小腦過大。斯性較小所致。究其結果。非至家庭不和。更相嫉妬不止。若破壞秘密兩性。果同時發達。頭項下顎以及口唇。自亦因之過大。如是之人。德性必極薄。恣所欲爲。無所不至。然而配偶性過大。小腦較小。則對於其所戀愛者。視若天人。尊無與上。世之失戀狂及情死者。原因雖多。變態雖劇。實則此性有以致之然也。

第四　友愛性（Friendship Adhesiveness）

此性在居宅性與抵抗性之間。男女性上部。專主友愛敬賓好客。乃其特色。寖而形成社會國家之要素。亦端賴於是。此性發達者。好交與縱犧牲一己以急友人之難。亦所不辭。此性過大。亦有濫交而戕其身者。苟若缺乏。其人必耽孤僻。寡交遊。酬酢往來之樂。必不可期。雖親如夫婦。除肉慾外。無他情好。上焉者清淨寂滅。以空門爲歸結地。下焉者則私利是圖。抵抗破壞之力。逞其兇暴。成一貪狠之夫而已。其在動物。虎豹獅子之屬。不與同類群居。惟鹿羊鴉雀。以迄蜂蟻。皆喜結隊聯群。亦爲斯性所發露之故。犬之

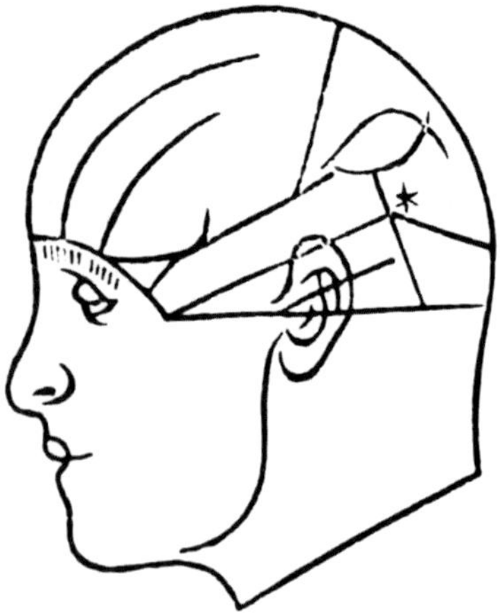

友愛性中樞

於其主人。則追隨維謹。若貓則認屋而不認主人。全由於居宅性之發達。而乏斯性。致各異其趣也。

第五　居宅性（Inhabitiveness）

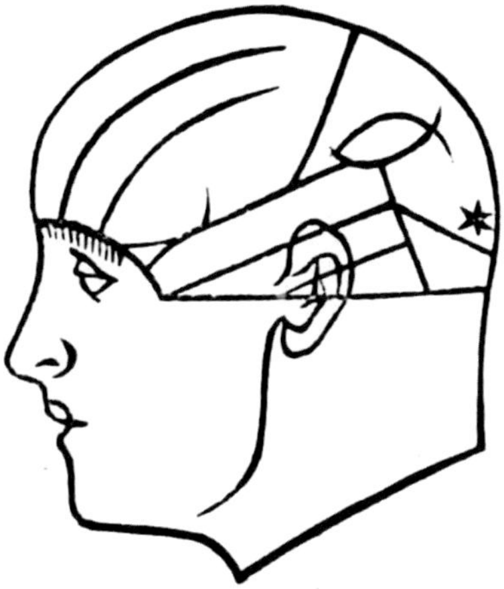

居宅性中樞

此性在慈愛性上。乃愛家室、愛鄉土、愛國家、感情發露之處。歐人謂爲愛國心之發源地。良非無因。斯性發達之人。多出山國。水居者鮮。即如台灣之山番。則斯性發育殊饒。離家遠出之際。每瞻依不忍去。且有罹思鄉病者云。反之。不愛國。酷好變化。視家如傳舍者。後枕多壁立。犯罪人類學者。亦稱犯人後頭扁平如削。即指此處。蓋扁削之人。多兇惡。甚且作賊。全因斯性欠乏之所致也。

第六　持續性（Continuity-Concentrativeness）

機能在自尊性下。居宅性上。後頭顱頂溝。即橫斷於此。其所司之事。乃對於一事物。集中專念。繼續凝聚其精神也。此爲人類最重要機能。其性發達者。忍耐力強。凡所趨向。不達不休。論理一貫。意志堅固之人。即屬此種。但發育過大。每易陷於拘迂粘滯。不知應變。無維新創造之思想。即德國昔有一醫。考究蛙子竟費三十年之久。即其例也。若薄弱太過。則性急心躁。變動不常。九仞之功。每虧於

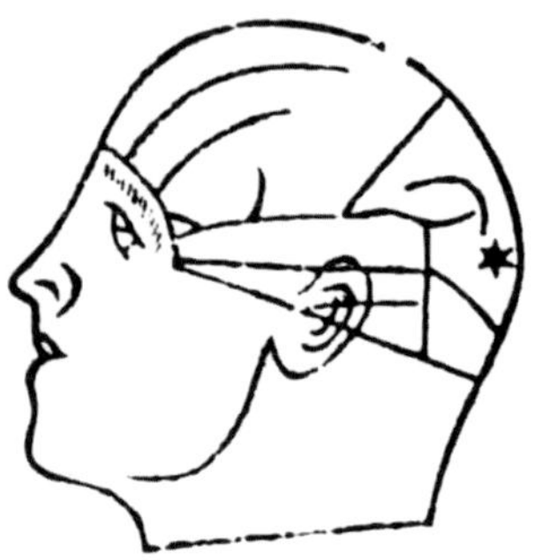

持續性中樞

持續性發達者

一簣。雖有才幹。成功殊少。吾國民有建設力而無維持力。即此性欠乏之徵也。美法之人。向亦不甚充足。故其技術。雖稱精巧。但偉大之發明。亦不多覯。德人反是。宜其工業終遜於德。實則此性之作用。有以使之然也。又有謂此性。智力作用較强。不應在感情中論述者。但智力之需要此恆久的連續力。總不如感情之甚。且信其位置。又在感情中也。即如居宅性。亦須賴有此永續心。凡人之欲居是土。必建以家屋。圍以墻壁。更點綴之以花木。苟無斯性。曷克臻此。他如慈愛男女以迄友愛等性。何莫一不賴此以爲維持。夫婦之相愛。父母之撫育其子女。設一旦間斷。何堪問耶。主宰者特置斯性於社交的機關之上。誠有深意也。

第二節　自衛機關（利己主義）

第七　生命性（Vitativeness）

此性在耳之後。即抵抗性下部。與男女性之間。突起如乳形者是也。樂生惡死。爲此性之特色。故其機能。雖因人而殊。第其抵抗死滅疾病。疲勞苦痛。則一也。此性過大。壽命固長。縱遭險難。亦倖生存。而惜死之心。恆比常人爲甚。醫對病者辛勤療治。一如愛己。亦賴斯性之發達。否則視人之疾病生

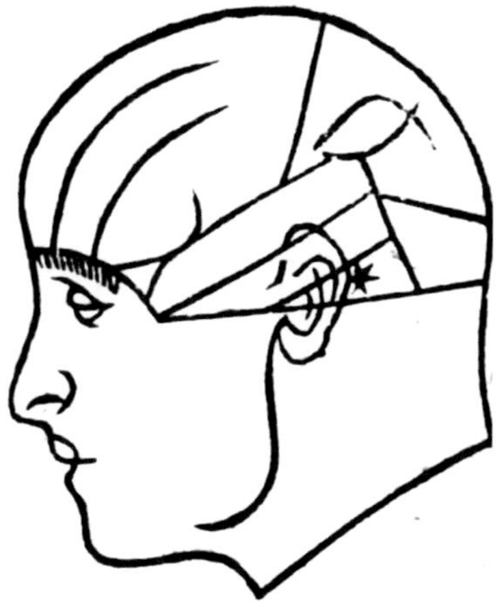

生命性中樞

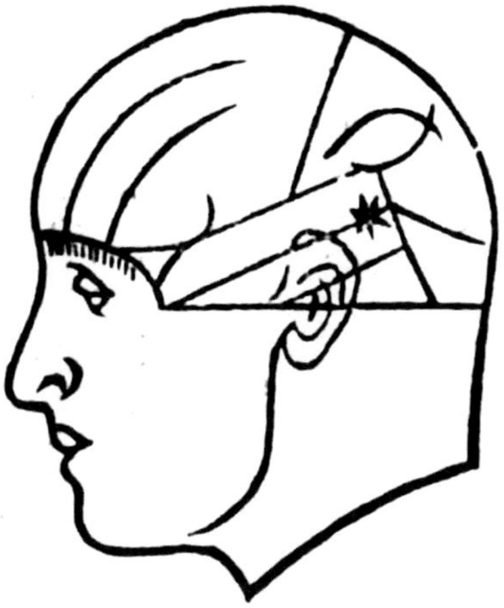

抵抗性中樞

死。為不足重輕矣。倘再加以破壞性之過大。而欠缺警戒性則殺人如刈草。為殘忍酷刻之人。豈惟醫者而已哉。反之斯性過小者。往往不自惜其生命。抵抗疾病險難之力。亦殊薄弱。大抵自殺之人。多由斯性過弱。有以致之。東印度人每於行軍遠適之際。不顧野獸之披猖。敵人之襲擊。悠然橫臥於荒郊。視為無上天惠。亦由其人生命之慾至為淡薄。驗其頭蓋。斯性機關。果極狹小。可為明証也。

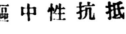

第八　抵抗性（Combativeness）

抵抗性位置。在顱頂骨後角。耳上後部。秘密破壞友愛配偶男女生命諸性中間。對於事物。在能反抗防禦。勇敢果決。凡所侵害。及一切窮厄。必排除而後已。即此性之作用也。鑿山通海之回天大業。以迄保持生命攝取飲食。均賴此抵抗之力。以鼓其勇氣。古來之英雄豪傑。宗教家學者。所有建樹。能不屈不撓者。純為此故。然而此性過度發達。亦非譬象好勇鬥狠。勢所必至。若加破壞性以爲之助。則成一兇惡之人矣。但智力能與此性同時發育者。其人之嗜好。必愛談文學。及智識之事。若與德性結合。則又尊崇道義。正邪之辨別甚嚴。至反抗過弱者。必遇事畏葸。意志脆薄。不足有爲也。

第九　破壞性 Destructiveness

此性坐耳上。居理財性後。秘密性下。抵抗性前。又名實行性。以其所賦予者。乃使人奮其氣力。增其

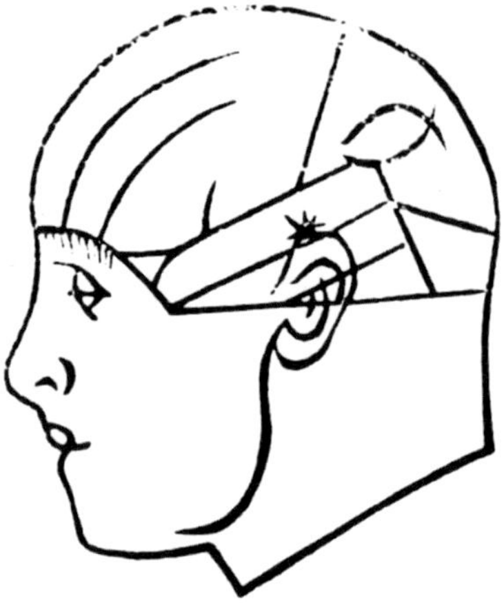

破壞性中樞

忍耐。顯其才幹諸機能也。夫值險難窘厄。反抗而抵禦者。爲抵抗性。惟此則以進行侵擊破壞爲事。凡認爲有妨碍於已者。悉力驅逐。殘忍苛酷。在所不計。昔人謂不有廢也。其何以與。即此機能表現之徵。斯性發育之人。其面橫張。耳上突起。故形近虎狠。雖如何悽慘之事。絕不動心。惻隱之情。不可冀諸此輩。但非所論於外科醫生。若外科醫生。此性非有相當發達。學識經驗。縱能過人。亦難擅長。因刀圭之術。不有破壞。無以爲功也。若其發育欠缺過甚。則對於所事。計畫雖周。亦莫由實施。姑息因循。難以自拔。故斯性過強之人。當以軍人爲最宜爾。

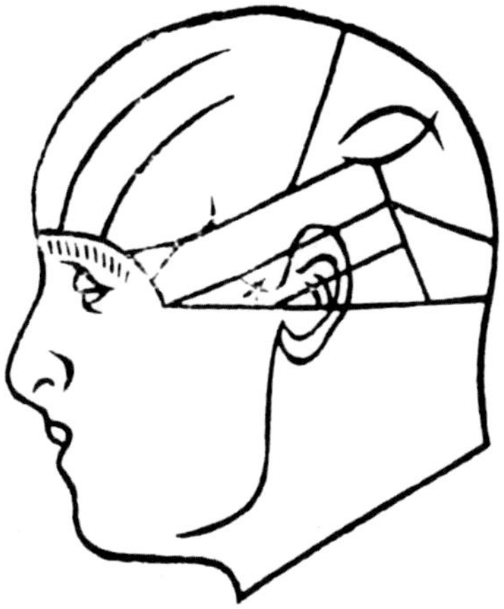

飲食性中樞

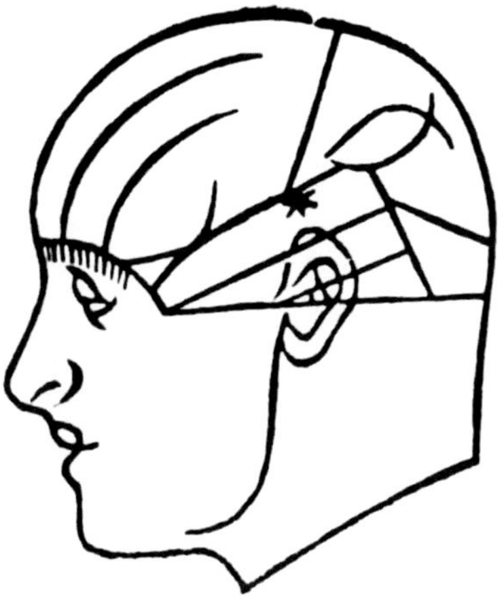

密秘性中樞

第十　飲食性（Alimentiveness）

此性在理財性下。破壞性前。顴骨窩中。即俗稱命門之處。為味中樞。主飲食。此機能之於胃。一如眼之於視神經。夫食色為人類最要本能。古人以此并稱。具有深意。若過發達。每耽口腹之慾。而易罹胃病。又有狂飲暴食。致戕其生者。乃此性變態之人也。此外專嗜液體者。如愛飲酒。嗜茶湯。乃至洗滌入浴航海等事。亦與此性關聯。此性過小。則食慾微弱。似牛馬之齧草。不知美味為何物矣。又凡食慾發達之人。必善烹飪。下唇厚。橫餐飽漲。而身材肥碩。飯館名廚。多如是者。百見不爽也。

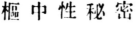

第十一　秘密性（Secretiveness）

此性在破壞性上。警戒性下。理財抵抗兩性夾其左右者。為秘密性。深謀秘計。以及自制之力。皆自此出。故亦為自衛機關之一。為自衛計。不能盡人而開誠佈公。因太坦白。恐易為人所乘。斯性發達之人。工於權術。凡臨機應變之事。尤見擅長。第此性過強。而道德諸能力。不有附麗。則詭詐狡猾。虛僞奸佞。或監守自盜。無惡不作。無事不欺。貓狐之屬。其首橫張。亦斯性過度發達所致。外表柔和。內質叵測。然而天下事。複雜無倫。若徒曝露胸臆。坦直率眞。縱不爲人陷。而自制之力已缺。亦取敗之道也。

第十二　理財性（Acquisitiveness）

其地位在顱頂骨前下角。即秘密性前。構造性後。一名貨殖性。又名貪婪性。昔人發見此性之始。有謂爲盜賊之機能者。然此爲變態。乃濫用之結果。非本來作用也。蓋此性主勤儉貯蓄。第貯蓄之法。視其與他心性能力如何結合以爲斷。有搜集圖書字畫者。有收藏博物古器者。其所欲得之物。各有不同。非衹斂財貨已也。面圓肥碩。富而有福。多營養質之人。亦即斯性發達之人。而長瘦削而心性質者。材略縱優。不善營謀。雖有祖業。終難保守。緣此性慾過弱。易蹈奢侈浪費。縱日事貨殖。亦耗資財。若過強大則成爲

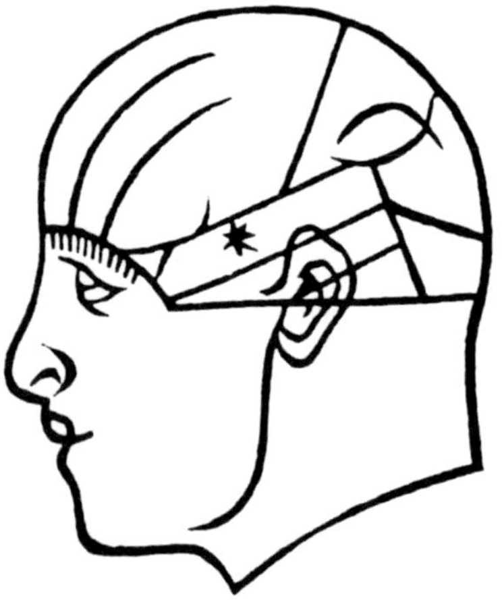

理財性中樞

貪婪吝嗇之人。惟利是視。不顧其他。且流爲盜賊詐財。亦非奇事也。

第三節　自愛感情

此節乃論自我及其人格之事。其機關位置。在頭之絕頂部。故此性有相當發達之人。必其後頭上。高聳隆起。今分論之。

第十三　警戒性（Cautiousness）

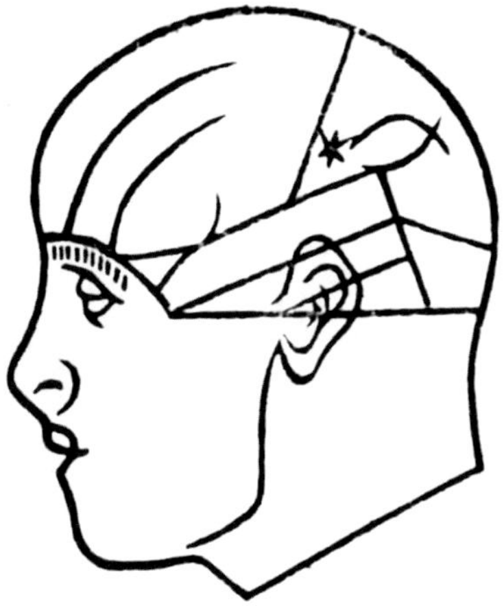

警戒性中樞

警戒性之發達者

此性在名譽性外側。宏大性後部。友愛性前。秘密性上。爲防禦警戒之源泉。謹愼過密。以控制其他諸機能。乃其天職。而胆小危懼。恐怖。亦自此出。史記荆軻傳。舞陽持圖詣秦皇。至階下。色變震恐。即斯性過於發達之故。如是之人。因循狐疑。胸無主宰。再益以精神錯亂。則憂鬱失望。終爲不幸之人。百不一成矣。今又檢查自殺者之頭蓋。亦是破壞性與斯性過大及希望性弱小所致。各器官不相稱。馴至憂鬱。或發狂而死。不盡厄於境遇也。在於斯性欠缺之時。胆大妄爲。絕無恐怖。若加以破壞抵抗兩性以濟之。則突飛邁進。雖時收效而闖禍失策。亦在意中。所謂過猶不及也。又此性婦人較男子爲大。神經質者強。多血質者弱。而兒童亦先發達此性。乃及其他機能。想主宰者使之自行保衛。不令受傷歟。否則雖自保姆。亦難稱職爾。

第十四　名譽性（Approbativeness）

此性在自尊性兩外側。警戒性內側。又名稱揚性。其所司注重令聞名節。不受貶損。大望野心。亦發端於此。夫求名之心。人所同有。第其作用。乃因其他心性力。如何結合。各不相侔。譬如與德性合者。欲得一道義之名。而受人尊崇。與智力器官同時發達。則欲於科學及文學界占一位置。而發揮其手腕。若與欲性并強。亦如其分。必以得爲匪黨首領爲快。至如詩人、書家。方技者。皆各因其心性之締結。奮其心思。鼓其勇氣。以求超越於羣衆者。皆食斯性之賜也。好虛飾。喜虛榮。不顧廉恥。貪慕富貴。亦純由斯性過強。有

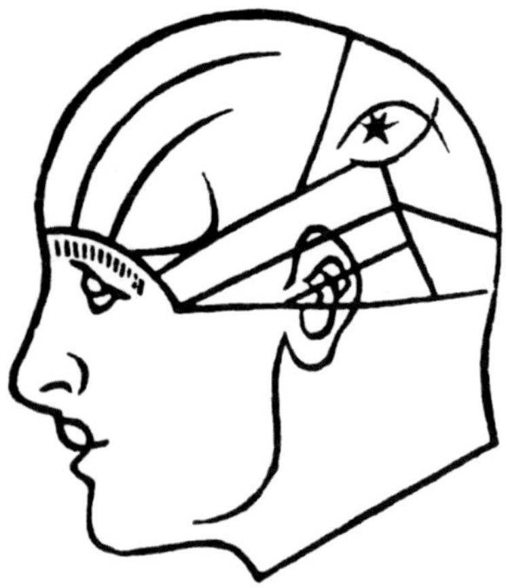

名譽性中樞

以致之。至犧牲百事。以攫取名望聲譽之人。則又爲斯性之變態矣。又有不顧清議。不恤人言。務行所志者。皆出於斯性缺乏。苟同時濟以其他劣性。卽成爲蔑理寡情自私自利之鄙夫矣。總之人有相當名譽心。乃能保其人格而道德境界。亦庶乎其可進也。

第十五　自尊性 (Self-Esteem)

此性在顱頂部名譽性內側。強硬性後部。其機能主自任、自重、自信、自恃等。而權威豪俠。寬厚傲慢。及自得。均自此性出。故爲保存自己人格起見。有巍然獨立氣象。不受壓迫。亦不壓迫人。斯爲最要特色。若此部少有缺損。則不知自重。無獨立心。無自信力。常以倚賴爲其天性。雖有才略。遇事畏葸。不敢進行。就令其他心性力。雖甚優異。以自信過弱。終易流於卑屈。以至失敗也。反之過大之時。自我自信之力。當然強盛。而偉大傲慢之氣。與乎頤指氣使之態。有不期然而然者。智性德力。不有以濟之。更不堪問矣。又自其國民性言之。索遜人之機關較拉丁人爲大。故映於英人之眼簾者。乃法人之阿諛卑躬屈節也。

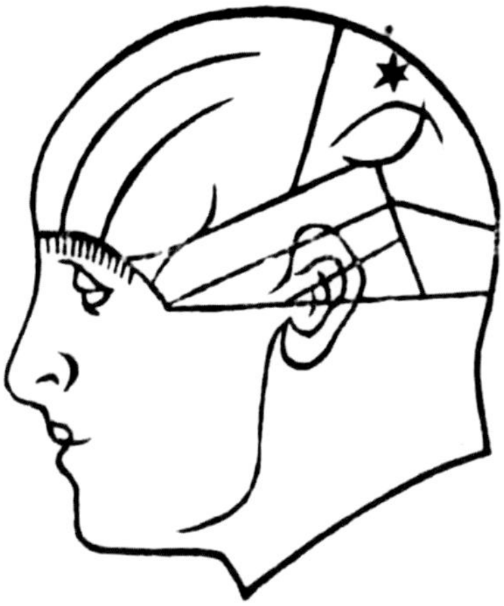

自尊性中樞

法人之映於眼簾者。又覺英人之冷淡跋扈不遜也。而吾國人。亦以倨傲尊大稱。日本人罵我爲自大之國。殆非無故歟。

第十六　強硬性 (Firmness)

此性在自尊性前。尊崇性後。上卓然自立。貫徹忍耐果決爲職志。故又稱爲意志機關。斯性發達者。不屈不撓。雖遭困危失敗。亦不改變其志操。細檢剛毅不拔之人即此部位發達之人也。然而過強。則易流於偏執守舊一途。如再不受德智兩性之支配。則頑固執拗。痼疾更深矣。惟發育過小。則懦弱游移。易受誘迫。雖有智能。亦難有爲。以其無主義節操也。又此器官作用。一如持續性。於外界物質。非有直接關係。特其勢力活動於各器官之上。無論事之善惡。苟吾人欲達其目的時。此器官中樞。對於一切行動。只賦以強毅之精神。與敢決之行爲而已。

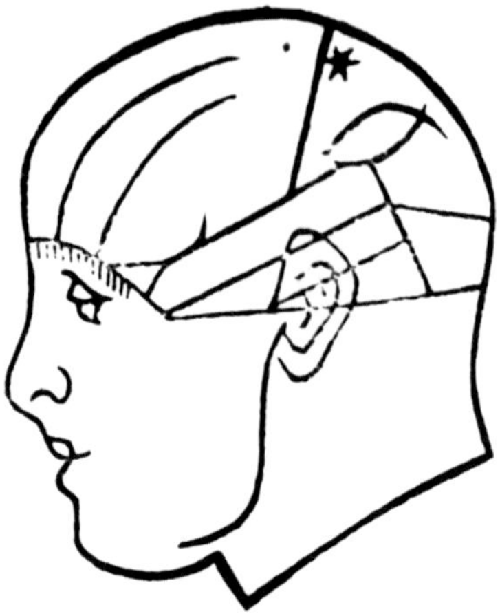

強硬性中樞

第四節　道德及宗教機關

道德及宗教感情乃感化其人格。使其向上之意也。此類機關。在頭頂部最高處。今細分之。

第十七　正義性 (Conscientiousness)

此性在上頂部。强硬性兩側。希望性後部。又名道義性。此所謂良心發動之處。辨正邪善惡。明是非

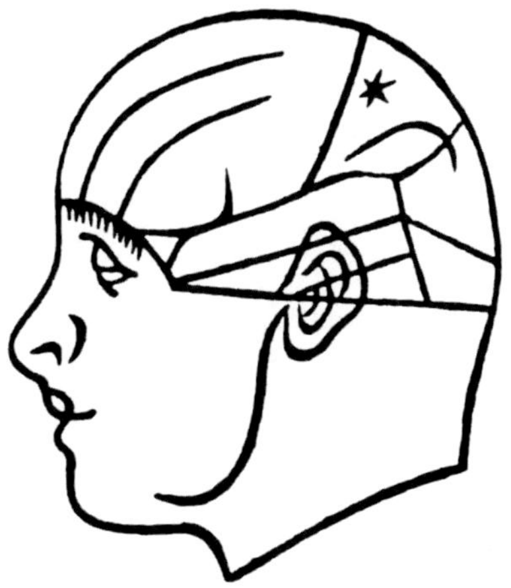

正義性中樞

曲直。悉源於此。故正義性發達者。其行高其性潔。是非之辨。極爲明晰。此種人材。最宜於法官。但過強大易流於苛刻。律已律人。純取嚴酷。器量褊小。不能容物。究其終極。必至不能存在於世而已。伯夷叔齊即屬此輩。然而過小。其弊更大。勢必不辨善惡。任性妄爲。倒行逆施。舉措乖謬。若加以破壞抵抗秘密男女諸性。爲之助。則爲害更不堪問矣。犯罪之人。斯部悉見弱小。可爲確証。但以何者爲正義。乃哲學上問題。不及具論。此則專以良心上之主張爲標準也。

第十八　希望性 (Hope)

此性在前頂部。尊崇性外側。宏大性內側。靈妙性後。正義性前。乃發動其所希望。即對於現在未來之地位境遇。欲引而上之之意也。譬如此性。與名譽性同時發達。其人必熱中於富貴功名。以求顯達。若與理財性相締結。則營謀財利。爲日孳孳。故希望性者。在社會爲一種痛苦之緩和劑也。亦追想其愉快之源泉也。描畫理想。希望前途。縱遭蹉跌。仍不失其愉悅之顏色者。全恃此力爲之。有時

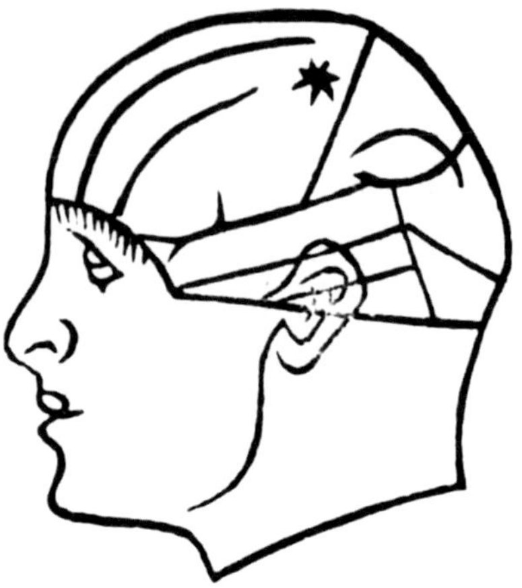

希望性中樞

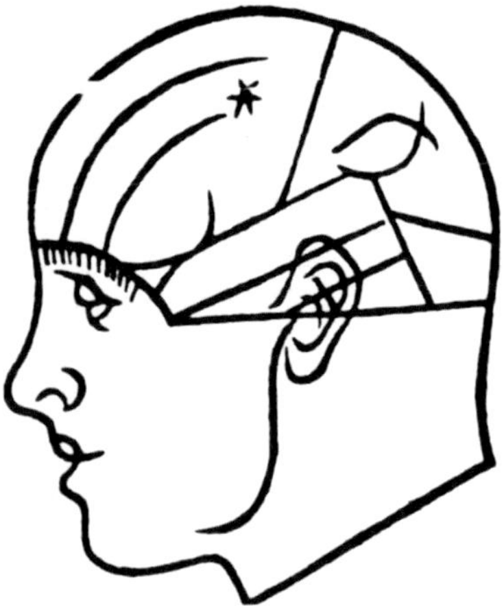

靈妙性中樞

其人計畫。有如空中樓閣。絕對難成。仍進行不息者。乃此器官強大。有以致之。至世間之言大而夸。及妄想狂等輩。則全出於此中樞變態。或錯亂之故。然而此性過小。冀望亦微。稍有失敗。即沮喪萬狀。一蹶而不可復振。失望之餘。有竟至衰老。而夭其天年者。警戒性如再爲之助。鬱悒寡歡。計畫預期。皆非所敢。唯日怖失敗之來襲而已。

第十九　靈妙性 (Spirituality Wonderous)

靈妙性在希望性前。尊崇性外側。模擬性後。即占腦髓上側部。此其機能。有不可見而可見。不可聞而可聞。不可感而可感。其精神能力。超脫於五官感覺之上。故對於事務。可以預言。如有神助。蓋純出經驗及推理以外。非肉眼所能爲力者。乃此性之作用也。此性又爲宗教機關之一。精神智識。均甚玲瓏。與上額之理性力。彷徨疑惑者有異。其所進止。一本信仰。又稱爲信仰性。自俗眼視之。所謂神秘玄妙。能與神會者。

即此性活動之結果也。而迷信幻影。及夢想的精神狀態。並鬼神能附其身。窮極詭怪。亦即此性之特種活動。或其變態有以致之。若夫此性欠缺之時。對於鬼神卜筮。絕不置信。以爲五感之外。決無他物。可以堅其信仰。凡百事物。非須智力。莫可證明也。學者中近有以此機關。爲靈覺之出處。與普通感覺器有别。列之爲第七官者。以第六官爲直覺性。(鑑別性)座額之上緣。而此更居其上之故。持之有故。言之成理。却未嘗全無研究之價值也。

第二十　尊崇性（Veneration）

在強硬性前部。仁惠性後部。其兩側有希望靈妙兩性爲之副。主尊奉尊長神佛。相學上爲宗教機關首座。故皈依祈禱。以及遜讓恭順。忠孝。乃其特色。斯性過大者。膜拜偶像。崇拜英雄。對於位尊望重之人。恆盲從屈服。若與他性綜合。則又各異其趣。如與理財性合者。爲拜金主義。與名譽性合者爲好尚虛榮。若其地位智力。不能啓發。則唯視千數百年來之教義教說。默守崇奉。新出眞理。絕非所知。彼世之斷斷於國粹保存。而排擠新事物者。多屬此輩。故模擬人相兩性之發育。自必薄弱。但斯性過於欠缺。亦非善

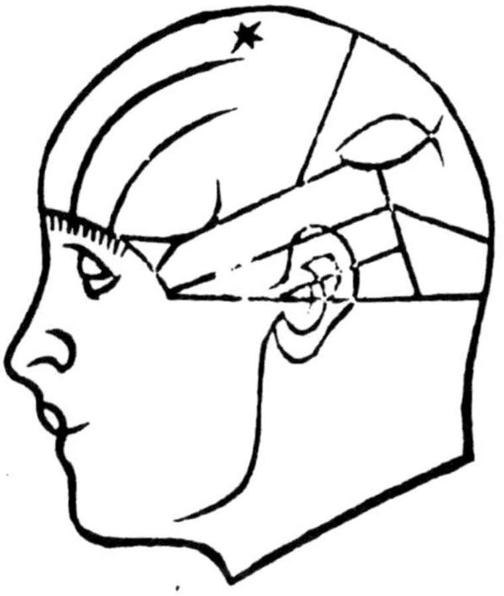

尊崇性中樞

徵。蔑視長老。背叛君父。對於古物古蹟。無追慕之思。少愛惜之情。更無神佛之可崇奉矣。自古來不忠不孝。以妨害其家國者。悉因此性之缺損也。

第二十一　仁惠性 (Benevolence)

此性又名仁愛性。在尊崇性前。摸擬性內側。坐前頭前部。髮際無毛之處。爲鑑識性一入有毛之域。

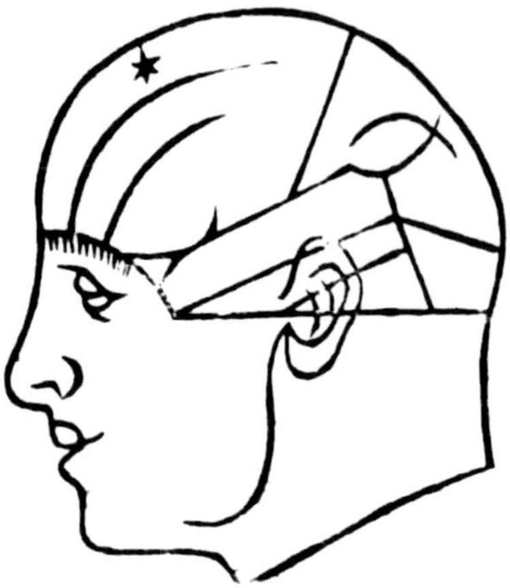

仁惠性中樞

便爲斯性所居。故以髮際爲此兩性之境界。主博愛慈善。四海兄弟。一視同仁等。悉源於此。以其無親疏遠近。及人禽之別也。故對於人之痛苦悲哀。動其惻隱之心。起而救助之者。純由此種之力。但過大者。犧牲一己以赴人之難。或破家以拯人之厄。流弊亦所不免。即所謂從井救人也。斯性如欠缺過甚。雖對於人。不加殘暴。然性情冷落。見人疾苦。漠然不動於中。苟此性之抑制力。彌漫於其心性組織內。而失其支配之時。利己嗜慾。更呈兇暴殘忍之事。罪惡之行。由此誘導。往往然也。

第五節　完美機關（半智的感情）

次所論列之性能。爲自己完善美感。即所謂半智的感情者是也。故對於美術之才能。及一己完善之美。皆所賦予。構造理想宏大模擬及諧謔諸性屬之。各機關位置。在頭側上部。及前部焉。

第二十二　構造性　(Constructiveness)

在理財性前。美麗性下部。其作用在事實之創造組織。即建屋造船。彫刻築路。以及鳥之於其巢。獸之於其穴。均賴此構造之力。有以致之。是以斯性發達之人。手工技藝。天然巧妙。雖不修習。亦能傑

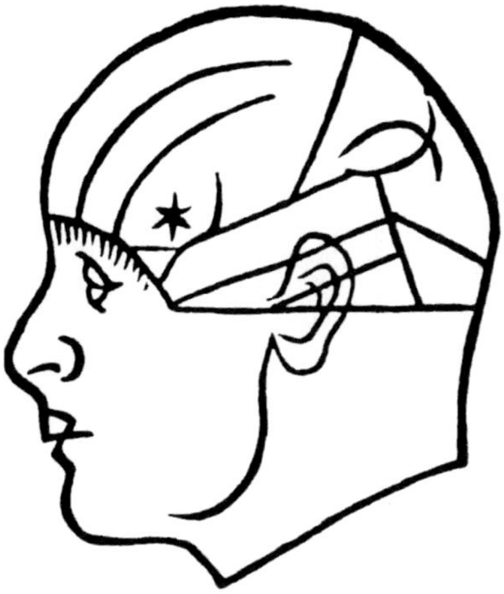

構造性中樞

出創業之人。及外科醫生彫刻者。尤賴斯力。至工業發明家。則與理財性相並而完成者也。但此性本爲嗜慾感情多而用智少。故才具雖美。苟對所事。不有興趣。所習技術。終難出衆。又斯性固大發達。而其智力缺乏者。技亦拙劣。徒欲作無益之器物。而耗其金錢與時間耳。製造贗物之人。則由於正義性之欠缺。故創造力雖强。必與美麗模擬諸性。有相當締結。復益以智力者。乃眞能發揮其天才。而有所成就也。若兩贅瘦削。便爲斯性過小之人。匪特無發明之力。即手工之事。亦不勝任。縱有父母之勸誘。師友之教導。終難有成。非廢於半途。徒勞而無功不止也。

第二十三　美麗性　(Ideality-Beauty)

在頂側部。坐宏大性前。模擬性外側。諧謔性後。構造性上。其機能在酷愛美麗。思想精妙。威儀檢攝。文字優長。騷人詞客。美術家及關於有創造的想像之人。均由斯性發達之故。又稱理想性焉。以其

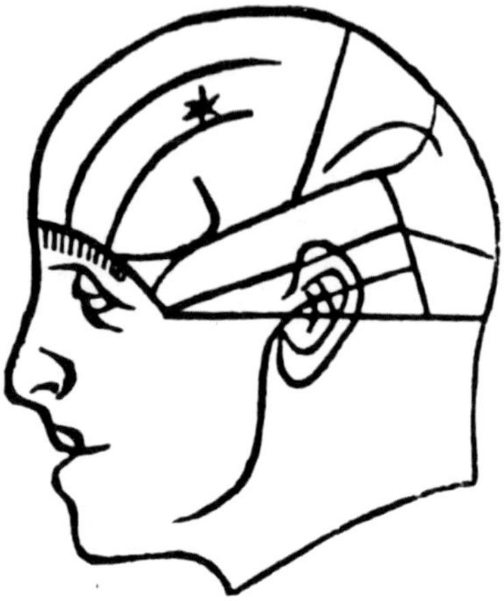

美麗性中樞

人之高尚優美。純受此心性影響也。吾友黃節晦聞以善詩文稱。復富於幽邃之理想。春花秋月。時發無限感慨。其頂側部確較常人優異。可爲明證。昔加爾氏謂此爲詩人之機關。信不誣也。若此性弱小之人。粗鄙惡俗。只重實利。初不知風韻之爲何物矣。又此性過大之人。多不暗實務。而患精神病之人。其中亦有可異者。當其狂亂發作時。每能作文賦詩。或書畫彫刻。且往往絕倫。唯醒後初不復記憶。此種現象。純由於斯性之特別發達衝動。非關教育也。意國著名學者。郎勃羅助 Lombroso 所着天才與狂氣。曾詳記其事。

第二十四　宏大性 (Sublimity)

此性在警戒性前。美麗性後。希望性下。理財性上。乃發動其宏麗、壯嚴、雄大、及空曠無限、各種心思之處。美麗性則感精細與妙之美。此則對山河之宏麗。洋海之渺茫。火山瀑布之壯觀絕壁斷崖之

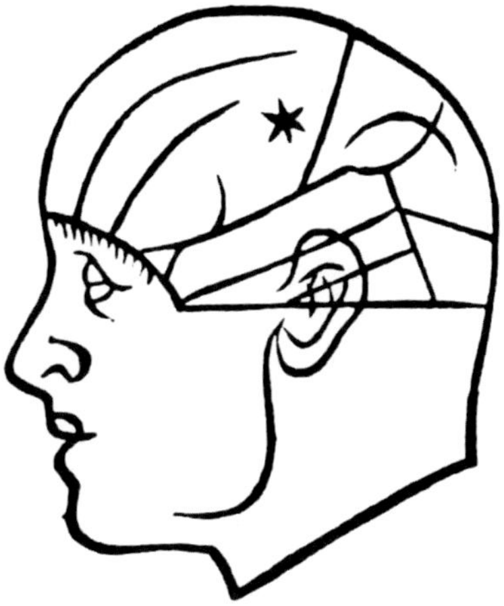

妄大性中樞

奇景。無論人工天然。無形有物。均能令其發生感喟。想像天地造化之妙機者。此器官中樞之作用也。一以精巧美妙。一以博大莊嚴。其美感之心性雖同。而各不相混。今更引一例以證博大美妙兩感。如韓偓詩之碧闌干外繡簾垂。猩色屏風畫折枝。八尺龍鬚方錦褥。已涼天氣未涼時。則所謂美妙之感也。又如時人游泰山詩之碣石渡海四百島。玉檢登封七十君。大宙飛揚觀出日。萬山奔走伴行雲。金銀宮闕通天帝。青赤參州莂地文。此是崑崙分左股。乘龍臨睨日斜曛。則所謂妄大之感也。但此性過度發育者。其人氣質。流於粗放浮華。夸大。妄想。好跋涉山川。自古文人筆舌。好張大其辭者。即受斯病。然而過小則如井底之蛙。不知宇宙之大。其行爲志想感情。均極渺少。故不能以山川之大風雷之壯以動之。若加以智力。則又成爲懷疑家矣。

第二十五　模擬性 (Imitation)

在美麗性上。靈妙性前。即上頂部兩側。主模擬倣傚。伶官畫工及工程師之屬。必有此機能。始克上進。而此心性之作用。又使吾人對於事物。感受同化。能誘其智識。使之開發。故人之交處。各倣其所

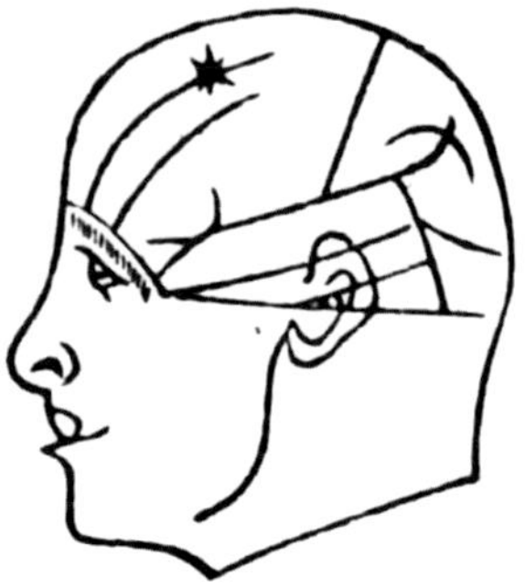

模擬性中樞

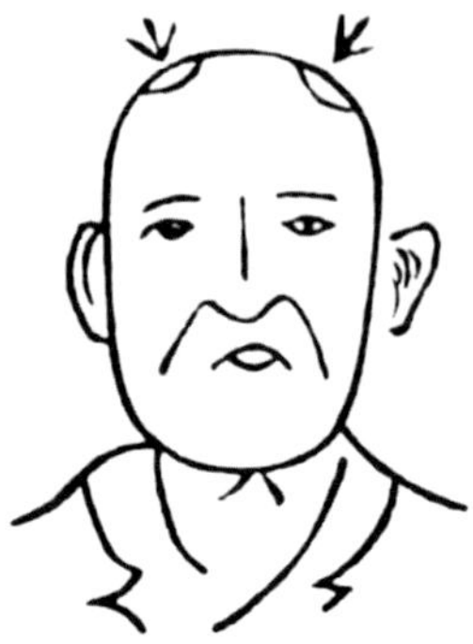

模擬性標式

習。互相親睦。使彼我之特性。求得其共通之點者。純賴斯性。昔人言近朱者赤。即指此也。而小兒於此。尤見發達。倣傚長者風姿言語態度動作。宛然逼眞。彼世之所謂流質者。亦緣此性過大。持續性欠乏之故。苟正義性缺少。則又模倣惡事矣。惟此器官弱小之人。獨立心盛。不易感化。究其終極。執拗固陋。自爲其思想所囿。豈止無模倣之能力而已耶。

第二十六　諧謔性（Mirthfulness）

此性在額之左右上側部。即推因性前。美麗性下。主滑稽機智。常以事物之不相稱不規則者爲樂。與推因性之究因論果有異。又稱爲笑之中樞。富此性者。百事樂觀。嬉戲談笑。皆其所樂。昔之淳于髡。生即此器官之發達者。但苟過度。則其人好爲戲言戲動。輕薄百出。縱居嚴肅之地。亦易失儀。然而太小之人。鮮有樂趣。居恆常有戚容。偶爾失敗。即陷悲觀。運命因以不振。年亦難永矣。或學者以此器官。分類於智力中。爲辨別異同之機關。謂非發露詼諧之感情。其言雖持之成理。但謂與詼諧無關。究難自完其說。蓋此性在推因性外側。坐額部中智力範圍。乃以爲辨別異

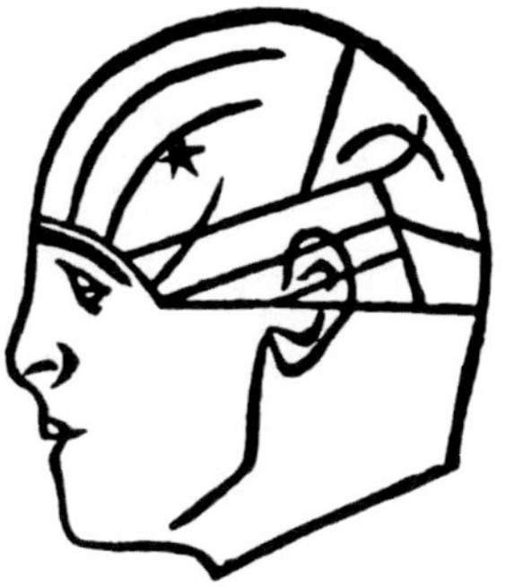

諸詭性中樞

諸詭性發達者

白者。夫推因性之職掌。在於推因論果。整齊事物。而此性之任務。在發見事物之參差與謬誤也。但因矛循不規則之故。逾越常理。於是滑稽詼諧之現象生焉。由此言之。辨異詼諧。實一體兩面。蓋諸詭性為辨異之結果也。

第六節　智力觀察的諸能力

智力乃對於感情而言。坐列前額。無毛髮之處。即上額為主觀的智力。下額為觀察的智力。更三分之。近眉弓一帶。為觀察機關。主吾人對於外界。收集其智識。即直接關於物質之智力。中部則為記彰力之機關。主容納內外界發現之事物。而表彰之。又上額即所謂前頭結節一帶。為理性發源地。凡哲學倫理學。一切高深微妙之思想。均從此出。統其機能。計得十四。而其發達之大小如何。則以前額之大小為準。今復以實用之目的。分之可得三種如下。

第一款　觀察機關

第二十七　個體性（Individuality）

在兩眉正中。卽所謂印堂之處。主觀察及知覺之能力。又對於事物。喚起其注意。凡外界物體。無論如何智識。若灌輸於其腦裏之時。必先經此門戶。故又稱智識之門戶焉。此機能發達。其人自然傾向於筋骨質。其所作爲。籌思不如觀察。高談不如實行。在社會上能異常活動。世人稱爲裁決如流。及斬釘截鐵之人。卽屬此輩。此性又富於好奇心。濫爲穿鑿。或對人凝視。及於瞥見之頃。卽能將各種事物。分析微細。皆其性過強所致。反之。其能力薄弱者。觀察物體。固不明了。卽橫亘於眼前之智識問題。亦不辨識。故於應用之際。屢生錯誤。遂致失敗。不鮮少也。心性質之人。此性較爲薄弱云。

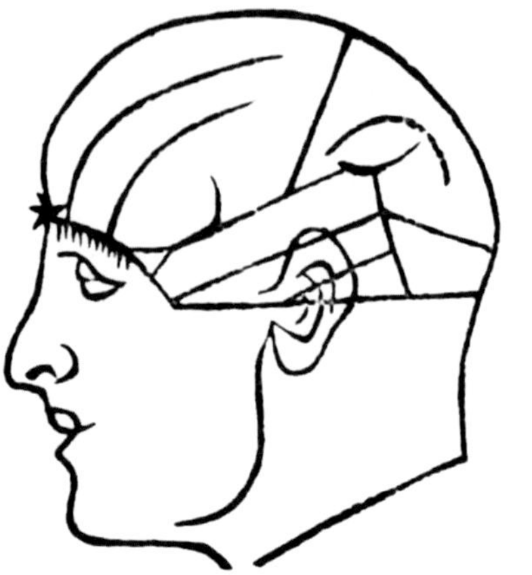

個體性中樞

第二十八　形狀性（Form）

此性在眼窩內角。個體此下。此中樞之大小。及其發達與否。一以眼與眼之間。廣狹與否以爲斷。兩眼距離廣闊。而眼球略傾向下側方面者。雖不能盡謂此中樞之過強。然其大概無誤。蓋觀察此等人之眼角。皆廣闊而隆起者也。此性所主。在視察物體之形狀。外觀輪廓容態。並類似之知覺。以及其省憶等事。故斯性發達者。對於事物。只經一瞥。便能省憶。其大小形狀。卽可了然。有十年或數十

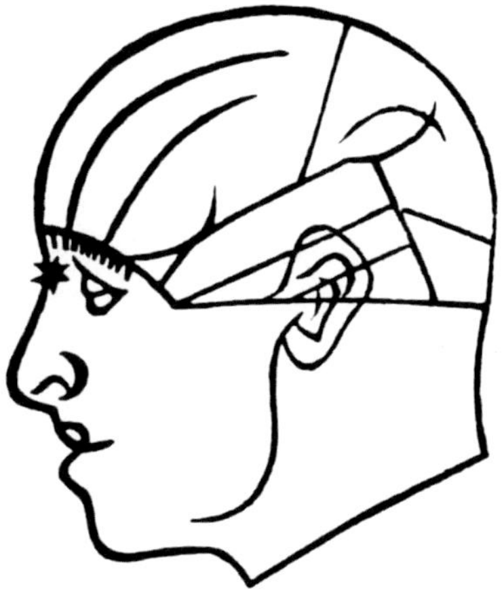

形狀性中樞

年前。曾一經見之物體人物。偶再厲目。即能引起其省憶。無少外誤者。純由於此。惟此能力微弱之人。縱屢相遇。亦難認識。又於此中。有不可混爲一談者。即此中樞之發達。與視力之強弱。絕無關係。是也。視力薄弱之人。苟形狀性佳良者。其認識物體。極爲精確。反之。視力雖如何強盛。而性而微少。則於物體之認識。拙劣異常。要之。個體性之作用。由於嗅視及聽觸諸器官之刺激。而於此則唯須觸官視官耳。故富於此性之人。其素質本善圖畫彫刻。及製作器物。若構造性與之結合。更覺精通。年老之人。認識物體。屢有錯誤。乃由其機能委靡之故。不盡關於視官之衰耗也。至斯性陷入病態之時。人物物體。不能辨別。甚者發生幻視。此則由於形狀機能錯誤而起也。

第二十九　大小性　(Size)

在個體性兩側。上接形狀性。以解剖學上語言之。乃眉弓內端也。主判定比例、大小、長短、廣狹、空間。又能以肉眼測量其遠近大小。譬如有雁數行。飛翔空中。常人見之皆覺一色。而此器官發達之人。則直可辨別其此爲大。彼爲小。彼爲近。此爲遠矣。此種能力。凡作畫工技師建築家。最爲必要。而測

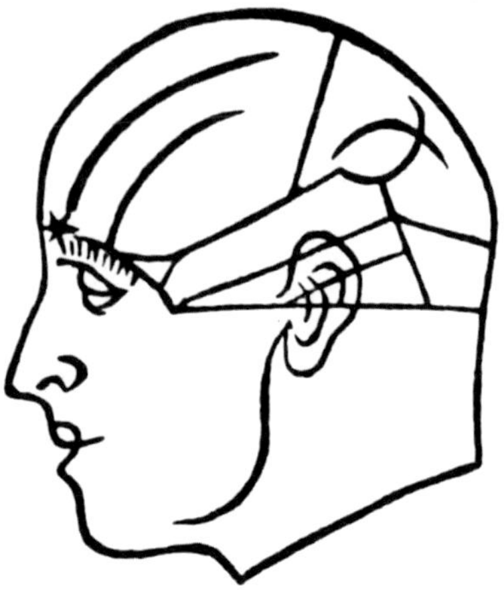

大小性中樞

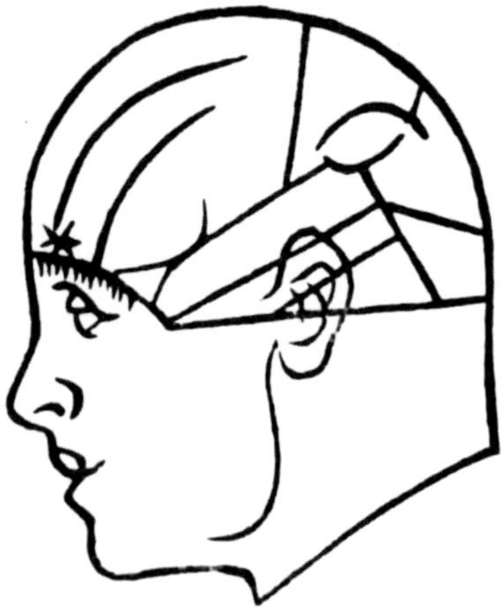

輕重性中樞

量大體地上物體之人。尤復需此。若與構造性締合。又可創造精美之機器。夫既謂之曰物。則無論如何。必有大小廣狹分量之異。泰山之與毫髮。其差別何可以道里計耶。物質界既有此差異。而人之心性。豈無大小安排乎。

第三十　輕重性（Weight）

在眉弓。坐大小性與色彩性之間。司物體輕重及運動法則。故此性強大之人。不論其物體之大小多寡。手之所接。目之所觸。便能悉其輕重幾何。若權衡然。吾人登山坐船。乘騎飛行。及徒步射擊。莫不賴此力之作用。駕御操縱之巧拙。實由此均衡之強弱。以爲標準。蓋此等運動之法則。純出於均衡之力。爲一重力引力之中心也。若此輕重器官欠乏。則不能登高。不能臨淵。舟車易暈。更不識重量爲何物矣。

第三十一　色彩性（Colour）

在眉弓中部。有時其部位擴至上方。眉顯彎曲凸隆之狀者。

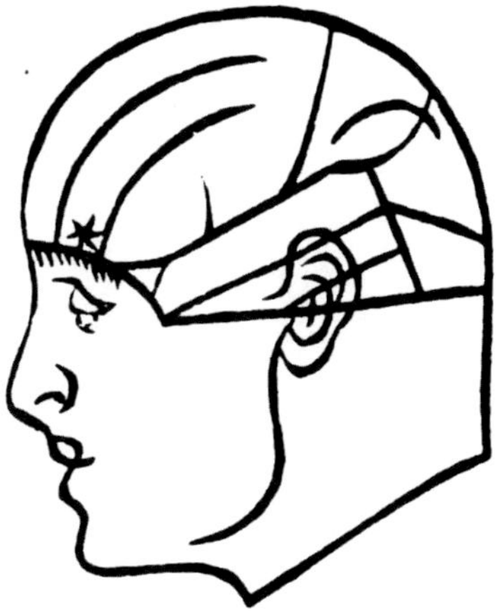

色彩性中樞

主認知省憶。及判斷其色澤。并其好惡焉。故此能力善於配置色彩。陰影和合各項等事。畫家染工。暨其他工程師。專賴色性之力。創作美術品。而海陸軍人。及舟車之機關手。近來尤覺此力之不可或少。緣斯性之微弱。不能識別黑白。即世人所謂色盲。若使之當舟車監視之任。誤觀信號。斷不能免。或巨艦在旁。亦若無覩。致生衝突也。此種人雖似甚少。却時有所聞。但其程度。或不至如是之甚耳。蓋此亦由於腦髓生有障礙之故也。夫耳官雖主納受音響。然須有音調機能。乃知其音調之整否。視官雖唯視察外物。然必有形狀性。始辨其形狀之如何。有大小性。方悉其廣狹大小。此色彩機關。即就物體。賦予色澤之概念。勿使其混淆青紅黑白。皆賴此也。

第三十三　秩序性（Order）

在眉弓外角。居色彩性與計較性之間。其機能主秩序規律清潔階級等事。此性發達之人。辦理事物。絲毫不苟。秩序整然。又於其所作爲。重約束潔身自好。律人亦嚴。但有一種人。平素對於其所注意者。雖嚴守秩序。而於自己興趣薄弱之事。則亂雜無章。此雖多由於習慣。或其境遇使然。惟與他

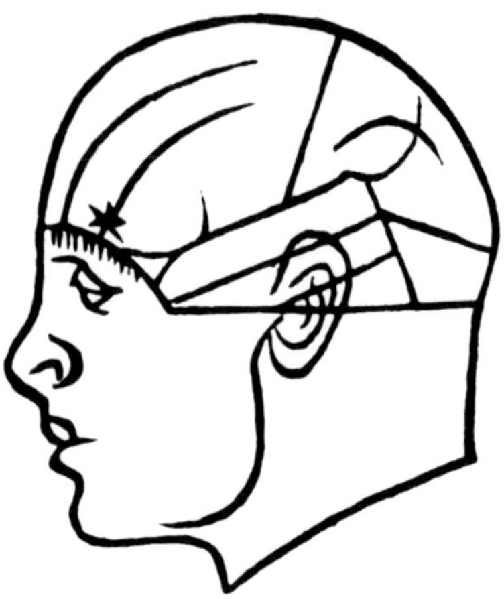

秩序性中樞

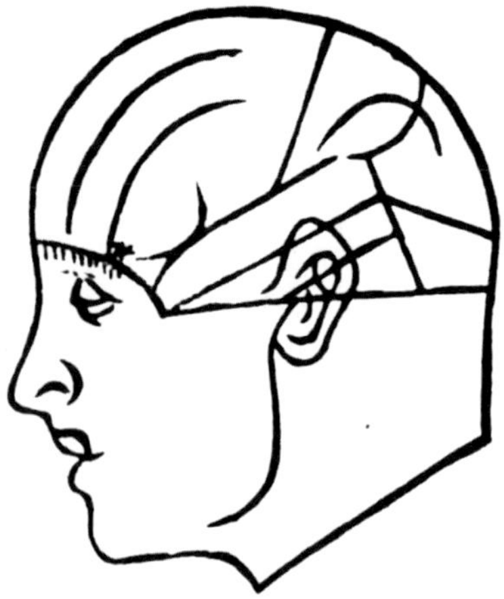

計數性中樞

器官中樞之配合如何。作用如何。大有關係。故凡檢查人之心性。須精審其人諸種器官中樞之發達若何。因其過或不及。方能定其人之長短好惡。若僅專注一器官而忽略其他。則誤謬滋多。秩序性之作用。爲尤甚也。

第三十三　計數性 (Calculation)

在秩序性外側。音調性下部。居眉弓末端。主表彰加減乘除等計數的算力。此中樞發達之人。眉弓外角。定呈豐隆之象。商人財政家技師建築者。因其需要。故發達者多。而士子官吏。素不習此者。當然拙劣。但亦須審視其弓之末端。飽滿與否。方可定其計數力之強弱也。惟高等數學。如代數幾何三角微分積分之屬。則非斯性主宰。須賴另一智力機關。如比較推因等性之發達。始克成一數學者耳。

第二款　記彰機關

次列諸能力。又謂之半觀察力。文學音樂諸性所自出也。位在前頭中央一帶分述如下。

第三十四　事實性　(Eventuality)

在前額中心。個體性上。比較性下。主事實事件之連絡關係。表彰之。記憶之。乃斯性之作用。故爲歷史文學等才之發源地。個體性能省憶名詞。而此則可記憶動詞也。然而凡百事實。皆蓄置於此兩

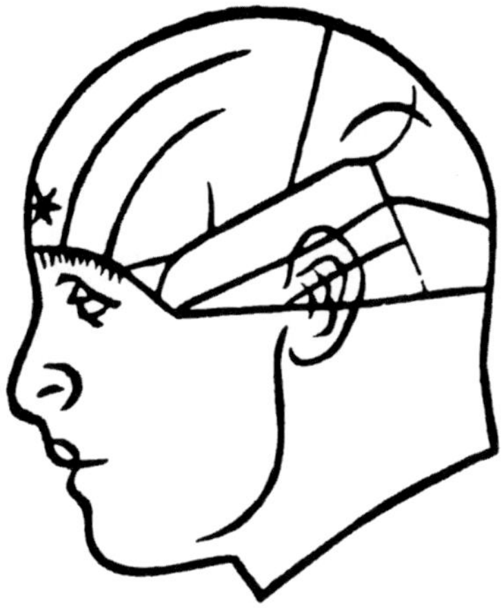

事實性中樞

性之內。是謂記憶中樞。此部豐大之人。不特能收納智力與感情之現象而已。即世界所有之事實。均可十分吸集包容。爲其智識之倉庫。若復賦以文學之才。自可含英咀華。發揮其情緒。吾師梁飲冰先生。即富於此性之一人。故其史才與博識。並世無兩。而其表彰之法。又爲萬人所知矣。又此性婦孺較大而男子較小。個體性則男子大而婦孺小。常見四五歲小兒。其記憶力有可驚者。縱致以何物。均能領會認識。然孩子腦力薄弱。若強以所不能勝。害亦不淺也。

第三十五　位置性　(Locality)

在額葉中推因性下。輕重性上。居事實性與時間性中間。主位置部位。及認識事物之所在。即如此

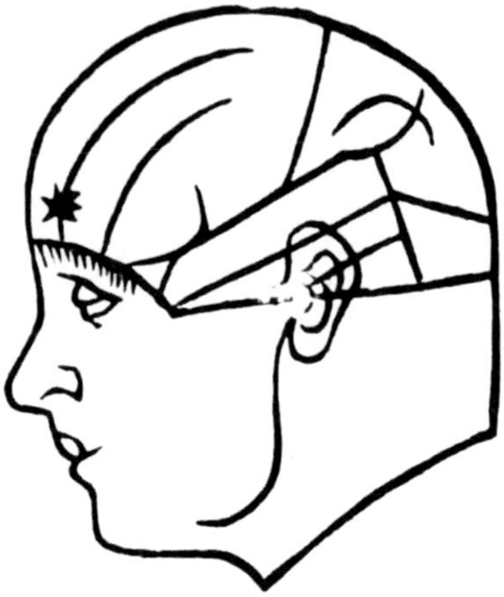

位置性中樞

地爲何處。北京在上海之何方。能鑑別之者。乃斯性之作用也。更精密言之。知北京爲東經何度。北緯何度也。斯性發達之人。常好游。嗜地理之學。而天文學者。解剖學者。航海家。及認識骨格筋肉之相學。尤爲必要。彼飛行家等。則於斯性之外。更益以輕重性焉。犬馬之於道路方向。能歷歷記憶者。亦是此性強大之故。非盡因溺於路隅等。專賴嗅覺之力。而回想其位置之方向也。又試一觀哥侖布之遺像。此部隆興異常。亦是此器官之發達者。但過微弱之人。難辨道路方向。又不好旅行。若居宅性大而斯性小者。則更樂家居。不肯出門矣。

第三十六　時間性 (Tine)

在前額。眉之中央上頭。居位置性與音調性之間。主認識時間。又常對於時間之一字。規律嚴守。所謂一刻千金。或寸陰是惜。即認時間爲不可輕忽之意。乃此機能之發達者。如是之人。必能厲守時間。且無論在何時日。其腦髓中能知今爲何時。何日何分。殆爲一活鐘表焉。不寧惟是。又於歷史上時間的事實。省憶無遺。如韓昌黎蘇東坡生何年代。相隔幾年。宗教戰爭。法國革命。即當吾國幾時。

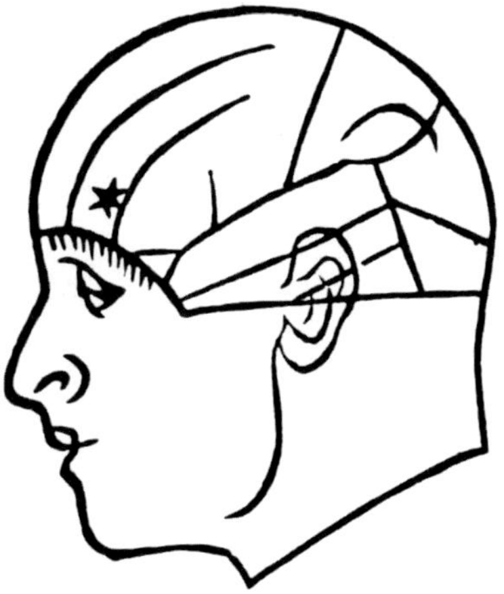

時間性中樞

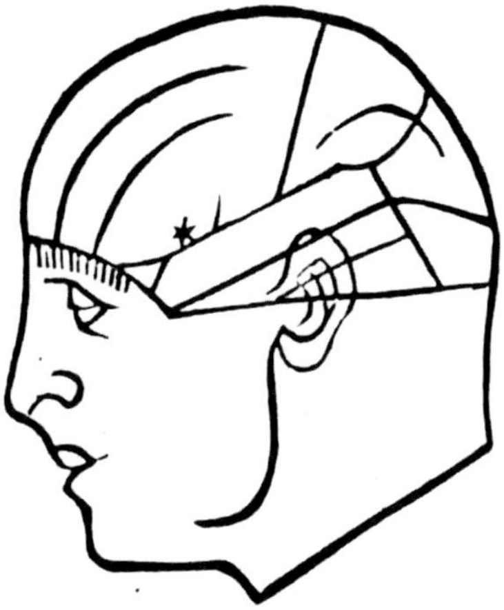

音調性中樞

某人何年生。何日死。均了無錯誤。皆此性之作用爲之。友人何君澄一。往往列舉歷史上之時間。及談他人絕不能記憶之行狀。輒驚其儕輩。亦是此器官中樞。特別發達之故。予戲稱之曰年代學的能力者也。反之。斯性欠乏之人。不獨不能省憶時日。且不能約守時間。因此之故。時受損失。其所損失。非僅自身。往往牽涉他人。又此能力。與音調性極有關係。以演奏音樂最重節拍。故音律之能手。必與斯性同時發達。是又稱爲音樂的能力也。

第三十七　音調性（Tune）

此性在諧謔性下。計數性上。即居兩眉外角上部。司音樂及鑑賞音調能力。但創音樂之歌詞記號樂譜等項。則有賴於其他諸性。非此一性所能盡。譬如此性發達之人。聲固優美。若再加以美麗性。自然高尚妙雅。恍若天成。然而欲造就音樂家之全才。須於美麗性之外。復有言語時間模倣構造形狀輕重個體諸性。助其表象之力。始克爲功。惟欠乏之人。雖如何修習。非音韻不能鏗鏘。即節拍動輙失誤。終難成聲。又凡人類。均賦有此性。惟野蠻者。其才較劣。因須隨文化之發達。力能增益。蓋音調之爲物。帶有美感。能調和心志。愉快精神。所關甚大。此器官置於智力機能中。亦示此性高尚之意也。

第三十八　言語性（Language）

此性在上眼窩板後部。自外面觀之。不能窺其大小強弱。乃於兩眼中表彰之。兩眼露大之人。言語性必佳。反之者。能力弱小。故其發達之強弱。一以眼球之大小。及其突出之狀爲比例。言語發達之人。上眼窩板之腦廻轉。頻煩過度活動。眼球自然受壓逼。出於前下兩方。作露大之狀也。此中樞所主。在以言語表示思想感情。或造作文字。及一種記憶之天才。昔人謂目光射人者。有懸河之辯。即狀此眼之人也。然而斯性祇能記憶事物。及善於修詞。并習各種方言而止。發言能否中理。仍賴他種機能之力。有言語發達而智不副。致招愆尤者。固不乏人。所謂多言多敗也。又此機能。在相學上。爲最初發見心性之一。

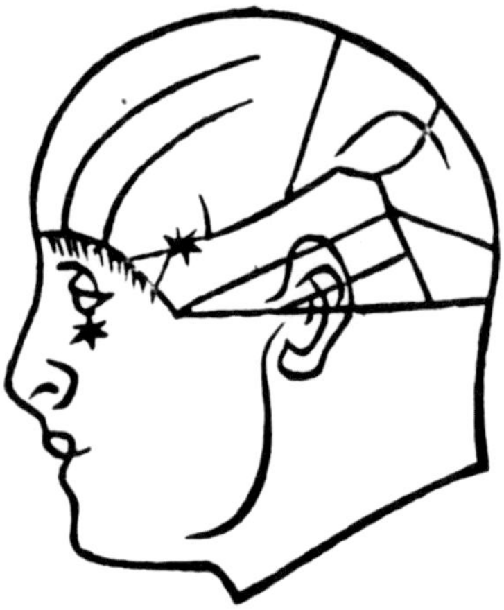

上點爲言語性中樞
下點爲言語性表徵

彼加爾氏少時在塾。每見妙於言語之學友。兩眼多突露。因不能與競而生畏心。遂惹起其好奇心。發見其他諸性。而克成絕藝。其發端實始於此云。

第三款　反省及直覺機關

最後四性。爲反省推理及直覺等諸能力。其位置在前額上方。今述於下。

第三十九　比較性（Conparison）

在前額正中。居推因性內側。事實性上部。此性發達者。天庭必現豐隆之狀。所謂伏犀貫頂。即自個體性以迄於髮際之間。非常發達之謂。貴人傑士之額。雖偶有此。但可遇而不可求也。此機能所主。臚列所有現象與事實。無論有形無形。比較之概括之。而求其共通法則。即論理學上所謂歸納法者。即對於一切事物之差別。及其類似點。類舉分析。比較推論。疏通証明。以冀事物思想之一致。而下其斷定也。今有一事物。映於眼簾。而欲知其事物之維何。屬於何類。即屬此性。但此作用。在他項機能。亦有可言。如色彩性之於色彩。有比較其色彩。及其差異之本能。音調性之於音樂。形狀性之於形狀。亦復如是。此性

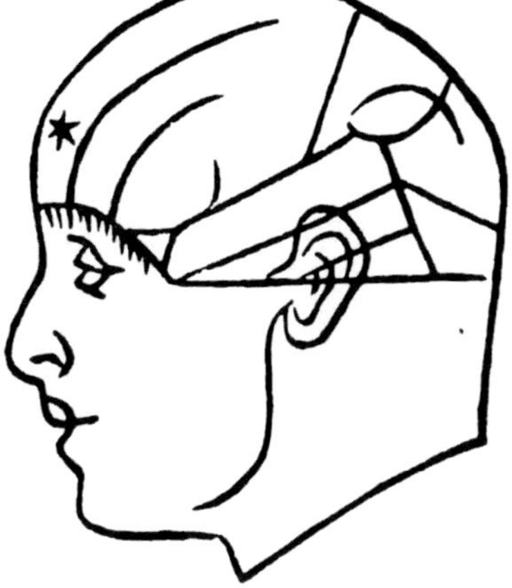

比較性中樞

則於其獨自之性質。向差異中求共同。而發揮其比較之能力也。此性發達之人。概括力。統一力。自然強大。故能究高尙微妙之理。於千差萬別之物象中求一定共同之點。以指摘謬誤。但過强大。則又趨於詭辯矣。至弱小之人。斷決遲鈍。反省推理之才。更覺不足。若下部之觀察力。幸而發達。雖善於實際活動。亦只限於目前。非有永久之計畫也。

第四十　推因性 (Causality)

坐上額。居比較性外側。人和性下部。主探求原因。論理學上。所謂演繹法。無論對於過去未來。欲得原因所在。知其歸結之結果者。悉屬此性範圍。蓋彼視察機關。只能認物體之存在。及其性質。而斯性則追索此等現象之起源。思所以生出現象之故。又如宗教之於人心。其信仰之力。各有强弱深淺之異。識此差等。雖由記彰視察諸官。但何以知有此性質。及其法則。端賴此性。此部發達者。長於理論思辨。而哲學者倫理學者。推攷人生之究竟。及宇宙爲何物。一切高義妙道。皆從此出。若諸視察機關。能足相副。則其人之思攷。固可深遠。同時亦得活用。設此性過度強盛。則其思想雖屬高超。究屬空談。無裨實際。要

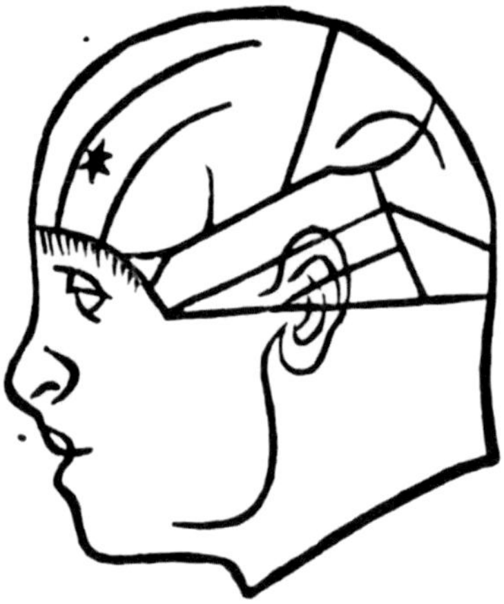

推因性中樞

之比較推因二性。爲動物所無。人類所特有。以人有理性。動物則只棲息於天性故也。

第四十一　直覺性　(Intuition-Human Nature)

在疑際。坐比較性上。仁惠性下。爲心性諸能力中。至要之一。又名鑑識性。對於一般事物。不假觀察記憶反省研究各種智力。而能洞見其事之是非善惡。及其人之性質動機者。即屬此性之力。蓋此性之爲物。不視而見。不耳而聽。不讀而識。其理論之爲何。雖難說出。而能直接理解各事物之眞相。有如神告。此性殆關天授。非可學而致者也。吾人處世接物。進退適宜。藉此中樞之活動者甚多。不盡由觀察推理之力。即就賞鑒書畫而論。有能展覽未及三寸。即能辨別眞僞者。乃此性發達所致。佛曰智慧。想指此物。而直覺之力。在觀相學上。極爲重要。即醫師診病之巧拙。亦視斯爲斷。苟此性不充。則鑑識之力薄。相人之學。雖如何精研。亦難練達。緣此性之作用。在觀破人之性質動機者。佔多數也。又此性婦人較勝男子。以其處事少賴智力。故發育略大。此則由於生理上關係者。西方相家。欲以此器官。置諸五官之上。爲第六官。不盡無因爾。

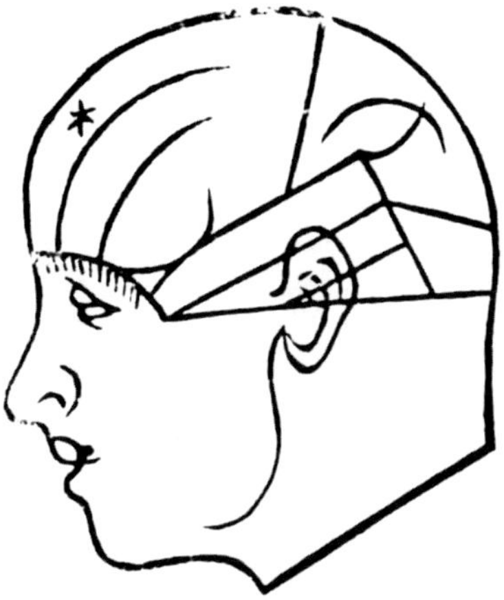

直覺性中樞

第四 二 人和性 (Agreeableness)

此性在直覺性外側。推因性上模擬性下。即坐額上角之方。主調和感情。去人我之界。溫文閑雅。而表款接之誠者。此中樞之作用也。斯性發達之人。不露圭角。無論處世家庭社會。必能圓滿愉快。彼外交家每於樽俎折衝之間。解決天下大計。亦賴斯性。能與人融洽之故。然而過於發達。恐有隨聲附和。阿諛甘言之弊。若斯力不足。則事物凝滯。不能與世推移。且不善接物。容易樹敵矣。蓋此部位居智力與感情之中。故其作用。亦調和智力與感情之過與不及者。以上部主感情。下部司智力。前已詳述。不復贅言。又此

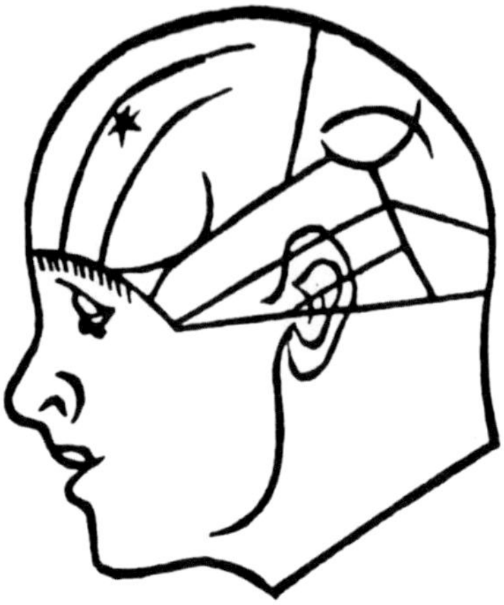

人和性中樞

性亦為人類所特有。下等動物無之。不可不知也。

第五章　心性機關之結合及其配置

心性諸能力之作用。因其結合大小之關係。變象各異。氣質才幹。複雜多端。雖離合之間。所差甚微。至其表現。則殊懸絕。其中强弱輕重。自非精核各種能力之關係。及其比列。未易分曉。但此中要妙。非片言所能盡。今先言其大體。微妙之點。當俟諸異日也。

公明正直之人。狀當何若。第一須正義性發達。而强硬抵抗兩性。足以副之。又畧帶破壞性焉。如是之人。求之史乘。如諸葛孔明文天祥之屬是也。

若專論端正。其人之仁惠性必極發達。即如來佛像。他處雖亦猶人。惟此中樞之發達。可作模範觀。只言端正二字。覺有藹然春意。若涉及嚴正。則便有高秋肅殺氣象。蓋嚴正之爲物。不因仁惠性之作用。直是强硬秩序及抵抗三性之表現耳。如是之人。必又爲筋骨質者也。

有威嚴而端正者。仁惠性固甚發達。而自尊抵抗。亦兼而有之。始能臻此至所謂信義。却又由自尊正義兩性而來。故不重義務之人。必缺乏此兩性者也。

節藻一語。世人似專爲婦女而發。其實不然。男子亦須有之。各項器官之有助於節藻者。固甚多端。但持續性之功效。最爲有力。即爲治身克己。亦賴比較直覺等辨別善惡。以壓制下等之腦力思想也。因此之故。又須有抵抗性。及多少破壞性。始爲有效。孔佛耶回等人物。其慈悲之念。不止專顧慈愛性中樞已也。仁惠性亦須同時充足。乃能對於社會。施其博愛。故慈悲二字。實此兩性之結合也。又齊慳悌之人。仁惠性固甚需要。而友愛之性。尤須超越。故世之所謂薄情者。必此兩性欠缺。此外理財性。復特別發達。有以致之。若夫仁惠自尊等性同時發達之人。其性質縱非極慈祥。亦必寬大云。

殘忍刻薄之人。仁惠中樞。固極薄弱。而比較推因之性。亦甚微小。秘密破壞。反形發達。故不見顛頂。面橫而張。強盜悍賊。多屬此型。但人類爲感情動物。凡感恩之念深者。其尊崇性必特別發達。此性過大之人。仁惠亦必因而發達也。

世人所稱爲有隱德者。其人仁惠名譽之性。異常顯現。若自尊強硬抵抗破壞諸性。同有相當發達。則必超於豪邁。其形質又多屬營養的筋骨質。自無待言。

有似豪邁而實異者。乃爲剛毅。其所賦諸性。與豪邁同而質則互異。稜稜之骨。現於外表。故營養甚衰。至於剛愎。其自尊破壞之性。則較豪邁者爲尤大耳。

又觀懦弱之人。強硬自尊。固甚薄弱。而警戒頗大。直與前者適形相反。該三形質。雖有時相等。但屬心性質者。實居多數。蓋胆力全賴強硬性爲之中樞。更須輔以破壞抵抗自尊等性也。惟同一胆力之中。有稱沈勇者。其人于強硬破壞自尊三性之外。另有幾分警戒秘密二性。參夫其間。故平素沈靜。無所表見。一遇事變。則抵抗性爲之先鋒。而爆發猛進矣。又有稱審慎有大度者。其人亦於強硬破壞自尊之外。參入比較推因等性。而警戒秘密。復能相當發達。至其拘泥小事。乃因仁惠性相助之故。若能果決英斷。則全由破壞中樞之活動。其人腦側部。即顳顬葉之處。必不示弱云。

凡頑固執拗之人。檢驗其頭骨。強硬自尊之外。持續性亦異常發達。故多先入爲主。不能應用推因比較等性。以明是非曲直。至號稱勇敢者。亦由強硬自尊破壞抵抗等性。其人屬心性筋骨質爲多。但暴戾之人。與上述諸人。其型有別。破壞性概甚發達。而頂部極弱。若破壞抵抗同時偉大者。則爲猛烈之人。至警戒秘密強硬破壞抵抗諸性。發達逾常。則又成狠鷙者矣。

隱忍乃秘密警戒持續三性發達。而仁惠中樞缺乏所致。破壞中樞過於活動。而無仁惠推因二性。是謂殘酷。若無抵抗強硬自尊。只警戒性特別發達。則必遇事逡巡畏縮。是曰怯懦。惟任俠之人。抵抗雖有相當發達。仍須賴自尊仁惠強硬及破壞諸性。以爲之助。任俠之反面。謂之卑劣。其正義性必甚缺乏者也。更將絕無氣魄。而易於屈從者之頭。細加檢驗。其自尊抵抗破壞等性。必甚薄弱。尊崇一性。則發達逾度。

又檢名譽心旺盛者之頭。必其於自尊正義二性之外。復加以名譽中樞之發達。至夫耽溺虛榮之人。則因無比較推因等性。以致智力不足。有以致之然也。

自尊性發達。而尊崇美麗二性欠缺者。其人必極自負。反此者多屬謙遜。但卑躬屈節之流。尊崇性。必甚發達。自尊性之薄弱。固無待言。其正義性。又必較爲欠缺。更可斷言。又自尊抵抗強硬等器官。極爲發達。而尊崇性。較爲微弱者。其人必不輕易向人低首。至貪權慕勢者之心理。則緣名譽自尊抵抗三性過大。正義仁惠中樞。不足所致云。

凡好凌人者。乃自尊抵抗二性。過度發達。而仁惠尊崇器官太小之故。若更益以破壞強硬性。則又成爲傲岸之人。此等人多屬心性筋骨質。反之。尊崇仁惠器官發達。而自尊稍弱者。便爲恭謹之人矣。又有好爲大言壯語者。其人以名譽性中樞爲主。自尊性和之。復加以抵抗性。遂生出一種粘力。而正義直覺二性。均甚缺乏也。

倜儻者。其人力量。能卓越於群衆者也。故自尊強硬正義仁惠等性。必發達。而其形質。多屬營養筋骨。至英爽之人。富於自尊名譽直覺。屬於心性筋骨質者多。又有所謂智謀機智者。直覺比較推因等性。異常優越。而警戒秘密正義各器官。亦能相當發達。即如漢之張良者是也。若單言策略。其人全賴秘密性之活動。正義性則較爲缺乏矣。

世有稱爲沈默。不妄言語者。考其原因。可得二種。一因辯力之缺乏。（即因言語性中樞薄弱）二因警戒性之外。名譽性又復發達。致使多所顧慮。不敢輕易發言。尤以後者居多。然亦有因秘密性過大。勉爲沈默之人也。
強硬性強。仁惠性少者。必極剽悍。其體格則營養筋骨。或心性筋骨。各參其半。狡猾者正義性固然缺乏。自尊性亦甚薄弱。惟考之事實比較推因等性。較爲發達。即秘密性亦超越尋常云。至若陰之人。於秘密性外。復加破壞抵抗。故每檢驗奸詐險狠者之首面。除與狡猾者諸性相同外。必有大之宏大希望兩性。爲之助也。夫希望云者。吾人對於將來有所期待希求之謂。此性過大者。則論何事。以爲我之欲望。必可成功。故野心因之勃起。然缺乏此性之人。雖對於操劵可得之事。亦覺無甚希望。苟警戒稍爲增益。不獨無所希冀。即現在所有。亦惟恐或失。杞人之憂。常不去懷也。快活者直覺正義希望美麗諸性。多見發達。而警戒秘密特積等中樞。甚覺缺少。若曠達之人。則名與性而無之。蓋此等人。胸懷每多淡泊。若強硬諧謔稍見發達。却又成爲磊落或圓滑之人矣。有所謂用意週到者。其人前額下部之記彰、觀察、諸中樞。(即大小性秩序性以及形狀性等)與戒 必相締合。若思慮深遠。則緣前額上部之推因鑑識等器官。與警戒性同時過大。二者之間。相差甚微。而所屬各異。多疑之人。警戒秘密兩中樞。異常發達。而無推因鑑識等性。強硬亦弱。警戒秘密兩性。均爲過大。至前額上下。不甚發達。且頂部之道德諸性。稍見缺乏者。則又爲猜忌之人矣。自尊強硬缺少。警戒獨過強大者。其人遇事接物。必顧慮遲疑。反之。性活潑者。警戒秘密必少。推因鑑識甚大。且持續亦有相當之發達。至於粗暴之人。強硬自尊與腦側部過度發達。頂部常見不足。但粗忽者則與此有異。前額上下各部。(即屬於智力諸中樞)完全缺乏。警戒性亦極少。突飛云者。凡後頂部之自尊強硬諸性。大爲發達。而警戒獨少者之心性也。至於冒險。則與突飛少殊。強硬自尊外。抵抗破壞希望等性。亦同時強大。而獨無警戒性者之行爲。更有終日憂愁之人。其前額上部諸性。不見佳良。破壞抵抗中樞，未能充足。持續強硬。亦不發達。惟警戒希望。徒形過大。故其憂思鬱悒。殆無已時也。悲憤慷慨之人。以正義性爲主。而抵抗性亦隨而發達。至若暴虎憑河之徒。則多由破壞抵抗過大。觸之即發。初無暇計深慮遠也。

勤勉者之頭。必其側腦部之自營器官與仁慈推因名譽理財等性。能同時發達。故前頂前額缺陷。理財破壞抵抗。亦極微弱者。即爲怠惰之人。蓋其智力勞動。均爲不足也。然所謂精勵之士。凡前額上下各部。及破壞抵抗持續強硬等性。須有相當發達。至處事熱心之人。則以持續警戒二種心性爲主。復須處理目的物之他項腦中樞。與之同時合作。雖似與精勵同而實異。不可不知也。

忍耐力。固以強硬持續爲其中心。但須要前額上部之推因諸性。與之結合。並賴希望自尊名譽等中樞。爲之輔助。能益以破壞抗抵。則其態度。更覺強硬。反之因循姑息之人。其智力性能。本不發達。強硬抵抗。亦甚缺乏。故無論對於何事。皆無由奮發。若警戒性。再稍過大。直無一事可爲矣。

勤儉又與勤勉異。其人頭腦最發達者。只有理財性。故放蕩無賴之人。多無理財性。若夫淫逸。則非催怠惰。其男女性。必又逾度者也。

清廉與清貧相近。故理財及其他劣等諸性。極形微弱。自尊強硬仁惠。則大發達。而貪婪者。適與相反。頂部道德諸性。概爲缺欠。獨有理財性。亂動殊常。又節儉兩字。本爲良好性質。前額前頂。固甚飽滿。理財警戒。亦有相當發達。若爲吝嗇。其頂部道德諸性。固無可言。比較推因等智力。亦覺薄弱。惟理財警戒。徒見過大而已。反之。奢侈之人。理財警戒。自然缺乏。而前額上部諸器官。亦形缺少。名譽性則特別大發達。若再益以自尊破壞宏大等性。更流於驕奢一途矣。又世人多有專事利己者。其人正義仁惠之性。絕無可言。惟名譽理財飲食男女生命等中樞甚大。苟強硬破壞抵抗諸器官。活動過度。其主張權利之心。倍覺熾盛云。

羨望云者。身居失意。或卑賤地位。見人之榮華得意。輒欲倣效。而才力不逮。不能奮飛。此乃破壞抵抗自尊強硬等中樞。絕不見發達者之心理狀態也。亦於嫉妬。不專指男女問題。各種競爭。皆有此種心理。蓋由於仁惠正義尊崇等性之缺乏。名譽抵抗二器官之過大。惟怨恨又與前者稍異。乃對於自己所計畫之利己的行動。被他人破壞妨碍。繼續引起之感情。蓋因抵抗性之過度。與持續性之活動而生者。富此感情之人。正義仁惠之性。必又缺少。但憤怒之性。純因己所欲者被人妨害之時。破壞抵抗二官同時活動。實爲一時亢奮之心理。至憎惡。則又對於其人。怨恨之念。乃始萌芽。蓋怨恨則遡及過去。憎惡則由現在。而亘將來也。

與憎惡少異者。是爲厭嫌。亦由抵抗性活動而生。乃因與己異趣之一種感情作用。大概多爲現在的。至惡意毒心。則由憎惡之念。轉而爲猛烈之利己心。直欲加害於人。此則純從側腦部活動。而表現者也。至於殷勤。乃仁惠友愛警戒等性。結合活動之結果。阿諛則反是。前額部之智力機關。雖畧發達。惟側腦部之利己的諸器官。及美麗性。徒見過大。自尊抵抗。則甚缺少。故對於其目的之人。行其諛媚。至於善惡主張之如何。非所論也。

雅量出於道德諸中樞。與美麗性發達之故。溫厚爲仁惠正義結合之表徵。而純朴乃因道德諸性過大。名譽自尊等性。反形缺少所致。眞摯者諧謔名譽秘密警戒諸器官。稍稍缺乏。獨自尊性過強。反之。虛飾之人。前額智力缺少。名譽中樞大爲發達。習非成是。遂爲一種變態者。却不少也。

愛戀乃以配偶性爲主。勝以男女友愛二性。至淫亂則因男女性之過大。項部諸性。全無可言。貞操爲婦德之一種。最爲可貴。必其配偶性甚大。推理鑑識(直覺)等智力中樞。及項部諸性。亦甚發達。方可語此。妬忌者。其配偶警戒抵抗等性。雖佳。而智力則不足之故。

世有富於發明之才。創造之力者。其人智力中樞。固大發達。但創造由於推因直覺。而實行出於計數秩序形狀輕重事實等。物質的方面之諸性。各自不同。而頭之構造。亦因以異。仁義也。禮智也。一視其人之器官。趨重於何方。各自發達。古人云。盡人事以聽天命。吾則擬易之。爲知天命以盡人事。蓋吾人苟能本其所有之天才。努力奮進。天實無不可爲之事。所謂有志竟成者。此之謂也。

附心性結合之實例

心性機關之結合配置。大體既如上述。今更拈最簡之實例。引而伸之。姑以善惡爲標準。假定一型。使便於辨別。善惡何以異。則緣人之體質。有康健與否之別。而精神上能力。亦有常態變態病態之殊。凡其心性。不偏於一方。而得中庸者。是爲常態。及近於常態之性。謂之善相。變態病態。及類於變態病態者。謂之惡相。但此類別。不易分明。亦只姑懸一格。茲細爲分析。善相可分三種。如左。

(1)先天的近於完全人格者。

(2)其性格中。雖有若干缺憾。而自制力強。又有長處足以補其所短。

(3)自制力雖略不足。第因敎育得變化其氣質。

第一類。千萬人中。不易得一。所謂聖人君子之人。故不論列。今所欲言者。只(二)及(三)而已。

惡相亦可分三類。

(1)爲先天的變態。不能克己。常須受他力壓制監視。始克矯正者。

(2)少有變態的傾向而屬於先天者。

(3)雖非先天的變態但因疾病、境遇、習慣、一切外界作用而成後天的變態者。

第三類之人雖較多。惟其觀察須稍精密。乃能得其眞相。今爲免避誤解起見。專就一二兩類研究之。善惡兩相用圖解釋。分列如下。文雖簡略。若細玩之。亦未嘗不可得其眞諦也。

(1)忠節者相

主要心性　尊崇　愛國　忍耐　自重

一般特色

筋肉緊張。骨格堅實。上額高。皮膚厚而美。肩高且美。眼大開。有光。威而不猛。鼻端正不過高。口似一字。上唇較下唇少覆。耳堅實修長。齒齊。

性質

（一）長處

心無表裏。溫恭謙抑。不慕利祿。知感人恩。不辭勞瘁。見義勇爲。交友有道。久而能敬。寡默沈實。斯其特色也。

（二）短處

剛愎而率直。過於高尙廉潔。而處世拙劣。易與人生嫌。性不緻密。此其所短也。

（三）易犯之過失如左

處理事物。過於忽略。易招損失。行動不敏捷。致易失時機。知常而不知變。多拘迂之行。

（II）禮義者相

主要心性　尊崇　秩序　慈愛

一般特色

而修長。上方尤大。顏面溫和。且近清潔。額高廣。髮際美麗。眉高而端正。眼光寬和。藹然可親。鼻梁直而不高。口成一直線。耳在上端。適與眉平。左右耳無大小之偏。

性質

（一）長處

重禮儀。信仰之念厚。好整衣飾。溫良寬和。接人有禮。有謙讓之德。與人無競。尊長上。能守命令。是其美點也。

（二）短處

易趨於迷信。又輕於信人。易受人欺。少決斷。好保守。不尚更新。少自信。觀察力不銳。

（三）易犯之過失尚少只如左一條

行爲動作。不帶活氣。故見之者。咸以爲不熱心。

(III) 勇武者相

主要心性　自尊　強硬　抵抗　破壞

一般特色

顏面闊大。筋骨強且堅。耳上側腦廣闊。顴骨高而橫張。耳之下顎骨部。亦大。面色赤黑。頭髮荒亂。眉毛粗大。額雖不高而橫闊。眼目長大。眉毛向上。耳高大。堅而有勢。口大有力。

性質

（一）長處

有不屈不撓之氣慨。獨斷專擅。善於見機。向上之念深。有廉恥。潔白而無表裡。決斷力足。處事能貫徹。勤勉而好活動。觀察力銳敏。嫻習武事。有胆力。不畏怯。

（二）短處

剛愎不聽人言。易輕侮人。行爲思想。每多突飛。言語粗暴。時有失禮。有競心。多嫉妬。粗頭亂服。不善修飾。不喜干涉。不善思索。量狹而性急。

（三）易犯之過失

好濫費。整理物事。亂雜無章。其特異之處。時有溢出長上意料外者。

(IIII) 信義者相

主要心性　警戒　正義　強硬

一般特色

性質

顏面筋肉緊張。而肉包骨色淺黑。聲雖有力。但甚溫良。額佳麗。皮厚。上高且廣。眉如弦月。毛質美。眼黑白分明。外威嚴。內寬仁。鼻長不高。不歪倚。顴骨雖尖。肉能包骨。

（一）長處

守時間。不爽約。沈實正直。寡言實行。重義務。負責任。能守秘密。不趨名利。

（二）短處

易憂鬱。多執拗。度量小。不通融。不留意於錢財之事。

（三）　易犯之過失

交際不圓滑。憎人不義。輕信人言。易受人欺。

(IV) 節儉者相

主要心性　理財　持續　秘密

一般特色

顏面全體入肥。稍橫張。聲低溫和。額廣而不高。眉濃厚且大。眼瞼入肥。眼光寬和。鼻大小橫張。腮骨雖大。不礙美觀。下耳甚肥大。

性質

（一）　長處

有貯蓄心。能節儉。思想細密。復能勤勉。不事虛榮。不耗光陰。

（二）　短處

太趨於實利。動作不敏活。不爽快。

（三）　易犯之過失

專事貯蓄。不暇他顧。雖無用之物。亦事收蓄。

惡相

惡相本爲變態。或近於變態。有不自知其賦受此惡癖者。有知之而不能改者。質言之。其性質必偏於一方。不能中庸。今究其原因之所在。分列如左。

第一根本原因。由於遺傳。

(1)由於父母教育年齡職業思想大差者。

(2)由於父母體質太相近。或似由於不義而生者。

(3)胎教不充分者。

(4)由於受胎時。父母之生理。及心理狀態。不健全者。

第二後天原因。由於境遇。

(1)由於幼時。頭腦外傷。及腦病者。

(2)由於家庭不和。及貧窘者。

(3)學校教育不完備。

(4)由於地方風俗習慣之不善者。

(5)與損友交遊。感化不良者。

(1)亂暴者相

主要心性　破壞　男女　強硬　秘密

缺乏之精神　警戒　道德諸性　慈愛及友愛

一般特色

額及後頭扁平。頸短橫張。眼大突出。或凹入。眼光銳利。鼻大橫張。口大而歪。下顎強大。耳下顎骨突出。耳上端尖。

性質

(一) 缺點

暴亂苛刻。不忠不孝。無廉恥。惟意所欲。

(二) 可取之點

氣力決斷。均能富有善於統御。有大量。若習武技。定能超絕。

(三) 易犯之過失

殺人、放火、強姦、暴行、脅迫、毆打、傷害、橫領、強盜、等罪。此等人所須注意者。交處必不能圓滿。模倣長上所爲。背罵長上。怠惰放縱。

（11）虛榮者相

主要心性　名譽　美麗　男女　秘密

欠缺之精神　正義　決斷　自制　忍耐

一般特色

顏面整齊無鬚髭。軟麗如婦人。額多圓形。眉屬軟弱。眉尾下垂。眼目靈活。鼻不高。尖端平滿。下唇較上唇爲大。耳較爲細小。其在頭上。頗不相稱。

性質

（一）缺點

耽淫慾。故易爲婦女所欺。又時被騙。徒耗錢財。多謊言。虛飾。執拗。嫉忌之念深。無忍耐性。貌似老成。心實輕薄。一切服飾。好趨時尚。

（二）可取之處

有文學之才。富於美術思想。且小有才。

（三）易犯之罪

竊盜罪、詐欺罪、有夫姦罪、殺人罪。文書僞造罪。及犯因嫉忌而放火之罪。

(III) 貪欲者相

主要心性　貯蓄　抵抗　秘密　強硬　持續　破壞

欠缺之精神　仁惠　正義　高潔

一般特色

筋骨強大。而脂肪甚多。概入肥圓一類。頭短顏面闊。下面尤爲肥大。顎亦圓且粗。鼻鉤小鼻巨口大唇厚。

性質

(一) 缺點

苛刻。陰險。無義理人情。徒知吝嗇惟利是視。

(二) 可取之處

粗衣節食。善於理財。好貯蓄貨殖。

(三) 易犯之罪

放火、故殺、毒殺、詐欺、橫領等罪。

(IIII) 陰險者相

主要心性　秘密　構造　破壞　抵抗

欠缺之精神　正義　仁惠　僔崇

一般特色

顏面長陰氣襲人。額低扁平。眼半開。亦有凸出者。鼻左右偏。有短小者。口歪。亦有下齒行列齊整之人。耳下骨多突出。

性質

(一) 缺點

言行不一致。多讕言。長於阿諂。好用權謀術數。利之所在。失節不顧。

(二) 可取之處

小有才。長於交際。易得人愛。

(三) 易犯之罪

竊盜、詐欺、文書僞造、橫領、僞證等罪。

此等人所須注意者。易因嫉忌以傾陷人。媚上刻下。爲欲所迷。致失本分。又多讕言。精神常易動搖。

(IV) 怠惰者相

主要心性　飲食　男女　生命

欠缺之精神　智力　德性　自利力　勤勉心

一般特色

頰部特別肥大。殊不堅張。眉粗散。無勢。鼻橫張。低而無勢。眼無威力。時如欲睡。

性質

(一)　缺點

怠惰不好作事。無廉恥心。無自制力。無德義心。

(二)　可取之處

柔順服從。

(三)　易犯之罪

竊盜、隱匿、浮浪等罪、

第二篇 實用

第一章 論三停

顏面爲相學之表彰地。分三部。上部、中部、下部、即三停是也。自髮際起至眉間。謂之上停。又名天停。天才。自鼻之上部。即由山根至鼻之準頭。謂之中停。又名人才。自鼻之下溝。即由人中至顎之下部。所謂地閣之處。謂之下停。又名地才。歐人謂額司智力。中部司氣力。下部司愛情。而我國相學。亦謂額主長上。司初年。中部主我。司中年。下部主下輩。司晚年。今就腦髓言之。前頭葉發達者。上停廣。顱頂葉發達者。中停大。後頭葉發達者。下停寬。如影附形。莫或有改。彼比較性推因性等高級智力。及道德的器官中樞。在於前頭葉。故上停廣。必爲高尚優美之人。長於理論。但苟過於發達。則迂於俗事。無實行能力。生存競爭。極爲不適。身體亦多孱弱。又因額之大小。爲智力大小之比例。譬如額廣豐隆。智力富厚。額狹污陋。智短才缺。而面之中部。表彰顱頂部顳顬部上部各機關。彼人間性之發動。乃由此觀察。即自尊性強硬性自信力等。懷抱大望之器官中樞。居於是處。故中停大者。宜於冒險。軍人殖民者等屬。極爲妥適。惟其性格猛烈。易滋傲慢。究其極也。終恐招暴虎馮河之憂。但是過於渺少。亦不器用。唯唯諾諾。爲他人之頤使是聽。甚者遊惰成性。更不足道矣。後頭葉乃愛情器官中樞所在。故下停寬者。愛情深。然而過於寬大。則情慾倍盛。惟動物性是賴。太小則又對於家庭之愛情趣味。定甚薄弱。究其極亦成一孤獨之生涯焉。所謂過猶不及也。

額司智慧。又主初年。故額美初年運吉。毋論嬰兒小孩。額之善者父母必善且敬長上父母教養自佳。智力因是發達。額中有紋。紋因年老而皺。歐人謂額有三紋。爲仁惠性之表彰。而我相法。則指上紋主所親。中紋主我。下紋主下輩。謂之天人地。額之壞者。所親必惡。又如七十老翁。與念歲少女所誕之子。雖如何怜悧聰明。亦無善額。灣曲狹窄。定居其一。此則由於心理的生理的均未能和合之故。又以額區別男女言之。左爲父。右爲母。是以左便粗劣。傷父。右便惡陋。尅母。傷痕亦主初年勞苦。婦人與夫生離死別。額之側顳顬線。有所謂山林骨者。其顯晦因人而殊。額美矣山林骨下神光佛光發達之人。能通神佛。蓋是處乃表彰靈妙性也。

次爲中停。面之中部。是爲顴鼻眼球。即表彰人間力之處。顴頂部之自尊性強硬性持久性。皆居於此。而抵抗性破壞性理財性。亦於此表見。

第一表彰在鼻。彼顴頂部削者鼻小。張者鼻高。由是觀之。歐人爲顴頂部之人。故鼻高。而我上停廣大。故爲前頂部之人矣。婦人鼻較男子細小。祇有尊崇性而缺乏自尊性強硬性。溫順是德。然婦人中亦有較男子高大者。此其人頤役乃夫。日事爭鬧。以至改嫁三嫁不已者。所在多有。斯亦過於發揮其人間力之故。主張權利太甚所致也。第二表彰在顴骨。司權力。即與顳顬葉之破壞性抵抗性相照應。故顴狀聳固者。元氣盛。精力強。前突者猛進。近攻擊。橫張者事防衛。多警戒。男突女張。兩性之殊。殆由於此。吾國人顴骨多扁小。歐人多突張。強弱之判。於以懸絕。以是之故。概以豐隆堅肉者爲吉。發達有權勢。無論就何職業。皆爲人首。若夫上下不諧。動爲事阻矣。顴骨又主世間之事。顴色善。信用自厚。家業繁榮。垢若敷煤。或有小瘡。色惡不艷者。動主不幸。所事難成。顴骨如橫流。如崩下。易爲下輩所欺。高亦無緣。中庸爲吉。所謂過猶不及也。顴有痣及疵。頻受他人損失。不宜登高處。恐有墮厄。又男以有肉爲吉。女高尅夫。高而肉薄。恪氣深。肝氣盛。且多不義之行。而兄弟之和合與否。亦可於顴骨察之也。

下停表彰後頭部。即自鼻之下溝至顎之下部。正面司愛情。由口唇橫至腮骨。爲表彰飲食性生命性。（顳顬葉下部）是故平滿良善。晚福無限。男女性配偶性。亦有相當發達。子息亦繁。慈愛性居宅性。因亦隨之。家庭自能和洽。福祿壽考。兼而有之。而飲食性生命性。更見不弱也。惟是下顎尖小。或形之惡者。因上列各機關俱少發達。故晚年極衰。上廣下尖。狀似梨子之人。雖甚高尚。俱不諧愛妻子齊家之道。多屬無用之人。但上中部。較下顎過小。亦非善相。蓋顎過大。後頭部自極發達。則男女性強。動物慾盛矣。而口唇又最能表彰後頭部機能也。苟唇色厚且赤。是亦男女性過度發達之故。婦人有是夫。此非可喜。頸薄無色。小腦弱小。雖居壯年。其生殖力有同老人焉。亦非佳朕。近偶閱某英人雜誌中。揭一相片。有頸厚逾寸者。以爲此僧好色。必逾恒人也。及讀下文。則知其爲一坡羅門教僧。有妻妾十七人者云。是以頸之大小。因小腦之發達與否。爲比例。質言之。頸之發達。即爲情慾中樞之發達。彼少年男女。了解情慾時。頸始定形。此其明徵也。相頸時須正面窺其大小肥瘦。然後由側面。定其角度。頸雖肥大。若由側面見其後退者。則其愛情縱極旺盛。亦難持久。反之。彼突出之人。雖甚峻烈。而有時流於刻薄。要而言之。得其中庸。始爲上相。頸又爲直接遺傳機關。一面又主吾人精力營養機能。觀相上莫有趣於頸之作用者也。

更就氣色血色言之。上停空間。純主意外不及料度之事。如長上、官衙、訴訟、警察等。凡尊於我者。皆從此現出。中停陽面。主公事世評等。凡不隱藏之事。下停陽面主住宅、家庭、下輩、庸人等項。而中下停陰面。則主秘密不可告人。及田畝等件。其細目另詳血色氣色篇、

眼相圖

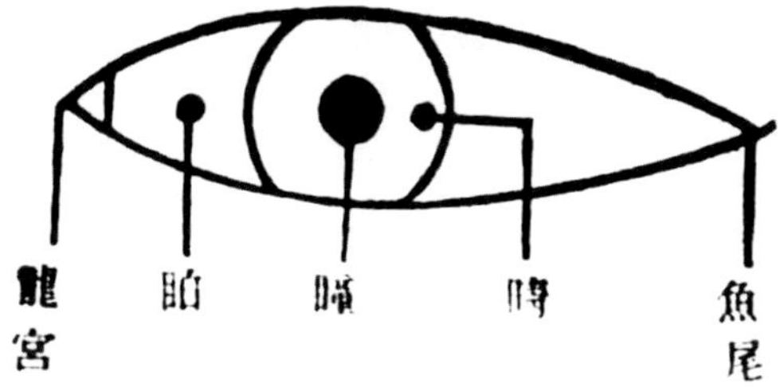

此眼細紋長神靜而清慈悲念深惠及萬人名垂久遠

此眼大而不露瞯然射人有威嚴將相之目也在仕宦則有權勢在常人反敗祖業且尅妻

此眼神藏而細長上下紋多者重仁義心地乾潔主一生富貴子孫繁衍雖在俗人亦能以學問技能顯達

此眼雖鳳躁急若在仕宦可得大祿爲方外人亦可弘就學業在常人多不恤人言稍不愼中年敗亡大凶也

此眼魚尾差池主崛强僨事貧苦孤獨易遭險難

此眼主自視太過愛人之惡躁進而一生不事家人產業運命不佳

此眼名車輪又名雞眼惡眼也主橫死常好殺生尅妻子無嗣之相宜勿與爲隣

此眼名火輪眼中有赤或青輪者非弒其親則自殺橫死

此眼魚尾之紋長至奸門主遷徙無常處且尅妻外觀雖好內心實淫亂

此眼淫亂好與人通

此眼魚尾似圓而無紋多
邪智顛倒是非女難不免

此為猪眼稍不慎必絕嗣

有此紋之眼非自殺則與
妻無緣

此眼妨官祿思慮知債事

此眼名下三白有虎狼之
心流浪度日且有險難在
婦人不殺夫則離緣生產
前後必有驚動

此眼性急短慮眼上有如圖示之紋理者必主横死

有此眼之紋理者主犯上大逆不道有類似之眼者主尅妻子

有此三角眼者非主通姦則薄情僞肆任婦人尅夫或心亂

此眼爲上三白出言僞人宜爲出家人但與弟子無相處之緣

此眼中有如粟粒之形者運蹇或早與親離

此爲近視眼無論男女兄弟不和住居無定終成孤獨

此眼眎人下墜有賊心與賊眼相近巧於事而心不安不幸之人也

此爲四方白眼大逆不道勿與共事女則有難產

此爲出眼好勝大言短善中年破敗或遭目疾

有此紋理者主尅妻家雖豐而去鄉井

有此紋理者主敗事或主夫婦多離異

眼中有黑痣者不吉敗祖業終身無一事之成

有赤脉由眼角入睛者必有災厄稍一不愼必亡其身

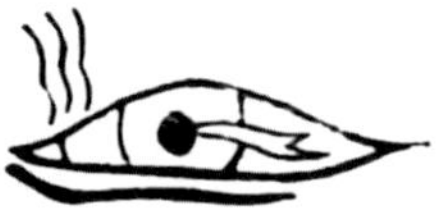

有赤脉由睛入瞳者爲危難最急迫之時若有眉亂不齊顴骨有赤氣之象宜防火難或兇器之患

赤脉雖起然眼勢尙緩若赤脉由睛而漸消失則危難可免

赤脉之勢强由睛貫瞳此爲間不容髮之時也

第二章　論五官

生理學以觸覺、味覺、嗅覺、視覺、聽覺、爲五官、而相學則以五官器之大小強弱。與腦中樞相比較。可得其發達之程度焉。觸覺中樞在前額下緣之輕重性。味覺、嗅覺、在顳顬部之飲食性。視覺在後頭葉之持續性。聽覺在顳顬部秘密性之上。警戒性之下。今由各方面能證明其根據也。德國生理學者夫力切克氏。亦以顱頂部之警戒性名譽性。證明其爲感覺神經之策源地。故觀察此等各部腦廻轉。并五官之狀態。自然易悉其人之感覺力偏於何方也。惟普通觀相上所述五官。則有與上載稍異者。其名云何。曰眼爲監察官。曰鼻爲審辨官。曰口爲出納官。曰耳爲採聽官。曰眉爲保壽官也。人倫大統賦。謂一官成。十年之貴顯。一府就。十載之富豐。但於五官之中。倘得一官成。可享十年之貴也。如得五官俱成。厥貴終老云云。今就五官。稍詳論之。以略示體用。所關匪細也。

第一　論眼

父母之善惡與遺傳。可於眼徵之。眼之善者。其父母善。眼之惡者。其父母惡。觀眼與兩耳。可知其父母。考其遺傳。能識其未生之先。亦可推其生後之所歷矣。眼爲心之窗牖。窺其眼。可知其人之精神狀態焉。眼波細長。黑白分明。瞳孔虹彩。均無一點瑕疵。而神氣清秀。斯爲最善。古所稱爲鳳眼者是也。多白眼。俗稱三白眼四白眼。開目見白。或其黑色之周圍。現有白色者。斯稱極惡。若夫左右大小不齊。以及偸視斜視售視。眼內混有星點。均非善眼。所謂眼有故障。與父母子女均無緣分。夫眼固以細長爲貴。然自其大體言之。眼大者膽大。其事業亦因之而大。眼小者反是。眼大者男易爲女所愛。女易爲男所鍾。而每足失敗。三白且大。多遭誅戮。或罹水難。四白且大。時弑君父。古今來所謂英雄豪傑。其帶有上述兩種眼者。不一其人。項羽之兩目重瞳。大約係虹彩膜中有黑痣。而其爲多白眼也。則無可疑。此外如亞歷山大王該撒拿破崙並今日之德廢皇維廉第二。皆屬斯類。而斜視亦居其一焉。

神相全篇稱羊眼曰。黑淡微黃神不清。瞳人紗杵卻昏冥。祖財縱有無緣享。晚歲中年又且刑。馬眼曰。皮寬三角睛睜露。終日無愁濕淚常。面瘦肉繃眞可歎。刑妻剋子又奔忙。狼眼曰。狼目睛黃視若顛。爲人貪鄙自茫然。愴惶多錯精神亂。兇暴狂圖度百年。此均三眼白之觀察也。故可察其人之性格。獰猛殘酷。兇暴無理。子剋其父。婦剋其夫。好爭論。家族不和。多漂泊。無親朋。不能一日安居者也。多白眼之中。亦有種類存焉。維廉第二之眼。跡近斜視。拿破崙之眼。即醫術上所謂上竄者。而相術上謂之下三白眼。以其眼球。常有向上之癖。而下眼瞼多現白色也。其他種類不一。未能概舉。多白眼何以爲英雄豪傑共通之性。此雖一言難盡。且涉及醫學專門。第自其大體言之。耳之周圍優異乎常人。即側腦部發達者。爲多白眼之人。又後頭下部。有小腦焉。其小腦異常發達者。爲多白眼之人。側腦部有稱爲顳顬葉之腦髓。破壞機能中樞主之。而小腦則亦爲性慾機能中樞主宰之所。性慾難安靜。則破壞中樞。每爲所衝動。而不能安靜。亦固其所。故每事不能滿足。平地起波瀾。製造風雲矣。夫性慾也。破壞也。雖爲下劣之名詞。然無破壞力之人。斷不能爲英雄豪傑。而英雄豪傑之特徵。則在性慾機能之發達。所謂英雄好色者。確爲事實。煥發勇氣。端賴乎此。又彼英雄豪傑之中。亦有分爲陽性陰性者。以新名詞言之。所謂積極的與消極的也。多白眼之相。多屬陽性。英雄以破壞性。過於發達之故。腦髓爲其衝動。雖居若何地位。咸難滿意。聞袁項城日光極銳。炯炯射人。故彼亦爲多白眼之一人。彼英雄者日以製造風雲爲事。而其危險。因亦隨之。故非運勢極盛。決不能成大功。而善始善終者。是亦不知有止足所致。而知足則亦不能有英雄之資格者也。又所最奇者。三白眼之人。其親屬中。無論在前代也。現代也。三代也。必有變死者焉。古人積爲經驗。以之相人。百發百中。斯誠今日科學上所未能說明者。然豈可以不能說明而忽之哉。

今以眼球并其形質言之。凡瞳孔明冴。心性質之上者也。虹彩之清楚者。一等筋骨質也。眼之綺麗。營養質之富者也。又以其形察之。眼瞼肉肥。眼球大者。營養質。細長有力。眼尾稍昇者。筋骨質。細長而有一種綺麗者。心性質。眼之周圍艷麗。而其球明冴者。無論何時。男女性之力。均能適度勞作。故其眼球。直接關係於小腦。而間接影響於大腦全體焉。故可謂之眼如小腦。復如大腦也。古人所謂胸中正。則眸子瞭焉。胸中不正。則眸子眊焉。蓋即指此。心之不正。斷難正視。心之善者。必不斜視實有理由。仰視者氣象高。俯視者反是。橫視者工心計。平視者心平氣靜。夫如是乃爲有福之人。衆爲人首。瞬目多者。縱富才智。虛言不少。三角眼之人。多惡心。好惡利。目動心常不定。搖搖如無主意。對談之際。上視者心慢。常存侮意。下視者奸曲。閉目而後語者。死無棺槨。或遭險厄。俯而後語者。亦同。斜視淫亂。婦人目光銳。尅夫。眼艷淫亂。雙研眼長而眼尾有皺者。或外遇。或夭死。是皆小腦變態動作。有以致之也。

兩目放光。必係貴人。兩眼細小。心亦細小。神弱短命。男子左目小者怕婦。右眼小者虐妻。女子左目小者爲夫勞苦。右眼小者夫爲妻勞。或其婦尅夫。眼光射人。貴者達。常人破財。眼下現青筋。三日內必有災厄。眼瞼跳。三日內亦必有災厄。眼神常似泣。多辛苦。眼中如含露。有女患。眼神濁。左右動。無發達。視物如愁。辛勞不達。遠眼發達早。近視尅兄弟。否亦不和。睡而開目。動遭橫死。赤脈由眼尾起而入於瞳內。災危之兆。赤脈貫瞳中者變死。赤脈由眼尾起而深入於瞳中者。必有大難。突眼短命。祿薄。妻子勞苦。時有破產。縱懷野心。終歸失敗。人之將死七日前。與初生兒七日內。厥眼相同。但因腦充血而死者。眼中無精氣也。上述數項。又爲科學界所不能說明。而純由歸納經驗得之。此稱爲秘訣者。他日組織學。纖維學大發達時。其或能闡明斯理。不以爲神秘耶。

鼻圖

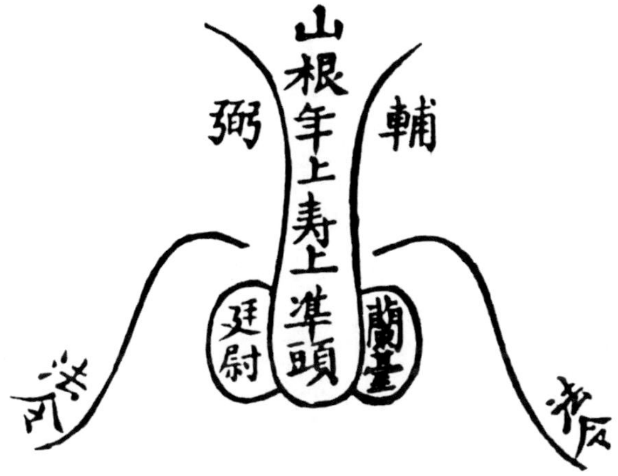

此爲富貴壽考之鼻

此鼻一生富貴永無災厄
子孫繁衍一名袋鼻

此鼻運氣甚强一生自由
在官得祿常人早達

此鼻長壽而富且無災厄

此鼻仁愛至深令聞廣佈

此鼻不知困厄子孫繁衍

此鼻破家剋妻子去鄉井
言語尖刻且不納人言

此鼻大凶中年主大破敗

此鼻好勝自負執業賤

此鼻常多損失辛勞不絕
以山根低而氣弱故也

此鼻山根低折貧賤短命
之相

此鼻始盛終衰無論男女
貴賤以根基薄弱老成孤
獨

此鼻尅妻子流落異鄉以
其無肉而高聳也

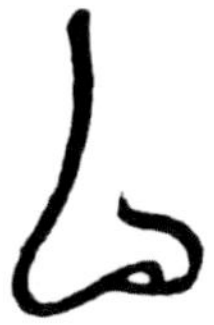

此鼻必尅多妻中年破敗
大病喪命以其在山根年
上之間有節故也

此鼻仰見鼻穴主大散財
偶一不慎損失孔多

此鼻主愚蠢窮困短命其肉薄者中年必至愁離損難

此鼻之鼻竅有上下大小者敗祖業困厄四十六七歲主有大難

此鼻年壽之間有節崛强債事辛勞不絕婦女有之爲孀寡之相

此鼻由山根至準頭之間有紋理或缺陷者一生之內必有大難在男爲險厄在女爲難產

此鼻孤獨而貪心正直而終身不得其所在婦女則與子無緣恐再醮

此鼻爲心毒之證直情徑行多爲不義之事

第二 論鼻

鼻孔全部之總稱。曰鼻根。曰鼻梁。曰鼻側。曰鼻頭。山根謂鼻根。年壽謂鼻梁。仙舍香田謂鼻側。準頭謂鼻頭。金甲謂鼻翼。金甲之右。謂之廷尉。左謂之蘭台。鼻在五星之中。爲土星。五官之中。爲審辨官。五嶽之中爲中嶽。又以小人形言之。鼻爲我體。肩爲手。法令爲足。鼻爲土星。故土生金。相生爲吉。萬物生自土。鼻赤者若火燒山。萬物不育。禽獸不住。斯爲窮相。夫鼻之發達最遲。人生二十。智識感情。方漸萌芽。判物斷事。稍有定識。學問修養。積之日久。旋成一人格。自我觀念。於以遂盛。洎乎三十歲前後。可以經營事業。而能自立。則心身全體之力至強。而同時鼻始完備。小兒鼻短小且低。即無知識感情之徵。自我之觀念。亦不發達。但知受父母之恩惠。衣食不能自行活動。以獲取財物。此其表彰也。鼻之爲物。大約與脊髓相聯絡。其關係極深。鼻形挺直整肅者。脊髓亦挺直整肅。鼻髓彎曲。脊髓亦彎曲。一如其鼻。脊髓與延髓骨相接。而延髓骨復與強硬性相接。故鼻主自尊性強硬性。人之姿勢動作。一如其鼻。故以鼻主人間性。即有我而後有鼻。有鼻而後有我。實有由也。

鼻以光潤豐隆有肉。不高不低。準頭圓。鼻孔不昂不露。又得蘭台廷尉二部相應。山根聳。鼻梁不偏曲者。斯爲上相。重節義忠孝仁慈。縱非至尊。亦極人臣。富貴相格。斯爲最著。鼻爲土。爲山。爲我。復爲君。故以鼻爲君者。則以顴骨爲大臣參議。又自法令以內。爲下萬民。以鼻爲我。則以顴骨爲他人。爲世間。猶爲長上。頤爲下輩。住所。鼻在面部中。最居重要。即此之由。入夜雖寢。亦須呼吸。不克休息焉。以鼻爲山。則山須有金氣。土能潤。萬物始育。故主富。古人以鼻之兩脇。爲仙舍香田。又以小鼻。爲金櫃甲櫃。皆爲土富之宮。達磨相法曰。問富在鼻。神相全編曰。鼻爲肺之靈苗。故肺虛則鼻通。肺實則鼻塞。故鼻之通塞。可以見肺之虛實也。斯誠明言。鼻實肺臟之門。主呼吸。以毛防塵介。以液滅病菌。調和空氣。令清潔其身之血液。使循環暢行。而養五體焉。彼由口呼吸者。身心弱。易罹疾病。蓄微菌易由口入也。古相書謂常開口者貧困。多病不達。苟無欲病開運。須堅閉其口。由鼻呼吸。行之有恒。積日累月。則耳之穴毛生矣。古人謂眉毛不如耳毛。職是之故。耳穴生毛之人。爲第一長壽。皆因口不呼吸。由耳漏息。故生毛。歐美人多由鼻出息。開口者鮮。誠脗合斯理也。

鼻之種類。誠如前圖所說。今先以形質別之。不外三種。曰商人鼻。即營養鼻。曰軍人鼻。即筋骨鼻。曰技術鼻。即心性鼻是也。以鼻梁觀筋骨。以鼻準測心性。以鼻翼定營養。橫張竪長。準頭稍屈於下。乃商人鼻。俗稱鷹嘴鼻。西人稱爲猶太鼻。又曰理財鼻。具此鼻者。性不高尚。每馳於利慾。苟爲財帛。無父子兄弟之情。虛僞冷酷。陰謀是尚。而軍人鼻。鼻梁骨張。全體修長。且隆隆欲高者。重節義。解忠孝。臨事勇猛。抵抗破壞之念極盛。而不爲利慾所動。西人稱爲羅馬鼻。又稱戰鬥鼻。我國指爲劍鼻。至於技術鼻。則自鼻間而至鼻梁。以及兩眼中之鼻根。不凹不凸。綺麗而通筋者是矣。軍人鼻既爲筋骨質之表彰。則技術鼻。自當爲心性質之長彰。性近美術、工作、彫刻、書畫。暨好文學宗敎。希臘人多屬此鼻。通稱希臘鼻。又稱美術鼻。以希臘人。多長於美術之故也。

鼻與女之運命。頗有不可解之謎者存。古人相書。謂女鼻主夫星。今觀女鼻。可以知其夫爲何如者。然又不能徒觀其局之佳美。須再審其有無疵點。苟其疵點完全不見。且極佳美者。則其夫亦必如之。其爲佳壻。無待蓍龜也。

鼻之美。綺麗如花。而無一點缺陷云者。固自其大體上言之。縱非美人。亦得佳壻。但此之所謂佳美。非專指鼻之一端而言。須要與面上各部相稱。即與眉目耳能相稱合。鼻復美麗。乃爲合格。有女如是。必能享幸福生活。要之夫壻之美醜善惡。一如其女之鼻。白髮不爽。雖似奇特。惟成例具在。至可信也。至若鼻之左右彎曲。或於最緊要之處。有黑痣焉。則此女子。必少夫恩。且再醮三醮而後已。亦尙有不能安身立命之所者。即相書所稱寡婦相也。今之坤伶校書。年少顯達。享盛名於一時。及其終也。乃似曇花一現。旋復返於可哀之域者。比比皆是。否運之甚。誠非意料所及。斯其故何哉。則亦緣夫厥鼻之美麗。異乎尋常。然而仔細考之。尙有未足焉。鼻雖無憾。而其耳也口也齒也。必有一物。爲其白璧之瑕者。不可不察也。又見世間夫婦爭論不絕者。必其鼻之高。互不相下。鼻既爲自我之表徵。則自我過甚。雖屬夫婦。勢亦必出於衝突。難期合和。厥性使然。莫可避也。今爲一言。勸告世間之男女。凡當定婚之際。勿慕其財色學問而爲取捨選擇之標準。須自審其鼻之大小高下。而後乃察其配偶之鼻。大小如何。假如己鼻過高則直取擇略低者。過低則亦如之。苟能如是則家庭間。不患有勃谿。而其不運。亦可少免。蓋女之於鼻。苟有一點瑕疵。或與其他面部。不相稱者。其配偶亦必陷於不運。破財失敗。昔師相授。言雖無稽。實成經驗。然則鼻之爲物何以有美醜。其關係何復如是之大。則吾人所能知者。緣於父母之遺傳。其遺傳力齊全者。必不生變態之鼻而已。

鼻之肉薄骨立者。心散福薄。鼻比顏面高聳者。氣象高傲岸凌人。親屬離處。夫婦無緣。爲君無臣。爲師無弟。只肆威福。人不能近。其結果必至鰥寡孤獨。暨破産而後已。具斯鼻者。戒愼恐懼。柔和其心以撫之。是亦可以轉禍爲福。又婦鼻過於細小。夫必不幸相續。運氣日衰。且女之性。又必怕事無胆也。故須大開襟懷。力鼓其勇氣以當之。斯亦趨避之一法。既爲其夫。宜注意及之。夫鼻高固不運。小而低亦非宜。以如斯之人。胆小無勇。並以自己爲不足也。故每事包承。損失孔多。譬如向友籌措假遇高鼻多被設辭峻拒。小而低者。雖極不願。終必傾囊。謂予不信盍一試之。赤絲出鼻穴。乃將貧之漸。百事棘手。此際祇宜愼出入。省儉是尙。新規事業。切不可沾手。俟其赤絲消去而後乃已。方可免此。鼻穴赤者心散。嗜殺詐僞。鼻偏者大凶。雖一度榮顯。終必剝落。鼻堅者意志堅固。鼻柔者心軟。鮮能克己。發達少。腎氣弱也。法令掛鼻者。辛勞不絕。鼻頭赤者。貧走他鄉。紅鼻野心勃勃。詭計百出。而終歸於敗。鼻有光澤。無病之象。時有薄黑。不見艷色。發病之兆。鼻準被垢如雲。百事不成。爲財勞苦。鼻頭過大。貪慾之徵。獅子鼻氣大容人。好財氣。鼻瘦而赤。孤貧無子。事復不成。鼻筋有節。勞苦難絕。且常多病。流年大凶。又有二三橫曲折者。更不善。鼻孔以圓爲吉。能由外面窺見鼻孔者。勞苦之相。雖富不免。惟每事質問。能得人愛。鼻如○○圓者。福祿兼至。鼻孔如口者。貧且剛愎。三角乃慳貧之人。鼻孔如∞橫而且長者。無所得。亦無所求。鼻孔如八八字形者。固可聚財。亦必破財。鼻顴兩骨大者。謀叛之人也。鼻曲難保家產。猿鼻子孫斷絕。馬鼻晚年貧乏。鼻柱有節。破家流浪。小鼻有大小。賭博必貧。鼻頭出油汗。孤獨性鄙。準頭如焦者大凶。百事不成。惡者頓死。

口圖

此爲四字口一生富貴子孫繁衍老而大吉主忠厚不妄言

此爲方口多財庫子孫發達出仕得祿常人亦吉

此爲仰月口言時海角上向唇色紅潤齒根不露形狀適稱主官祿富貴

此口在官吏學者有之主有大權柄俗人有之不宜多任性壞事

此爲魚口海角低下好言人是非易敗祖業老而窮困

有此口者不論貴賤發達必遲慎於出口海角左陷者受男子之怨右陷者受婦女之恨皆由不正不實而破其德者也

此口無海角俗名火吹口大凶孤獨而窮老境難堪

此口大凶情薄而孀強出言傷口在官失祿敗家絕嗣

第三　論口 并附唇齒

口謂之出納官。在五星中。屬水星。又稱大海。海口。其兩端曰海角。司飲食、呼吸、言語。爲生活上最要器官。口爲言語之門。飲食之具。萬物造化之關。又爲心之外戶。賞罰之所出。是非之所會也。故與腦髓大有關係。最能表彰意力之強弱。及愛情之美惡。並其程度等事。即其口之兩端緊密者。則意志堅強。否必薄弱。且甚迂愚。故以得其適中爲正。口之上端曰金覆。下端曰金載。乃主天地覆載之義。觀父母暨定性之陰陽。是以在相學上。占極重要位置。實有由來。即其一可考父母遺傳之強弱美惡。而知其心性狀態。及其運命。其二、口唇之佳美與否。可知其心性之善惡。而同時並能定身體之健否。其三、口唇乃表彰小腦。考遺傳力處。故對於他性。對於家庭之良否。能由此觀測之。夫口唇之大小美惡。固與大腦關係深切。實則直接於小腦者居多。故因口唇之如何。可與其愛情之如何。作一比例觀。即其唇之厚者愛情大。薄者愛情薄。厥色帶黑。心有毒。此蓋由於小腦之濫動。而無大腦監督也。又口司飲食。故考口唇。即可窺飲食物之美惡。且又司言語。故其形狀惡者。出言無狀。形狀美者。言詞修美。其次口唇司意志。故口唇至顎堅硬者。其人顱頂部必定發達。意志自堅。唇顎並小。則小腦亦小。顱頂部因而不發達。自難鞏固其意志焉。口開之人。不能堅定。上唇包下唇者。謂之鷹嘴。乃破壞性之表彰。亂暴剛愎。大抵男唇覆下。而下唇稍縮小者爲宜。女子反之。唇乏赤色而周結者性極冷酷。且甚乖僻。唇之構造美而紅。縱極固結。性亦爲善。故考其人之愛情。由正面觀之。測其人之意志。由横面口角觀之。當不有誤。又由正面觀察。唇之赤色多者。表示愛情之厚。中央之赤。不及兩側。配偶性之發達。比男女性爲強。此則多見之於婦人也。

口之種類可別爲肥大者。廣大者。弓形者。口之肥大。多身體肥滿之人。屬營養質。頭之下部。較爲發達。皆復有潤色。腦髓活動能得其宜。愛情生殖飲食之力。均甚旺盛。故體健無病。財緣亦旺。而於幽遠高雅之思想。宗教哲學之趣味。則不可求之此輩之中。口之廣大者。滿體都骨。破壞抵抗之念深。自我之情烈。日常野心如熾。好冒險。抱大望。知進而不識退。乃多成多敗之人。屬筋骨質。口之弓形者。體瘦如柴。肌膚艷麗。思想優美。好宗教哲學文藝。飲食生殖之力薄。而愛情最厚焉。屬心性質。口以仰月爲最善。所謂口如仰月上朝彎也。此蓋由於希望性諧謔性發達之故。其人少年早發達。晚運亦佳。反之口似覆舟者。晚運極惡。因其遇事悲觀。日爲子孫憂慮。而反無緣。晚年岑寂可哀。無俟詳發。大抵具斯口者。表面雖似柔和。心實剛愎。對於其所親。或異性者。無所斟酌。擅行其所欲。究其結果。乃自陷於漂泊生活而後已爾。

有最奇之一事。凡具斯口者。十之八九。必爲生靈或死靈所祟。而又多屬於異性。非道之行爲。所酬之報者是矣。婦人口角。左方比右方。較爲下垂者。由於婦人之憤恨。而右方口角。較左方下垂之時。

則買男子之怨毒也。又考唇極黑而無艷色。乃爲死靈所祟。苟其色祇屬尋常。而惟見口角下垂。則可斷其爲生靈無疑。是亦因其程度之何如。而顯厥色之着否。且輕者尙有解救之術。此則現代科學上所未能說明其因何致是者。但就相學上言之。口唇與小腦關係極深。小腦苟無異常。唇色必麗。蓋以小腦爲主宰愛情之中樞器官。卽亦雌雄牝牡性慾之中樞器官故也。小腦異常。性慾便生亂動。對於性交不顧道德義理人情。以遂其獸慾焉。故男無婦緣。女無夫福。晚年不幸之原因。悉由於此。具斯口者。是亦由於小腦異常所致而已。

齒藏口內。故主內面。內面者。家庭家族。均包括之。相學上各機關之表彰。在後頭部。而口與齒第一司飲食。所有飲食之物。悉由此齒牙中經過。故相其口便可知其人之飲食何如。相其齒。亦復如是。譬如唇厚齒尖。好肉食山海珍味。乃其所嗜。唇小齒平。好蔬食。祇爲果腹。不求甚解。唇厚而大。飲食之慾盛。故烹飪之術精。薄而小。必極拙劣。此其證也。人有門齒、犬齒、臼齒。有臼齒尖而銳者。有門齒犬齒。近於臼齒者。虎狼之齒。銳利而尖。故好食動物。牛馬祇有臼齒。故唯食草類。而人則菜肉兼食。兩無所妨。但就齒類之何如。而好惡殊異。程度因之差異焉。齒又表言語之美惡。故人之言語。純由齒牙之如何而定之。齒之行列。突出缺陷。並不整齊者。好出惡語。或則凡事結舌。應言不言。豐弄謊言。皆屬易取口禍之道。此由於腦之兩半球遺傳力、心性力、不均之故。假其齒牙美麗。雪白整齊。毒言惡語。無由發出。古人謂齒主忠信。誠非穿鑿之詞。齒之壞者。小腦後頭葉。必不良好。齒主家庭。齒壞者家庭之間。難期圓活。顏面縱美。亦以其小腦之遺傳力。已失其純正也。才略智識。雖極凌邁。而兄弟不睦。妻子離散。總難倖免耳。相書所謂四瀆之一者。即本斯意。更以流年論之。耳主早歲。齒宰晚年。故齒壞者。晚運必惡。又前面上下八枚門齒。謂之當門齒。觀相上。以正面當門二齒爲最要。以其由於遺傳也。故父母之年齡教育。貧富貴賤之程度相伯仲。則當門之上下左右八枚門齒。較爲整齊。否必紊列。門齒左右上下。必生變態。其甚者犬齒臼齒。亦露異狀。而此等因小腦濫動結果所生之子女。其顏面。其腦髓。其兩眼。兩眉兩手。必各因此而生差異。齒以念八枚爲普通常人所有。三十枚以上。高人一等。三十二枚。常人得此。運在上等。三十二枚以上。必出衆發達。然而苟非善相。而有三十二枚以上。則善善惡惡之念強。易趨極端矣。女子三十二枚以上。則凶毒之婦。殊不利也。口常小而開大。心常寬大。財運亨通。口小無胆。做事因循難成。口常開者。腎氣弱。心不定。短命也。口角向上。百事樂觀者福。下向反是。已詳述之。婦人海角大。尅夫淫亂。且貧賤。口有紋。有陰德。近貴人。上唇長而厚。長命之人。下唇長而薄。大食之人。口大散財。好投機。上下兩唇厚者。有學識。薄多僞言。口似鳥嘴。奪人之資。大海旁邊有紋。常爲子勞役。竪紋小兒。上唇出者疏忽。口常不閉者多病。婦人淫亂。易爲人欺。面大口細。發達遲。胆少。開口見齒。父福薄。小兒開口大吉。小兒寢中齘齒。早離父母。

大人尅妻。兄弟不和。齒能齊如石榴之實者吉。黑而疎者貧勞苦不絕。下齒門齒有二三長短不正。而中高者。必出承繼。病人承漿間有惡色者。必服錯藥。

舌以豐潤大者爲吉。舌黑下賤之人也。舌上有橫筋。以口尅人。有竪紋正直。舌端尖者好辯。多讒言。心中有毒。舌上有十字紋有福。易立身。舌有角破家。舌有波紋。放蕩無賴之人也。

耳圖

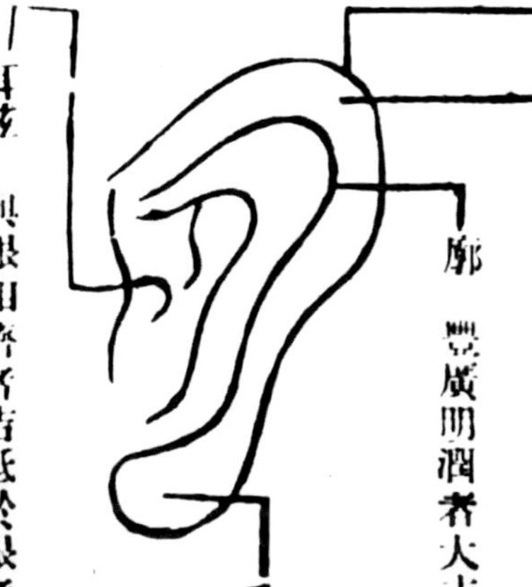

此監之處上與枕骨相接而下之垂珠朝於海角者大吉所謂對面不見耳者是也

輪　薄而尖或欠損如無輪者遠離鄉井晚年孤困

廓　豐廣明潤者大吉狹而如垢或黑暗或帶黃滯之色者主病難破敗

垂珠　圓大而厚且軟潤者財寶山積無病長壽子孫繁衍無則大凶子孫多累厥居不富

耳弦　與眼相齊者吉低於眼者凶高則揚名低則主賤

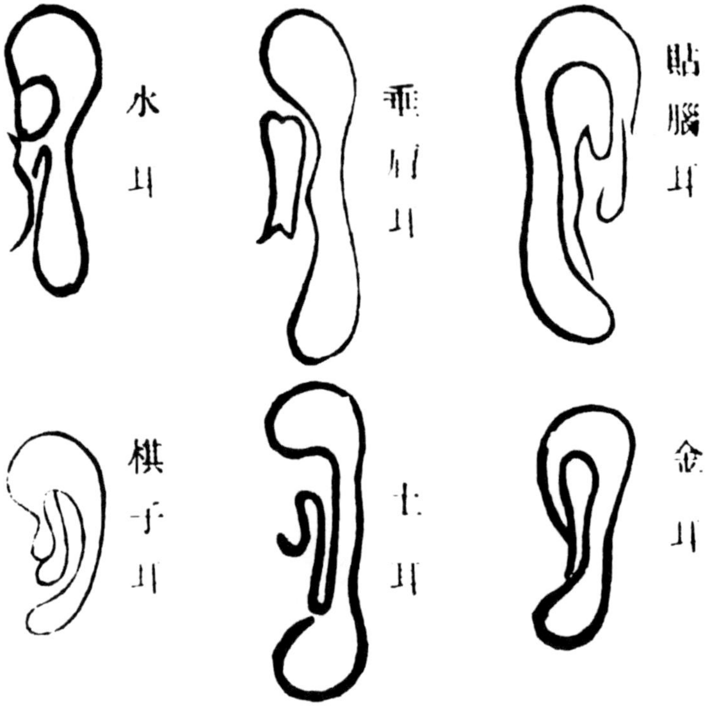

與以上所舉相類似之耳皆吉進官益祿無病長壽

廓出於輪如此圖者遠離鄉井多出承繼

如此耳者有才智大成名

人相學之新研究 一四一

火耳

扇風耳

箭羽耳

鼠耳

木耳

開花耳

與以上所舉之耳相類似者大凶敗祖業離鄉井有遊則多病或困厄財疊則短命多爲子孫所累

有輪而無廓圓大而軟如此圓者愚人也多主不幸且孤獨

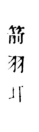

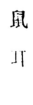

第四　論耳

耳分三輪。上分天輪。中爲人輪。下爲地輪。又稱垂珠。或耳垂。耳無動理。雖間有之。乃屬變態。不足爲例。而耳亦與頭部有關係焉。尖頭瘦面之人。無肥大耳。唇薄者無圓滿耳。而下顎肥大者。垂珠必大。觀其耳形。直可窺其面之格局性質運命。亦得大體推測之矣。雖然。亦有反此者。斯爲變格之耳。而變格之耳。此之顏面頭部。更爲美好。則顏面頭部。雖少有缺憾。亦復無礙。苟其耳之常格極惡。則其顏面雖甚美善。難獲良果。蓋顏面各具。皆爲表彰意思。故因意思之修養。有可以克化之者。惟耳之爲物。超出意思以外。主宰天命。先天遺傳諸事。故其意思雖若何變化。而耳則不能與之俱化也。在普通相法。耳主初年。耳之輪廓齊整。三輪美麗。則主初年享福。即如是之人。其兩親形質。配合得宜。遺傳良善。亦可推知。耳之惡者。父母必惡。在胎內時。母之思想。傾於污濁。或陷於恐怖。或遭悲觀。凡此種種。亦必致此。又以耳言腦髓。兩耳豐齊綺麗。其腦髓之兩半球。必能發達洽宜。夫如是腦髓。身體自趨圓滿。而偉大之矣。故此腦髓。可與耳以形體並行一致之比例法之。實可考其人之腦髓。若何情狀。即耳之長者。腦髓亦長。耳之圓者。腦髓亦圓。輪廓能整。天輪垂珠。復能美好。則其人之腦髓。自必圓滿無缺。反之因遺傳之匪善。耳有大小。或具變態。腦髓必惡。兩親之中。必有故障。故亦可因此能考其大腦之爲何若也。小腦爲男女性。乃遺傳機關。生殖機關。故父母之機關。苟能發動得體。

則其所生子女。必極強健。耳之關係。直接於小腦。而及於顳顬葉并大腦全部。身體全部。前之所述。相耳可以識身體全部之狀態。即此意云。然則耳以何者爲善何者爲惡。其標準容易認識否。曰首量耳之大小。自眉間以至鼻下。橫延一直線觀之。耳之長若與眉間至鼻下之距離相併。斯爲正宗。其有大乎此或小乎此。并其耳之下垂。或上躍者。均未可以善耳論。質言之。眉間與天輪。鼻下與垂珠。相並行者。乃合耳之常格。由此比例。苟天輪垂珠。均得齊整。天輪如開。耳垂豐如米粒而堅厚者。爲第一。如是者自古謂之五運皆全（即運壽命福分親族住所是也）否則五運皆惡。又以耳分形質。凡上廣下小。如三角成梨子狀者。屬心性質。具斯耳者。以其人乃心性質也。故身體不強。而長於學問、音樂、美術。耳長堅厚。內輪之廓。又復似突出者。屬筋骨質。此爲活動者之耳。豐圓多肉。耳垂成珠者。屬營養質。總此三質。苟其部位安置得宜。如上述也。則無可論列。非爾者。即爲變態。過高過低。均非佳像。過低者下等智力感情發達最盛。雖長於俗務。亦時作無理之事。反之耳高過眉。高等智力感情。自然豐足。古昔所謂高眉一寸。爲聰明之人。惟是高三寸五寸。而下方岑寂者。其人雖甚聰明高尚。學識淵博。而不能容於當世也。特其聖賢哲士。所以成大事建大功者。其耳之上下。必甚偉大。以其特有高等智力思想。復得下等感情。過於流俗。故無往而不可爾。第其過大甚於尋常寸法。則又剛愎自用。自古以來。英雄豪傑。過於自信。亦惟耳大之故。劉玄德耳垂過肩。雖不足盡信。然其耳之大。概可想見。耳之小者。心易搖動。意志不堅。自信力薄。而又胆小。任事難期秘密。易與敵通。耳爲探聽官。司探聽。故自此點觀察。亦有極趣之作用。不可不知者。即好耳之人。好聽善言美語。惡者反之。耳之美者。所聞皆善。故其腦筋。亦因此趨於高尚優美。耳之惡者曰聽惡言。腦中所聚惡事居多。故終成無賴。由是觀之。審其耳即可知其人之心性情狀。又或因腦髓一機關。有特別發達。則亦有顯現於耳者。譬彼智力過於發達。則天輪上向而不尖。貼而平。自尊性強。好作威福。則天輪後反。破壞性烈。上部必尖。男女性盛。耳珠厚大。夫如是心性機關之一部。苟有特別動作。則其耳一如腦髓之變化。故曰觀其人腦髓之何種機關。最爲活動。可於其耳辨之。即如耳尖者。好殘殺。耳珠堅厚者必發達。缺少之人。寂寞一生。昔人以草木爲喻。以耳爲實。眼作芽。鼻譬花。齒喻葉。極有深意。又自一方言之。耳承父母遺傳。乃種而又實也。種之不善。不茁好芽。既無好芽。難冀良葉美花。而佳實不結。是以耳主初運。兼司晚運。質而言之。吾人天運。皆顯於耳。故萬難以意志動搖而相反抗。第耳外四官。各自與其筋肉神經相關聯。且大有一暗示在也。故曰此種暗示。雖其他四官各有表彰。第自覺已之運命。善自勤奮以行者、則天運縱有不善。亦有否極泰來之日。即人間宿命似雖定而實無定。更伸言之。人之運命。一如其身。復如其面。大體已定。無可趨避者。然而人者。非惟天性。理性亦大有力焉。輟食而死。惟猫犬爲然。人苟如是。則一如其運命而終一生。亦復何味。但吾人每生疑問。爲何生於世。斯即爲自覺之人。理性之人矣。自知其運命。活動其理性。發奮修養。新拓運命。是謂運用理性。(終必發達)若夫放蕩成性。怠惰無方。顏面雖好。久亦變惡。此蓋由於下等腦髓。動作殊力。遂漸顯現於顏面之故。吾曾識一人。年七十有一矣。其耳祇有外側。無內耳。顏面亦不善。獨其鼻甚美。故度其母在妊娠中。必有驚恐災難之驟至。以成斯耳者。後細審之。果其生時。家罹於火。母蓋被難於鄰舍而分娩者也。識其運氣尚盛。經營實業。成效卓著。然吾知其必不能持久。勸令收歇而未能聽也。曾無幾時。遭大折閱。抑鬱而死矣。此種成例。指不勝屈。咸能顯現於耳。故究其耳則知其人之運命。操券可得。豈徒蓍龜也哉。

耳白皆潤。有祿長命。耳白於面。名揚海內。耳硬如有骨。長命腎氣強。耳軟而薄。腎氣弱。心無主意。廓高於輪。遠客他鄉。雖有子嗣。亦以他人作繼。耳無垂珠者。破財。田園廬墓。蕩然淨盡之相也。耳黑而枯。急死之兆。左右耳輪廓紅白。耳孔又潤厚而高者。少年得祿。有輪無廓。主孤貧。耳珠大而下垂。執拗殊常。財慾復盛。耳生高。性高尚有雅致。耳生低。主貪慾秘密。工術數。耳小胆小。乏子嗣。耳有肉且厚紅潤。名富貴榮達。耳汚土色。運滯時往往見此。左耳傾者尅父。右耳傾者尅母。耳有廓而無輪。似有物而不藏也。耳有輪而無廓。似有藏而無物也。左耳相父。右耳相母。相父流年。由左耳天輪至垂珠。係自一歲至七歲。相母流年。由右耳天輪至垂珠。係自八歲至十四歲。印堂無肉。而耳廓稍出。多屬弟相。髮粗額窄亦然。黑氣出命門。暗氣入耳者。逢春必死。命門黑氣入耳者。病死。黑氣自大海入耳者。七日之內必死。大概貴人有貴眼而無貴耳。下賤者有貴耳而無貴眼。又相耳可以斷其人之盛衰榮枯。父母、夫婦、親戚、子孫、媳壻之吉凶善惡。身體之健否。壽命之長短及福祿之如何。耳之作用大矣哉。

第五　論眉

眉爲人類所獨有。動物所無。犬猫之屬。雖有一二類似者。然亦不成其爲形。動物之階級愈下。眉之痕跡愈稀。故以眉毛之美醜厚薄。直可分動物階級之高下。以此證據。推而至於人類。亦同斯理。審眉毛之美醜善惡。即能識其性格階級之何如。古人以五運配於眉毛。誠有由也。

以人體象之。眉爲手。一身連枝。又以眼譬諸日月。則眉爲雲。蓄眉者乃血之苗。血液之順否。心氣之強弱。勇敢之有無。皆於眉端見之。西人謂眉爲心之符牒。良有以也。又眉爲兄弟宮。觀相上爲保壽官。數在五官之一。位居扼要。親族兄弟之吉凶禍福。咸次第顯於眉端焉。豈不奇哉。今就眉之性質言之。

眉主思想、感情、文學、技藝。故眉美者。遺傳好。兄弟和。友誼篤。一家和合。鄉黨相親。是亦相因而至也。

眉長過目。且復端麗。則其智力思想。自應俊異。兄弟繁多。運氣日旺。假有他物焉。力能相稱。得爲之助者。中年以後。必有過人之處。反之眉宇短小。且極粗薄不齊。皆與親族兄弟往所無緣。壽亦短少。縱交友朋。終難和藹。假使同居互損運氣。此蓋由於父母遺傳之不良。不僅由於智識感情之故也。譬如夫婦年齡相差太遠。（如相隔十五年以上至三十年之間者）則其智識感情必難完備。身體發育亦不十分。眉即隨之粗雜矣。眉粗雜之人。氣小易盈。難期學問。兄弟不和。朋友不睦。我國自古以來。奉信神佛。幽玄靈妙之思想。有若天賦。迴非彼歐美之人所可企及。斯亦由於吾人之眉。確有優異於彼邦所致。彼邦人之眉。生來太低。故專務物質。惟利是尚。我國人具此形格。雖屬不少。然與其眼相距遠者。實居多數。我國人不善於實務。端在此者。彼眉高而復成新月形者。其優美成自天然。無俟細述。宗教道德之思想。浸潤腦海。亦原斯理。夫眉之特徵。謂其表彰智力。無寧謂其表彰宗教道德及美麗諸性。宗教道德。已如前述。而眉之美者心地高潔。文學美術。必擅勝長。反之眉形粗薄如垢。則其兄弟之緣。必見欠缺。性亦小氣。眉狀逆立。更難和好。對於朋儕。倘且剛愎樹敵。縱居下輩。亦難冀心服。又如長子之眉。必甚稀薄。次子三男。次漸濃厚。此蓋由於少年夫婦。成婚未久。祇知愛情濃摯。而不諳世間憂患之如何。惟樂是求之故。次子三男以後。則年事稍長。人情事理。已能領略。因而濃眉綺麗。易成一能一藝之才。而長子之不聰。亦有由也。

男眉較大。女眉較細。斯為常理。眉大者其量大。眉細者其心小。審眉之大小。即可徵其胆力之有無。

蓋男女性之表彰。一以宏大。一以美麗。各有所歸。婦女之眉。小而婉麗。雖心性精密優美。顧胆甚小。男子之眉。粗大無匹。胆力因之。惟其心性。乃不如婦人之細緻。若夫男生女眉。則性如婦女。萬事留意。普通婦女所能爲者。均能爲之。女似男眉。其所作爲。多類男子。而不善於婦人操作之事。設有客來。則出而酬應。置夫君於不顧。此類婦人。實雌而雄者也。又以眉分形質言之。研究毛品之濃淡精粗。固屬緊要。而觀察眉弓。亦大有關鍵。即眉弓不大顯現。如婦人之眉者。屬心性質。眉如一字而有力。後稍提昂。眉弓隆起蠲目者。爲筋骨質。眉大而毛少且柔者。營養質之眉也。

眉毛上下如抱合而生者。胆小易憂。促天壽。眉毛周圍有柔茁毛上向。心中勇氣。勃然昇發。乃事物成就之前兆。反之下向則勇氣竭。百事難成。夫心氣者。善使血液循行。而血液顯於毛髮之枯潤。與其血色焉。故心氣盛。毛髮眉毛。暨其身體。均現潤色。眉內有疵。尅兄弟否。亦分離。眉內有黑痣。稟格自高貴相也。黑痣如漆。有智而吉。若現灰色。則於親戚兄弟之間。必有橫死。眉毛中有一條長毛者。壽長。向上尅妻子。其端縮者。與嗣無緣。稍下向而長吉。四十歲前。有此不宜。眉毛粗黑如鍋墨色。而圓眼者。必有盜癖。雖生富家。亦難根絕。眉毛稀薄。多奸計。又據平日經驗。婦眉過薄。多無夫福。且乏子嗣。住所財祿。更無緣也。眉毛如手揉。運滯多勞。心靡定。眉骨高。有勇氣。苟習一藝。必秀於人。而女子反之。尅夫孤獨也。眉毛向上。殘忍成性。雖有勇智。易損陰德。晚運尋常。且必有一度大險。眉居向下者。膽小且懦。妻緣必改。眉頭有亂毛。必走他鄉。終歲勞役。眉過短淫亂。眉之位置。上下不同。乃爲異母兄弟之徵。眉毛粗短小氣。兩眉狹窄。心地不寬。厥性甚急。易罹憂鬱病。眉間寬廣。胸懷豁大。惟乏主意。家內諸事。極不善理。眉端短於目者。貧賤無子。縱有子嗣。亦難倚靠。眉長者富貴壽考。似佛眉者有慈悲之心。與佛有緣。出家人苟缺此眉。縱不還俗。亦難成道。俗人有此眉。稱爲隱者。恒居內幕。不立長面。眉頭至眉端有痘痕者。兄弟親族之緣分。都無可言。又乏子嗣。眉骨立者。大惡不道之人。眉毛粗濃。交叉過黑。難免下獄。眉疏而淡。一生清閑。眉多旋毛。孤獨。眉頭有黑痣。頰有三紋。好道術。清閑幽雅。眉端縮運惡。眉毛枯而無潤色者。運惡壽短。眉毛中有青黑氣發生。兄弟親族之中。必有病者。白色死。赤色口舌爭論。可知凡眉毛變色。皆主兄弟親族之事也。

印堂紋圖

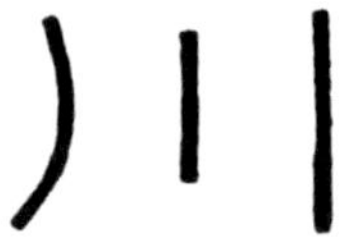

此爲川字紋敗祖業尅妻再三離鄉井或出承繼中年有難

有此紋者一生無成事顚揭之輩姊女嫉妬在家不安雖有子息而心不樂四十以後乃吉

此爲雜紋深者不吉常厄於物尚不正亂行則三十歲喪命或早與親離

此紋爲下賤下愚之象無論男女立身必遲一生恨人而苦寒

此紋主尅妻離子中年有大難仕宦則墜其家聲三十歲前後深宜戒愼

此紋大凶若行不義不正之事則無福敗其祖業又信心不堅定則有險難

第三章　論十宮

自古以面部分爲十二宮。惟據從來經驗。十宮已足詳盡。後二者似有蛇足之嫌。故擯去之爲十宮焉。

第一命宮。其位置在眉與眉之間。第二財帛宮。在鼻。第三兄弟宮。指眉毛。第四田宅宮。位居兩眉與目之間。第五男女宮。位在兩眼之下。兩顴骨上無肉之處。第六奴僕宮。在下顎。第七妻妾宮。由眼尾向橫鬢間張之處。第八疾厄宮。在兩眼之間。即稱爲山根之處。第九遷移宮。從眉尾上斜入顳顬者。第十官祿宮。位居額之正中。是謂十宮。此外第十一宮謂福德宮。在遷移宮之側。可在財帛宮補言之。故不贅敍。第十二相貌宮。相顏面全體。既於三停詳爲論述。亦不必再贅。是謂獨存十宮之理由也。

第一　命宮

命宮。一名印堂。稱爲天命自然之宮。人之天命。乃寄集於此也。命宮之美者。享天之命厚、命宮之汚者。享天之命薄。命宮圓滿如鏡。天性强健。苟事學問。靡不發達。命宮鬱抑而有紋理。其人時懷悲觀。一生沌邅。即命宮爲天然自然之宮。天命之厚薄、强弱、美惡、高下。皆可於此占之。又命宮爲氣所聚。我精神皆凝集於此。而爲表彰之所。故謂命宮爲腦髓之表出器。殆無不可。是以命宮美、腦髓自善。命宮汚、他宮雖如何優異。第以腦髓粗惡之故。雖期發達。命宮爲精神凝聚之所。故其人之喜、怒、哀、樂、愛、惡、欲、七、情。悉顯於是。喜樂開展。悲慾屈皺。哭笑異趣。固無俟言也。又有謂命宮乃相神命業三者。命宮美則神爽氣清。腦髓當然發達。百事成就。且復長壽。假其不淨。則所如輒阻。蹇滯滋多。究其極自趨於憂鬱。短促天年。命宮又指肺。故印堂開展。胸膜自廣。康健因之。否必羸弱。氣量狹小。稱之命宮。蓋主壽命也。古之人以印堂寬闊。爲氣宇擴大。指寬仁大度。休休有容之人。歐美學者。亦以此爲肺之中樞。皆甚有理。但過於廣闊。則無條理。短於實務。縱有家資。亦必罄盡。斯實過猶不及之故。印堂又相職業。是爲官祿之所。更精密言之。印堂豐美。康健得運。厥業隨之俱進。易爲人首。狹窄而汚。業亦自小。若有傷痕黑痣。職業屢更。人謂釋伽於此生有白毫。實則黑痣而生毛者。印堂有黑痣。乃破業之相。其不遵親訓。視王位如敝屣。去而出家也。何怪之有。是故印堂有黑痣。最宜於削髮者。蓋指此歟。印堂美麗。相學上謂之屬陽。曲而屈謂之屬陰。陽相利立於表面。政客軍人。并從事於實業。乃其所長。陰相則投身於宗教教育美術暨事裏面謀略。最稱相當。印堂有黑痣。即所謂陰相也。屬陰之人。雖不能於咄嗟之間。解決疑難。第居黑幕。從事規畫。莫此爲善。教育家。宗教家有因黑痣而反發達者極多。世之有子弟者。苟有痣焉。慎勿令其入軍商二途也。凡三白眼之人。其祖先中有變死者。人中近旁有痣。其人所居之周圍。墳有古井。時出作祟。事雖離奇。歷驗不爽。前已述之矣。

堂痣疵。及其障礙。亦有然者。具此瘢痕。必爲祖先所祟。否則亦必因色情而招作祟之人。事似無稽。而實例繁多。莫能爲諱也。今尋厥原因。略有數種。即其人對於祖先之罪惡。因恐怖一念。遂顯是相。或因祖先之惡業。於不知不識之間。酬之於其身。或其祖先懷抱一種恐怖。爲厥子孫者。誕生於此心理狀態之下。成一種遺傳性。而眉間障礙。因而顯成。惟最難索解者。其痘痕瘢痣。悉起於後天。亦是言人之凶變者。則豈今日之科學所能說明。於此可知命宮之重要。爲全相冠也。今舉一最近之實例言之。予識一吳人某。業商。富可中資。年五十餘矣。其人印堂山根之間。瘢痕狼籍。更以黑痣。益復醜怪。一日過予請相。予告以君相本不善。時運稍蹇。即見立敗。今就相理言之。君寓之西北角。必有古井壙埋。出而作祟。而前日獲罪先人。亦難卸咎。或則併因色情之故。有作祟之人也。今見妖氣彌滿於面。須宜加謹慎。否則有不堪設想者。而某大笑其癡。極力不承。惟謂屋中之西北隅。確有古井耳。一年之後。某物業蕩喪。日就凋落。沈淪顛沛。抑鬱而死。而其致死之由。雖不可知。惟聞死象甚慘。血斑滿佈。不堪寓目。予歎人生之無常。時往存問。乃知其盛年時有一段歷史。可資譚相之資料也。富某年少時。美丰姿。私一鄰女。女父性剛。惡其女之不貞。而恥對其婿家也。乃自沈於井焉。是時某與鄰女。從此分散。故某遂獨身不娶三十年矣。聞臨終之際。有老婦奔來侍疾。云係其戚。實即昔日之情人也。故聞某死後。其面目酷似其父。滿身斑血。一如其亡父入歛時之情狀也者。不禁慄然驚駭欲絕云。而此屍體之變化。雖謂爲心理學者所謂幻覺之屬。然而與祖先之作祟。古井色情之作祟。實有關聯。詳言其人過去之事實則。彰彰然矣。

印堂於幼時雖豐圓滿發達。而中年後印堂左右。少有紋理立現者。斯爲上相。以太坦則精神無所麗。其在初年雖少障礙。而中年獨立後。總以左右稍有紋理爲善。自相學上言之。乃正義性之符號也。惟紋理中最忌中央有一長紋。稱懸針紋者。苟其有之。則家業無定。精神易亂。而命壽短促也。印堂爲心氣之所聚。前已言之。故其意志之善惡。願望之成否。靡不畢現於是。故於此顯有何色。則心中必有所麗。紅黃美色爲吉。願望可成。赤色爭。或有公難。及家內不和。青色怒。白幸福薄。黑損失。爲最惡大凶。低陷離鄉。女再醮。高而秀有賢才。惟小兒反是夭死。青氣自印堂起。而直貫邊地者。走他鄉。印堂左有小瘡之痕者。雖弟亦可承父業。誠實而信用厚。亂紋小氣。早與親離。印堂斷者。性不多言招怨。無交友云。

第二。財帛宮。

人生最要者衣食住而已。而財帛宮在鼻。其人之運勢。應對進退。概於此部位求之。是以鼻之完美者。方有財氣。鼻小彎曲過高。及色澤赤黑。均非善象。總之高低咸宜。並與面部他官相稱。斯謂合格。鼻雖爲理財性之表彰。苟過高如峰之突出。則彼強硬性發達太甚。剛愎自是。而數理之性。復甚拙拙劣。假令斯人經營實業。定罹耗損。無待蓍龜。若其鼻孔洞見。鉅可容指者。則更恐其以公款作投機之一擲。一擲千金。所謂善於營利。而招損亦極爲易易也。夫鼻縱美甚。設有痣疵皺紋。亦相抵銷。譬如彼小鼻生有黑痣。則其金庫中如有小穴。收入雖豐富。留貯甚難。疵亦有然。惟痣爲人所妨。疵則因自己之性急。而遭失敗。斯有別耳。不獨鼻爲然。顏面全體亦莫不如是。天然有者。固勿論矣。即後天傷痕。亦循是理。蓋其疵痣影響於人之神經。更由頭部。傳染於其中樞。而妨礙之也。皺亦相同。鼻有皺者。損財乏嗣。縱其有之。亦出承繼。否則不肖。終必爲所損。貧窘而後已也。

第三。　兄弟宮。

兄弟宮狹義言之。雖指兄弟姊妹。推而廣之。及於親族。更推而廣之。即有四海兄弟之意。兄弟宮屬眉。故兄弟緣分。一如眉毛焉。遺傳善者。腦骨自善。腦髓善則眉毛自能完整美備。更申言之。眉如新月蓋眼者。兄弟衆多。友愛亦篤。故視友愛性之發達與否。一占其眉之若何云。友愛篤。城府自少。交遊較易。心境愉快。共同一致之力強。五福全歸矣。反之者兄弟不得力。家族難相睦。遑論友朋哉。徒多樹敵以取怨耳。詳峨論眉章。

第四。　田宅宮。

田宅宮在兩眼之上。眉與眼之間。主住宅居所。即田宅之善惡。一視其宮之粗麗如何。假令田宅之中有痣或瘢。則其田宅屢更。遷徙靡定。而吾人之居有廣廈華屋。因緣於父母。故田宅者又主父母。與兩眼同。是以田宅之美者。食祖宗父母善果之報。汚陋反是。田宅之有疵。乃早與親離之徵。田宅如無肉。狹與眼接。及不好看者。均不能享父母產業。或爲貧家子。婦人田宅廣。定婚易。田宅狹之人。雖抱才智。多無其德。而過於廣。則蠢闇愚者。古相書又謂田宅內傷痕黑痣。主其家作祟。事似無稽。証據不少。天下事概難以物質論。一切論斷。更就其性質上言之。田宅廣而美。則尊崇性當極發達。持心平正。崇信神佛之念深。我國人之學問事業。多趨精神方面。而每拙於物質及營利者。則概由國人之田宅。多高廣而不狹窄所致。更以心相學之言詞表之。計數秩序色彩輕重大小形狀事實。等諸器官不發達。故物質的觀察力薄。而仁惠鑑識推因等諸器官則甚強。此其大別也。

第五。　男女宮。

男女宮在眼下。即在下眼瞼。謂之臥蠶。眼下凹陷之處。謂之淚堂。子息之有無美惡。於斯占之。此處圓滿發潤。光澤可鑑。必有子息。陷如肉落。削如內曲。難期後嗣。若有黑痣。終生不育。或則早與親離。古相書屢指淚堂若有障碍。即其子孫墳墓壘壘之徵。誠有以也。蓋以淚堂豐隆放光。爲有陰德之人。持正不阿。多仁惠之行。苟其凹陷隱視汚曲。乃隱惡之徵。雖口說正義。談道德。實則私行邪曲。無可掩飾。此誠由於其兩眼之神經。通於小腦。而分布於眼球及其眼之周圍所致。夫淚堂者。直接表彰小腦。又即遺傳之中樞。古之人觀子女之有無。妊娠之有無。且因妊娠之經過。預測其胎內之男女。故在相學上言之。夫婦能於正義道德之下。互相恩愛。小腦作用。得適度發動者。其人兩目必甚鮮明。美好愈於常人。眼之下亦現綺麗之色。定得佳兒。反之小腦亂動。必獲惡果。所生之子。三白眼四白眼者。蓋食此報之徵也。醫者每謂眼之周圍有黑氣。爲子宮病腎病者。實則隱惡之表徵。淫亂之極。自然顯此。即如優娼之屬。眼濁如蟹。復見汚氣包其眼圈之周圍。而欲有佳子弟。是猶緣木而求魚耳。假如有是。或其中有痣者。當力積陰德。而充純潔其小腦焉。則大腦亦自能應用得宜。以此而令男女性適度發動也。如汚氣漸能淨退。而黑痣亦變成光澤美潤之色。佳兒操劵可得矣

第六。奴僕宮。

奴僕宮在下顎。頤頰尖小。奴僕之緣薄。下顎豐廣。奴僕之福厚。顎有兩重。乃統御多數部下之人。勢力強盛。假其人本營養質。而益以筋骨之質者。則其顎必堅且大。多爲人領袖。頤下痣疵。主爲部下所累。多破財。心性質而下顎尖小。若梨子狀者。處下不法。與下無緣。雖其中時有反常。頤小而能役多數之人者。終難持久。必爲厥下所棄。而居其下者。假其人爲豐顎廣頤之時。其必爲此人取而代之矣。頤之中間。如W凹陷者。必出承繼。腮骨尖而突出者。恩將仇報。又時爲無益之言詞。爲人厭惡。腮骨有薄黑色。定有不可告人之苦衷。或其所居之處。有憂慮時亦然。總而言之。頤頰小者不能用

人。爲他人用而已。

第七。　妻妾宮。

妻妾宮本稱夫婦宮。人之眼尾向有三四線紋。謂之魚尾。由魚尾以至橫髮。謂之奸門。主婚姻夫婦之事。與後頭部之配偶性男女性併觀。故亦與小腦有關係焉。奸門魚尾圓滿豐廣者。女有良人。男得賢婦。和睦以偕。厥樂無極。其觀法男以右主我。左主妻。右便又主妾。或以外之婦人。而婦人反是。凡婚姻及夫婦間之事項。可盡於此處之善惡證之。即如魚尾有立紋若十字之線者。夫婦之緣薄。口舌之禍。鮮有寧止。或夫撓其妻焉。或妻妨其夫焉。未能一定。苟不幸再有黑痣傷痕。則賢夫良婦。更屬難期。且男子右方奸門。若有黑痣。則見有婦人之美者。必欲得而甘心焉。縱能如願以償。但其動機已誤。結果自非。家庭之波瀾。從茲起矣。又凡男子右方奸門。有瘢痕黑痣者。其事起於我。左有痣疵。受惑於女。而婦人反之。此中奧秘。則疑莫能明。魚尾紋多者。情慾甚盛。表面雖如何整肅。亦難掩飾。故屢遭女難。肉之傾陷者亦然。娶婦屢屢尅死。是皆淫慾念深。受天之懲也。妻妾宮又主治身。不獨關於妻女之事而已。世之爲女子破產敗家者極多。其奸門中縱無缺陷痣疵。亦必血色汚濁。雀斑爛縵。蓋亦由於其心卑鄙。不潔所致也。

結婚前奸門魚尾定顯美色。朝霞晚錦。不足以喻之。故其婚苟爲筋骨質。而婦營養質者。斯爲最理想之結合。豔麗之光澤。足可動人。然而不合式之結合。或遇惡婚姻則雖有光澤。而其間總有不淨之處。故夫婦之相愛者。奸門色澤鮮明奪目。而日事喧嘩。互相攻揭之人。焦黑之色。有如燒痕。若更因其夫之冶遊者。則印象更深。永難變易其色。斯其原因純由於厥夫小腦亂動之故所致也。

第八。疾厄宮。

山根一名疾厄宮。其位置在鼻根兩眼之間。表彰强硬性。故此部上自印堂。下至壽上年上。豐隆毋屈折者。意志堅。根基强。能遂其願。反之。若有低陷狹小屈折缺陷黑痣等者。根氣薄。忍耐弱。屢變目的。功虧一簣。古人以此部之美惡。爲其人屈伸之比例。俱有深心。山根又爲陰陽之境。主住所及家內吉凶。人之生也。與憂患俱來。災厄疾病。不時驟至。是所難免。古人乃置疾病宮於山根者。即寓戒懼吾人之意乎。是以山根美滿發達之人。雖遭災厄疾病。亦能安穩渡過。其不然者。凹陷痣疵。無論生自先天後天。一生灾厄。無時或免。所如輙左。家產蕩然。以亡其身而後已也。山根有障碍之人。縱負才識。但其性行運勢。斷難與山根之善者相併而行。然而自知其不幸。而戒愼恐懼。雖遇疾厄。更益向上奮鬥。則亦未必不能倖免。皇天無私。惟德是輔。禍福無不自已求之。所以爲人。端在乎是。若爲境遇所窘。便即沮喪。則純爲造物所簸弄矣。

山根又爲妻子之宮。此部不正有妨碍者。妻子離析。黑痣及疵。故鄉難住。夫婦必更。色有薄黑。黑氣及暗淡者。家內必有愁事。黑氣由左眼頭至右眼頭。越過鼻根而顯者。定行不義。多與人通。由山根稍上(左爲男右爲女)有痣者。有入獄之憂。山根稍上二分有痣及小瘡者。身有老病。多主胃腸。山根如峰之突出。肉薄而高。只有清高迍邅不達。過平如砥。亦猶如是。二十六歲、三十歲、四十一歲、又皆主山根流年。無論善惡均極奇驗不爽也。

第九。遷移宮。

由眉尾直斜向上。謂之天倉。福堂。驛馬。其意純主移動變化。故綺麗無垢者。安守家門。而無妄自遷動之事。反之高低不式。膨薄有限。則屢易厥居。變動靡恆。是以古者以此。窺轉宅、旅行、變化。而察人間之動靜也。世之頻好轉宅旅行者。驛馬天倉之肉。必極飽滿。故欲事遠行時。見弩張奋於斯時。逕行不顧。定貽後憂。蓋此際缺点甚多。目的難達。只有損失而已。而黑痣更惡也。至若綺麗生成。豐厚得中。則其人之變動。必善於向上發展。毋渴蹶憂。夫驛馬天倉雖主變動乎。更深味之。占將來人間進步與否。發達與否。亦於是焉察之矣。

第十。官祿宮。

官祿宮在前額中央。即居天庭之下。命宮之上。中正之位。主職業深味言之。則天爵也。何以故。以此宮光潤平滿。功名順暢。不屈不撓。又易爲長上所引拔。故其不然者。職業屢更。痣疵更惡。轗軻不齒。

定終厥身。此蓋關於遺傳。而起因於其兩親心身之齊否。假使不相同。則左右兩額。必不見整。腦髓兩半球之發達。自不能均衡。既有此欠缺。則無論對於何種事物。皆不能安定。雖有學問。亦無所麗。雖有財產。亦必破敗。是以此宮表彰人間一生運命十宮之中最居重要。世之人又以人爵為不足輕重。而惟天爵是求。斯其志趣。固極可嘉。但不有人爵。焉能享其天爵乎。昔人以仁義忠信為天爵。公卿大夫為人爵矣。然彼公卿大夫者。先具有天爵。乃能享人爵之福。有人爵者。亦必賦有天爵。是用努力向上。期獲此無量無限之天爵。以達此愉樂之境界。此則在額之美麗能至如何程度也。

結論。

以上所述五官十宮。大概如是。而吾相因善惡美醜之不同。其性情運命。趣舍異途。雖然天定勝人。人定勝天。吾人人類。非全宥於宿命。不克自振拔者。是在吾人之自覺修養。努力、如何耳。苟因其意識。變其習慣。活動於善美之方面。則其人之本來性質。自必改變。而宿命亦退於無權。更開拓第二之新運命矣。歐人有言曰。由經驗而有識。由識而得力。由力而得自由。自由也者。吾欲譯之為大徹大悟也。是為絕大力之結果。絕大力即又吾人活動於智力之結果也。中西真理一致。不可悖也。觀相基礎。蓋在於是。故贅附結論一段。讀者幸留意焉。

顏面總部位圖

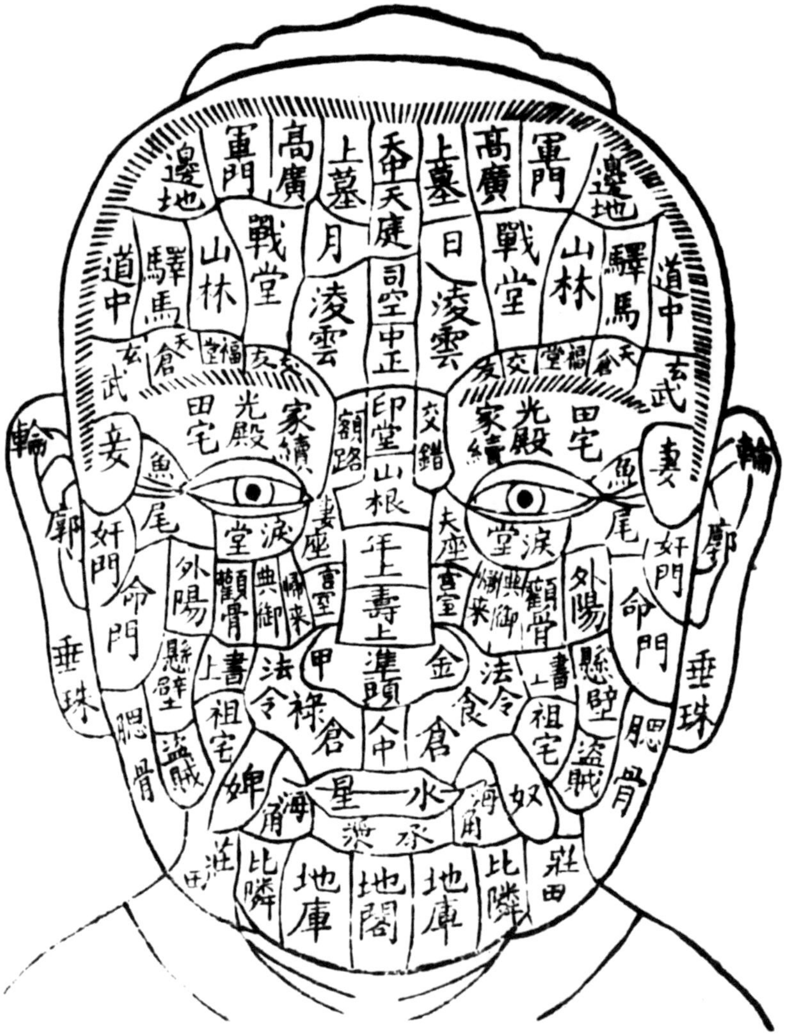
邊地
軍門
高廣
上墓
天中
天庭
司空
中正
印堂
山根
年上
壽上
準頭
人中
水星
承漿
地閣
道中
驛馬
山林
戰堂
月
日
凌雲
玄武
天倉
福堂
交友
田宅
光殿
家續
額路
交錯
輪
郭
妾
妻
魚尾
淚堂
妻座
夫座
宮室
外陽
顴骨
典御
婦來
奸門
命門
垂珠
懸壁
書上
法令
甲
金
祿倉
食倉
祖宅
盜賊
腮骨
婢
奴
海角
莊田
比隣
地庫

五十圖

三停及陰陽圖

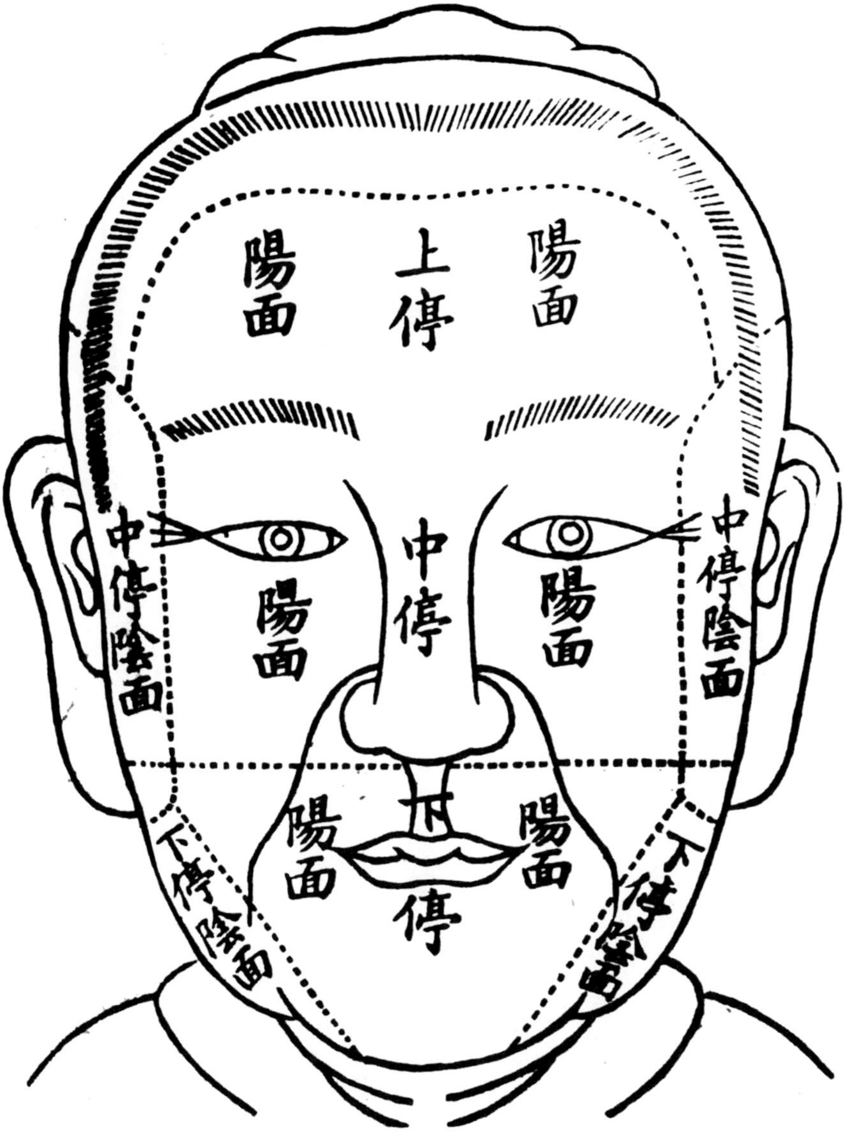
陽面
上停
陽面
中停陰面
陽面
中停
陽面
中停陰面
陽面
下
陽面
停
下停陰面
下停陰面

法令圖

此法令紋中有黑痣者妨
家業或以自已之專擅而
償事且必有一度之大敗
又難與所親同居

此法令紋狹而長者老尅
子孫窮病相逐

由眼下三陰三陽之間下
至法令同人口邊如此者
必因毒而死

此法令紋隱而難見時則
必處困難之境

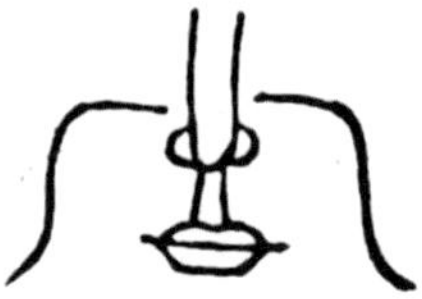

此法令延過地閣者謂之
壽帶必無病而長壽

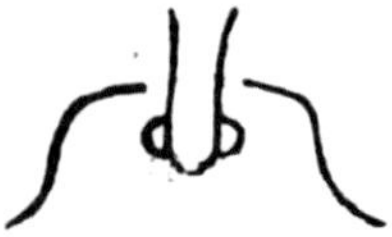

左法令主父紋深者得父
之佑右法令主母紋深者
得母之佑婦女反是左右
各異也

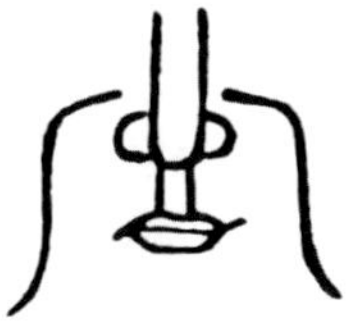

此法合富貴壽考得衆人之尊敬但過薄者年老則凶為孤獨之相宜出家人不宜於常人

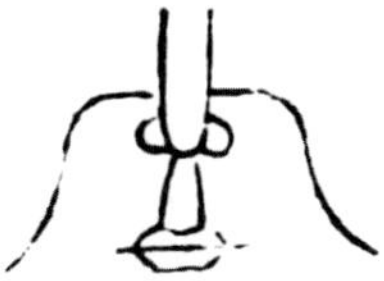

此法合主官祿榮名宜為人首有藝能則為人師表無論貴賤必成高名

此法合以紋理入口五十前後必有大難須節飲食否則餓死

此法所謂騰蛇入口無人和多損失敗祖業富貴則短壽困窮則餓死

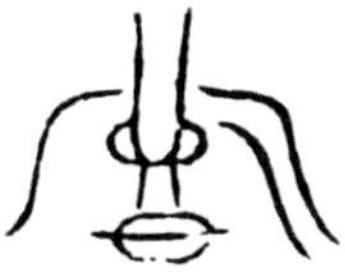

此法合變祖業有異父母或出承繼

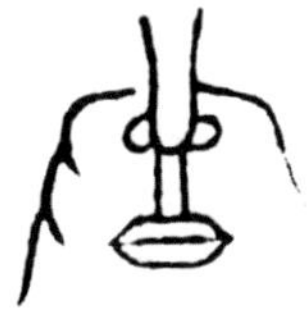

此法合有長短或缺陷者早與親離累變家業所志多不遂

第四章部位名稱及其要訣

人之生也。雖有善惡之形。而貴賤未可分。雖有吉凶之色。而禍福莫可詳。是以古人以一面之形。分有三十部。上應三才。下配五嶽。俯仰天地之位。辨別內外之方。觀其形。則知其貴賤。察其色。則驗其吉凶。所謂吉凶貴賤。無所不攝也。王充論衡曰。知命之工。察骨體之證。覩富貴貧賤。猶人見盤盂之器。知所設用也。善器必用貴人。惡器必施賤者。尊鼎不在陪廁之側。匏瓜不在殿堂之上。明矣。富貴之骨。不遇貧賤之苦。貧賤之相。不遭富貴之樂。亦猶此也。器之盛物。有斗石之量。猶人爵有高下之差也。器觀其量。物溢棄遺。爵過其差。死亡不存。論命者如此之於器。以察骨體之法。則命在於身形定矣云云。今所舉部位名稱。乃襲取向來通用者言之。所定之名。都有深意。但索解甚難。易滋誤會。故更附以解剖學上生理學上普通名詞。以相證之。

第一　名稱

天中、墳墓、邊地、高廣、天庭、司空、中正、山林、福堂。在解剖學上。單謂之前額。或前頭部。天中在髮際下部爲天庭。二者相合。主關於公義長上及事之成敗希望等。高廣山林。主德不德。術業名譽。神佛感應等事。位於墳墓兩外側。而山林又在於其外側之顳顬線。司空中正居天庭下。印堂上。主官位世間定事物。一稱官祿宮。墳墓在天中兩外側。主祖先。邊地在山林上外側部。主動靜旅行。福堂主聚散通融。位接眉尾外側。日角月角。謂之前頭結節。在天庭左右。主父母。及身之盛衰。驛馬在山林外側部。主動靜旅行。與邊地同。天倉主聚散通融。在眉尾上內部。皆謂之顳顬部。交友田宅在眉毛上下。所謂眉弓之處。交友主知己眞僞。田宅主父母居宅。又主家業貴賤承繼。印堂山根。解剖學上謂之眉間。印堂主精神天命家業。一稱命宮。山根在鼻根。主根基疾病災厄。年上壽上。居鼻根部。主輸贏貯蓄。仙舍香田。解剖學上。稱爲鼻背。或鼻梁。在年上壽上兩旁。主時運進退。又以左爲左身。右爲右身。觀父母同時又主身體兩側部。以其左右之偏正。而測量其身之偏小偏大。準頭謂之鼻尖。主通融。神氣金銀。金甲謂之鼻翼。主貨財旺不旺。年上壽上準頭金甲。合稱之曰財帛宮。智識在上眼瞼。臥蠶在下眼瞼。淚堂在眼下無骨之處。皆主陰德及子孫有無。一稱男女宮。龍宮在內眦部。主不義務通災厄。魚尾奸門在外眦部。解剖學以此眼緣全體。稱爲眼裂。皆主家內及人之和否。一名妻妾宮。顴骨與俗稱同。主權威官位交涉。命門在顴骨弓部。主壽命時運進退。懸壁盜賊。指頰部全體。在顴骨下部。腮骨內部。地庫內側。一稱宅舍之宮。而懸壁邊於地庫。盜賊達於腮骨。主自衛損財。及意志強弱。邪正。事業成敗。法令謂之鼻唇溝。由鼻翼兩側發出。垂至口唇兩邊紋理。主家業職業。祖考之貴賤。志之邪正。乃至足之強弱。食祿謂之上唇。主門戶出入。心內憂喜。財祿厚薄。官祿有無。及飲食損益。盛衰等事。人中居鼻柱下。迄至上唇。又名溝血。解剖學上謂之口唇溝。主忠信。通達。子孫。

在婦人觀子宮疾病。亦在此處。海角又名口角。主關於口之德不德。承漿又名頤唇溝。在下唇下部。主產地。住所美惡。收納。晚年吉凶。水難飲食等事。乃觀最終運命狀態之處也。奴僕解剖學謂之顎下緣。稍上謂之下顎隅。在地閣兩邊。主臣僕田宅奴婢。大海在法令外側。彼天倉主天然之福。而此主人爲之福。及營養如何。地閣在頤部下。古來相書。向稱結喉。而解剖學謂之喉頭。或甲狀軟骨部。主與承漿同。解剖學上稱耳爲耳翼。天輪爲耳輪上部。人輪爲對耳輪。風門爲耳珠。地輪爲垂珠。斯其人概也。

第二要訣

顏面部位本分百三十。但自實驗上言之。只得百十一部。而其中最要者。不過五十部而已。其名稱及所主。前已述之。今舉其要訣如下。

(1)天中　在髮際正中面部中居第一位。豐滿而有光潤者。幼年入運。心身康健。父母雙全。凹凸破損。黑疵之屬。主少親。患住所不定。此乃遺傳不良所致。其父母祖先不善。或其血系不正之人。均係如是。此處氣色薄黑。引至命宮。恰如蚯蚓之狀。行於地上者。必其災難之來。爲人所不及料者。又凡有此血色之人。所事什九不成。故應多戒懼修省。以免千仞之功。虧於一簣也。

(2)天庭　在天中下部。意義亦略與天中同。以法則言。凡觀相時。以天中爲父。天庭配母云。論其氣色。凡關於官衙訴訟。以及貴人之事。雖不畢現於此。故有光澤而無暗色者。得官衙之優遇。長上貴人之愛護。薄黑不潔。定受長上之疑。信用浸薄。苟更現青色。必有驚惶。赤色遭長上之怒。總而言之。凡無論何色。苟有光澤而不汚者。斯爲吉色。縱有紅黃而無艷麗潤澤之氣。乃爲惡運前來之兆耳。

(3)司空　在額中上。接天庭。與下部之中正。合稱之曰官祿宮。意義多與天庭相同。主關於自己身上之事。詳見官祿宮章。凡現紅黃艷麗之美色。定得長上之信用。先達之引拔。所事成就。濛氣濛色。必憂危疑。或關於長上之凶事。又以左主男。右主女。左主舊。右主新云。循斯以觀。而臨機應斷。乃百無一失矣。

(4)中正　此部位在相中。最稱重要。凡觀當面運氣之吉凶。希望之善惡。及其成否。咸於此處占之。斯其大體也。蓋以前額象天。鼻象我。中正即居其間。由天命我之處。所謂顯示天命之吉凶也。故可因命宮之血色。從事事業。百無一失。遇有瘢痕。概不能繼承父業。難報親恩。黑痣主無忍耐之力。實緣於腦髓。有異狀之故。斯其人所爲之事業。什九不成。中正亦然。其詳在官祿宮命宮等章中。但有一極小疵如痕然者。則其人雖居弟輩。仍必勝其兄。繼承祖業焉。必其人志節高尚。而有信義也。此痕若現赤色。定有公難。白色憂患。濛色希望不達。又中正豐隆者。少年立身。英氣勃勃。低陷者愚蠢。有疵者無官祿。或爲人所憎惡云。

(5)印堂　上接中正。詳見印堂章中。不復贅述。茲有不可思議者。此部位若有一二三痘瘢者。必去而爲人養子是也。黑痣痼疾。黑屬胃病。青肝氣。赤心臟云。此部兩側。即交鎖額路之中。有惡色之痣。一生中必有一次入獄。又於入獄以前。定現薄黑暗濛之色也。

(6)山根　爲陰陽之境。在鼻根兩眼之間。主夫婦吉凶。及住所家內之事。山根有痣。定走仙鄉。色惡爲病。山根側有痣。或暗瘡者。多罹胃病。黑氣引至年上。成薄黑之相者。家內定有病人。又因其色之程度如何。決其爲大病、小病、死病。山根稍上有痣。有入獄之難。山根平陷如砥。斯爲下賤之相。難發達。走仙鄉。薄黑之色。橫繞於山根兩旁。即夫座妻座之間者。乃主男女有相通之意。前已言之。此外更有不可思議者。即其妻與人姦通時。夫之眉毛。有如附油。現出一種膩重之相也。

(7)年上　此處有立紋者。雖有子而無子。定迎他人子爲子。故稱之曰養子紋焉。有是紋之人。中年運惡。三十前後。定有辛勞。家內有病人時。亦現薄黑之色。若有痣。則脊骨上側。及肩之下部。亦必有痣。又有女難。爲婦人辛苦。如是之人。雖甚壯健。然胸腹之間。亦必有痼疾也。

(8)壽上　主現自己一身之吉凶禍福。此處骨立如有節者。一生必有一次大敗。黑痣與年上同。婦人有此。定適病夫。色惡爲發病之兆。或蹇運之徵。左右兩側。謂之仙舍香田。純主衣服。故色佳肉豐。自然有纏美衣之福。而無襤褸之憂矣。

(9)準頭　此部位在相中。亦稱最要。故以準頭肉厚圓不見骨者。為上乘。有慈德信用亦因而厚但準頭之相。雖如何優美其色苟黑則當面之運勢。必不見佳。萬事難冀如意。若乎準頭毛穴。如有垢存。黑點班點者。更極大惡。多為金錢勞苦也。

以上六七八九部位。宜與論鼻章。及財帛宮參照研究。此實補前述之不及也。

(10)人中　此部位主子孫之事。婦人亦主子宮疾病。人中左曲者。子宮居左。右歪者子宮向右。人中之地位不正。定乏子福。或一生必有一度不義之行。無人中者。亦與子無緣。故人中之判然如劍尖者。多育男子。圓滿而凹者。善誕女兒。深廣運氣旺。又與上唇有極深關係。故人中之下端撥上。即俗稱掀唇者。幼年人屢有斯相。是為蹇運之兆。因年之加長而下垂。運亦隨之。轉入佳境。此誠不可思議之事也。人中有痣。男女皆無子孫。婦人且有子宮疾病。若更有疵痕。定育不具之兒。一生中為兒女憂慮。有不能去諸懷者。人中無髭鬚之人。不知自足。然有世才。絕子嗣。人中上狹下廣而深長者。富貴長壽。人中有橫筋者缺嗣。

(11)水星　主口。口正而善緊閉。意志堅定。他官雖如何不佳。亦能得其身分上相當之發達。老而愈善。笑時口角向上者。乃天賦之衣祿厚。一生有美食。苟他處亦能相稱。更可發展。又口之開合善者。心地寬廣。運氣吉。唇色紅潤。上下兼作成和合之形者。吉。下唇突出。好辯論。女尅夫。唇色紅而有立紋者。婦人多兒女。上唇覆下唇者。運氣不濟。又婦人唇白無子云。詳論口章。不復述也。

(12)承漿　在下唇下部。關於飲食水難之事。下唇外邊無髭者。多遭此厄。又於是處現有薄黑之色。便有此兆。凡旅行時。須當注意及之。若現赤白青等色。而不見艷澤者。定食錯物中毒。或紛失圖書之屬也。

(13)地閣　主住所及屋內之事。故以豐而有力。皮膚色麗者。爲大吉。與家宅部下有緣。反之頤之先端。尖如錐頭者。辛勞雖壽而貧。頤端尖而左右歪斜者。恩將仇報。二重頤。老運大佳。頤細小肉薄。苟有氣而肉仍堅實者。老年亦得好運。若有疵痣。雖承親業。發現赤點。定罹火驚。薄黑主家內有災。多屬病。紅黃麗色。家中有喜。又其濛氣出自地閣。則其屋下定有水氣。設不收拾。病人不絕矣。

(14)墳墓　主祖先墓地。此處若有黑痣皺痕。彼祖先墓地。必有故障。設有薄黑之色。則其人信仰祖先之念薄。或竟破壞先墳。而爲先靈所祟之徵。其人運氣自茲低落。所事八九不成。凡遇此者。亟須修心養性。修理先墳。力勤祭掃。則墳墓之色。粼然瑩麗。佳運隨之來矣。斯亦可謂之奇妙不可思議者也。

(15)高廣　其位置在山林骨外側。邊地驛馬中間。因其鄰接山林。故亦略與山林同義。能窺異術靈感之強弱。及其人之善否焉。故若有黑痣缺陷。或其色顯現污穢之時。必其裏面之行爲。有不可語人者在。色澤艷麗則神佛之加護厚。祖先之庇蔭強。誠有德之人也。此處又主爲尊貴之人所引拔。或被憎恨厭惡。厥色作白當獲貴人之惠。惡則反是。總而言之。凡吾人所不及料之吉凶禍福皆於是處徵之也。

(16)日月角　左爲日角。右爲月角。女子反是。(以右爲日角左爲月角)均主父母安危。凡兩親之心身俱泰。則彼日月角。無高低大小長短之偏倚。位置齊整。上下相并。設有不然。早與親離。或則另生故障。若更有黑痣缺陷。定爲惡父母所生之子女。其兩親犯罪之人。多屬斯種。惡色侵犯此部。兩親之中。定有變故。赤色不減。爲兩親永病之徵。生小腫物及薄黑色等。亦然。白色死亡。青色遭父母之怒。長子死前。其父之日月角。必現衰薄之色。又凡此部不均齊之人。父母及子女之緣分必薄。而其所以不均齊之故。實原因於腦髓兩半球之不同。兩半球不同之原因。又在兩親心身之不齊。故以日月角。主父母之如何。誠大有理由在也。

(17)戰堂　此處主長輩及比我稍長之友人。若現濛色。定有隱情不可語人之事。小瘡爭論。

(18)驛馬　此處肉稍高脹如筋者。顯現時。數日之內。必有旅行。又以斯時旅行爲吉。但其肉已高脹矣。而色敗惡。是爲凶色。目的不達。以邊地觀遠隔音問之事。驛馬道中則主旅行之善惡。故道中之色惡。途中必遇災殃。從遠處有音問來時。肉不高脹。僅現氣血之色。故可就其氣血之色。而窺其吉凶也。

(19)天倉福堂　曾於遷移宮言之。亦主財帛得失之事。蓋天倉爲天之倉。福堂爲福之堂也。更以小人形觀察之。主手掌有疵痣者。不能承父產。運漸傾。則現青黑之色。不時損失。如附塗物。總之以有紅黃美色時。爲有關於財帛之喜。暗滯濛色。爲大損失之災。又凡關於金錢出入之時。由奸門福堂之間。直向土星。延引一線。而其線能鮮明者。則金錢當可如期到手。倘其線於中途生有故障。必不能成功也。

(20)山林　此部位不獨主自己所有山林而已。即凡伐材木及關於開墾之成否。搜求土地鑛山等事之吉凶。均於此處顯現之云。

(21)邊地　主現遠方之事。因其明暗濛滯紅黃艷麗之殊。而表示其吉凶焉。假彼暗滯薄黑之色。由邊地而至驛馬。復引至眉邊者。必有惡事從遠方來。若只暗滯濛。而不黑者。則主遠方後。定生損失疾病耳。

(22)軍門　此部位之吉凶。非發於己。而由別人釀成者。多主財帛之事。黃色必有大利就商。紅色喜事。白色煩惱。從遠方來。薄黑損失。

(23)天座　主現他男子之事。女子有薄黑之色。由此而橫梗山根者。必與人通之徵也。

(24)妻座　主現正妻品行。其色若變而不艷。則正妻之品行必惡。

(25)奸門　主現女難色情之事。凡無論何色苟能觸目。必爲色難所苦。惟其色艷者乃吉耳。詳在妻妾宮。不細述。

(26)命門　主現疾病及死亡等事。命門有痣。生涯必有一度火難。其壽命亦促。若其色不見光澤。即爲疾病之兆也。

(27)玄武　此部位主現希望女色之成否。凡色之善者。希望可成。否則難就。然其所謂希望乃一不正常之希望也。

(28)交鎖額路　主現牢獄之事。若有黑痣。生涯必有一度入獄之事。多罹胃病。若其色青。而現薄黑之氣。即將入獄之兆也。

(29)田宅精舍　此部位概大同小異。古人以此爲相自己家宅。良有以也。肉薄有痣。難承父產。餘詳田宅宮中。

(30)智識　主家庭內之憂喜禍福。智識若有赤點。家庭中定起風波。住所搖動。惡色。家內有憂或口舌不絕。須與田宅地閣相參照觀之。

(34)魚尾　主妻妾。濛色若由妻宮而至奸門命門。即爲女犯姦通之時。右魚尾薄黑。主妻疾病。或與妾離別。無妾之人。而有是色。則與有關係之婦人。亦有此徵。餘詳妻妾宮。

(32)淩雲　在日月角之下。主官司之事。有薄黑之色。定爲警察召喚。光澤爲吉。無艷爲凶。濛色更甚。

(33)交友　主現友人吉凶。惡色定招友人損失災難。紅色得友之助。青色遭友人之怒。濛色爲損友所欺。若生痣物。必受友人累。

(34)外陽　主現親戚舅姑甥等吉凶之事。均以色之艷否善惡。而定其吉凶也。

(35)宮室　一名左身右身。主現他人來幇忙。或受累之事。氣色由顴骨而至宮室者。即在此時。故又以其色之艷否。而斷其吉凶焉。古人又稱爲仙舍香田。實同一意。若現薄黑滯色。衣服有被盜之憂。

(36)歸來　主行人安否。但氣色現於是處。必其人爲出外者。又或對於出外人之吉凶也。此就都市者言之。若都市之人。而赴鄉村。則此氣色。現於邊地矣。故此氣色。須就都市之人。來自田間者。乃能判斷其爲吉凶耳。

(37)顴骨　色善者。爲世所重。其信用亦厚。彼妓女兩頰紅艷。恍如櫻桃之色。引於鼻上者。即爲其盛旺之時。苟有人焉。爲之脫籍。其色漸見消失矣。薄黑爲世所輕。信用亦墮。百事不調。設遭此際。只有待氣色之恢復而已。

(38)典御　主關於游戲之事。若此處有黑痣疵痕等缺陷。乃爲因游戲貽誤之徵。厥色薄黑。則爲無謂之游興。隨失信用。惟運強不在此限也。

(39) 書上　此處若有暗色滯濛等色。而不艷者。定遭圖書証據票據之損失。或遭口舌焉。如有赤點者。必至爭論。但有色澤佳者。當無斯患耳。

(40) 法令　爲鼻脇下紋理。下垂於口唇。或下顎之兩側者。古來雖主種種。大體仍觀父母。業務吉凶。以小人形言之。鼻爲君。鼻脇爲法律。所以示下臨萬民之意。故稱之曰法令。又以鼻爲幹。法令爲根。眉爲枝。官祿宮爲芽也。故又主足。我之身。其根本在父母。欲知父母緣分之厚薄。應視乎其法令之如何。法令正垂。無歪倚之態。即其兩親之心身。能配置適宜。故遺傳合度。腦髓兩半球。自無輕重之分。爲厥子者。事親孝友。正義是尚。而無執拗之性。法令又爲法律命令也。故主業務。在三十歲前後發生。斯爲常態。婦人孺子。有此紋理。爲惡。若夫紋理顯着。左右不整。更屬大凶。此實歸究於父母遺傳之不善。有以致之。更就形質而言。營養質者。紋理稍弱。心性之人。紋理細小。至於筋骨質。則大顯著。左右開闊。相距較遠。蓋由於筋骨質之人。顏面長大。而頂部之正義性機關強大。有以致之。號令嚴整。自能多統御啓導之任。法令亦因之顯著觸目也。今復就其具體言之。

法令深正者吉。法令廣大者。名亦揚。狹者反是。兩筋深者。家有餘祿。反之者。承繼之人也。法令入口者。餓死。法令有幾筋者。家業屢變。法令深而長者。長壽。法令筋不分明者。業務不定之徵。故觀法令。

可以知業務之吉凶。色澤作者。業務發達也。法令又主足。故觀法令。亦可知足疾之有無。有疵者不能繼父業。法令左便有黑痣。父死不能見。右便有黑痣。母死不能見。或有足疾。及傷足。女子反之。均不長壽。女有法令。尅夫。法令筋中有紅色小瘡。必爲業務與人有爭。法令筋外。有薄黑色者。被盜也。法令筋外。有穢色者。商業損失之徵。自法令至地閣奴僕之間。有暗色者。家產破敗之兆。法令外有美色。而中有暗色者。外觀雖好。內心實苦。法令有二重者。定有重親。或有二業。再以圖釋之。學者參觀可也。

(41)祖宅　主先祖家宅吉凶。氣色善者。先祖之家宅盛。不艷而敗者衰。有此者多不能承繼祖業。左面指父系。右面指母系云。

(42)腮骨　骨立高。令人觸目。厥人心性。多向剛愎。低而細小。迹近於弱。此處無論變何氣色。其人心中。深自隱匿也。語詳下停章。

(43)食祿福倉　主飲食之事。福祿有無。而承繼之吉凶。亦就此觀察。故此處肉削而寂。四十歲後。福分日就衰落。若有立紋。貧且多蹇。苟現薄黑之色。乃在抑鬱煩悶之中。故以紅色爲有喜。有痣之人。無謂之耗財。不絕於家庭內也。

(44)懸壁　主急變急死之事。此處有痣。易罹傳染病。厥色若變。即屬染病之兆。而其病也。多發於倉猝之間。又於被盜之時。由此懸壁。經盜賊而至小鼻之端云。

(45) 盜賊　主遇盜破財。故若現薄黑色。盜難紛失之事。必居其一。苟其色豔。尚可挽救。又據向來經驗。凡遇盜及被欺詐之時。此處必現暗而不豔之色也。

(46) 奴　主男僕雇傭等事。左右法令紋端。有赤黑之色。而不豔者。發現厥人之男僕雇傭中。定有不正舉動。薄黑之色。若由懸壁。直向盜賊方面而行。則彼作惡之男僕雇傭。出奔他處。又於盜賊懸壁之間。有敗氣色。益以法令先端。發現薄黑不豔之色時。即可斷該男僕雇傭。另與別人合謀。共作惡事之徵。此則不可不注意及之也。

(47) 婢　主婢女傭婦之人。故色惡者。斷難得良婢傭婦云。總之此處以肉豐而堅實者。為吉相。婦人時。以右為奴。以左為婢。男子反是。與一般法則相同也。

(48) 莊田　主現農家田畝之事。亦以其色之善惡。以為斷。若在商人。亦於其色之佳否。而論其盈虧也。

(49) 比鄰　主現鄰家之事。無論何項凶事。凡由鄰家而來之前。必現惡色。而色豔反是。故以不變色時。為無事時也。

(50) 地庫　主現自己屋內之事。屋下之吉凶。尤在此處觀察。此處常薄黑者。屋之下。定有水氣。即自腰以下。受寒冷之人也。凡屋之下。埋有人骨佛像。此處必現惡氣色。乃大兇、不早除之。家必斷絕。若有黑痣。居所不能安定。頻頻遷徙云。

以上爲五十部位之要訣大略也。

額紋圖

有如此紋者必首出衆人之中仕宦進官益祿常人反不宜

有如此紋者早達爲官相宜俗人則爲孤獨但長壽

有如此紋者作事不自由一生不能成名與妻無佳處之緣

有如此紋者得衆人之尊敬出家亦能成道俗人亦得顯揚一生無災厄

有如此紋者大凶敗祖業遠離鄉國雖有壽而骨肉無緣不愼恐有險難

有如此紋者多不幸遠離鄉井雖有壽而辛勞不絕

第五章　論紋理黑子毛髮

第一　紋理Line

紋理。又名皺襞。現於額上眼尾。及口脣兩側者。或縱或橫。各因其心性之異。而有大小強弱之別。惟孩兒無之。額上口邊。縱有一二例外。亦非常態。是以古人。謂孩提有深法令。必非佳兒。不孝非義。而食其親者云。蓋在孩提無須要此外彰也。彼孩提於大部之間。雖時有紋。實則羸弱多病之結果。成熟者稀。故乃深思默察。然後知紋理者。實與年齡大有關係。而又與其意志之發育爲比例也。額上口側之有紋理。多在三十歲前後者。蓋此故歟。

婦人紋理。不如男子之多。有之。亦不似男子之强。但在四十歲以後。或至老年期。雖多皺紋。假與男子比其大小多寡。則不如遠甚。苟婦人而有強大之紋理。則彼婦人者。其性行必類男子焉。然則紋理之發現。無關乎先天。盡屬人爲矣。故謂紋理之發現與其意思活動之時期爲比例者。實有由也。紋理因意力關係而發現。則其人之紋理如何。雖居幼年之際。亦可豫測而識別之。譬彼筋骨質者。其紋理定必粗雜。心性之人。斷無大理。夫表彰既明。則吾人使用此心性機關後。其結果如何。豈難測度。故曰紋理本源。不根於先天。不過因使用先天的心性機關之後。而發現之者耳。今就顏面、筋骨、皮膚、血管各神經。與乎心性機關之關係。一言之可乎。

顏面紋理。直接屬於筋肉範圍。本因運動中樞而現也。故其神經活動心性機關之下。亦與筋肉受運動神經支配者相同。心性機關之活動。乃屬於腦界各部分之比例如何。是以此際。苟彼自尊强硬兩性。配合較大。則其顏面之紋理。極爲清晰。元氣旺盛。而表示勇敢之氣矣。名譽警戒機關過度活動者。則其紋理細而亂雜。面帶愁容。此外凡顏面各部位紋理。莫不因腦髓之運動中樞、(自尊正義強硬各性部位)知覺中樞、(警戒名譽各部位)營養中樞、(小腦底腦)之比例。而有大小美惡。縱橫正雜之差。其中樞運用三種神經之力。無大小強弱之殊。而平均發育者。則紋理必不十分顯露。只有自然形質。紋理均齊而止。但現世之人。多未能均其心性。神經紋理。亦因以不同。勢使然也。

發生紋理。在營養不足。與運動中樞之過大也。營養中樞。苟能無缺。則知覺中樞雖如何亂動。面紋決無可生之道。若果其運動強度重複。則對於筋肉之收縮。營養中樞未能將血液十分送迎。故紋理乃因之不得不留其痕跡矣。

紋理有常態、變態、陰態、陽態之別。居常所有者曰常態。又名陽態。即由於意力之發動。額中、眼尾法令。明晰順正而現者是也。但於其間粗雜淩亂紋理沖破者。爲意力未能正當運用。運動、知覺、營養、各神經。亦未能相協。有以致之。額上亂紋。法令現種種枝理。即於此際可見。乃名之曰變態。陰態也。

是其人心性。失其正當作用之徵。運氣自因之傾落。疾病時亦隨之。故當審察顏面之時。須明此紋理。究爲何故。而有發現。又其發現者。爲常態抑變態也。斯其最著者矣。

額上眼尾法令紋理。凡到三十歲前後。皆有發現。此爲心性活動之表徵。但其狀態。因人而殊。無論其爲常態變態。皆因表彰之殊。而有威勢厚重之別。至於心性之優。尚則一也。除此之外。別無一善良者矣。即如眉間（印堂）有二條下紋。歐人謂爲正義之表彰。嘗引美總統林肯氏以爲例。但據吾所見。有至四十歲以上。尚無些少紋理。平坦如板者。此爲一純粹柔懦無能之人。若其紋理顯著處事必能明斷。任俠有義氣。多居人上。故由此觀察。彼二條紋理。因屬良善符號。但自廿五六或三十前後有此。多不見佳。且遭危難。而此危難云云。實爲吾國古書所言。歐人未嘗說及。夫林肯之遭害。與其他有此紋理者。所遭急難。厥例甚多。此蓋由於正義強硬二性之活動。與夫抵抗破壞之能力。相結合所致。概以自己之意思爲標準。直情逕行其正義之主張。一無所假借。遂爲人怨府。而遭禍害也。古來善人君子。屢遭慘戮者。殆由於此歟。

此外紋理。可謂之絕對的凶兆也。亂紋在額耶。則傷智力感情。對於長上。失其人和。初年運蹇。紋在下部耶。則後頭葉之機能。被其障礙。故愛情不正。時失厚薄。其結果也。家衰祚絕。竟成獨夫。夫紋理之所主。因部位而異。今更不憚瑣屑。具體的列舉之如下。

額有橫紋三條。爲運勢強盛之人。上之紋曰天紋。中之紋曰人紋。下之紋曰地紋。是象天人地三才而稱者。天紋長而有勢。爲長上之人所引拔。人紋長而有勢。一身運勢。極爲強旺。地紋長而有勢。能得部下之助。然而此三紋者。有如☲離卦之象。則其運命之中。定有火難。有如☵象者。必遇水厄。不似卦象。而有三小紋亂積者。爲極下賤之輩。婦人尅夫。額上只有一橫紋者。兄弟不和。縱不然。亦是緣慳。如是之人。老而益賤。印堂中有長立紋。放浪他鄉。無妻子福。女尅夫無子。印堂有八字紋者。廿四五以前。運極惡。多辛苦。四十歲以後。乃得發達。眼尾下有彡如此紋者。花言巧語。腹藏奸智。尅妻子。耽溺女色。老而愈窮。眼下有如川立紋。無施陰德之志。無子福。若在左眼下。尅妻。妻緣屢變。地閣有如罒繩樣之紋。定有水難。顴骨邊有井赤紋發現。即與人爭論。或將起訴之兆也。此紋本爲血色。現於皮膚之下。非如他紋之深入肉內者。又凡眼之周圍。有赤細如糸之紋。出現。包掩眼圍時。爲生死存亡之大災難。前來之兆。此紋除有非常之外。不見一現。淚堂有橫紋甚多。而極不雅觀者。無子孫福。老而愈窮。淚堂重重。肉似水腫。恰如垂袋者。無妻子福。老而孤獨貧窮。乃不德之報也。眉上有橫紋之人。雖有衣食。老定貧乏。口脣赤而有立紋之婦人。有子福。三十歲後。眼尾仍無一紋者。惡相也。鼻有橫紋。中年必有一度大難。若欲知其大難之時日。則除觀氣色外。並無他種前知之方法也。

第二　黑痣 Mole

皮膚之有黑痣。猶地上之有墳墓也。地上何爲而有墳墓。則各各有其因緣焉。試就初生之乳兒觀之。彼之皮膚。純白無瑕。更何有於疵痣。洎乎逐漸成長。因種種之因。成種種之果。因果相乘。疊相蛻化。譬如山有美質。則生善木以顯其秀。地積污土。則長惡阜以文其濁。故人之美質也。則生奇痣以彰其貴。生有濁質。則生惡痣以表其賤。於此厥人之運命。可得豫言之矣。夫黑痣之爲物。多主妨礙。人之面部。雖如何發達。苟於部位中。有一點黑子。則彼部位之作用。即已受其妨礙。例如痣在中正。則妨官祿。職業屢變。痣在淚堂。乃妨子女。痣在鼻上。定主損耗。諸如此類。不一而足。古人謂面無善痣。信有由哉。而學者解釋。謂痣之生。由於血液之停滯。而此停滯。乃由於該神經之活動。即其腦細胞。獨異尋常。激動之結果。而後產出。但今日解剖組織之學。未大倡明。未能十分證實。故聊將其所得之經驗。記之如左云爾。其有與他章列舉重複者。不暇計也。

黑子黑如漆光澤可鑑。或紅艷如硃者。乃表現其人質之美。無論生在何處。均爲吉相。灰色及薄黑之色。雖因其所在而有異。然其爲障礙則不殊。又於黑痣中有同黑豆大者。是爲黑豆斑。有如雀卵班點薄白班點者。是爲雀卵班。不能與常痣同視。亦因其面部之所在而異其吉凶者也。天中有痣。不祀祖先。無親近貴人之德。但此部位圓滿而光者。信祀極篤。所親大願。亦可及厥身而償之。天庭司空有痣。尅長上。父母福薄。婦人爲夫勞苦。一生中定有一次失火。此種人多見之於不孝者。痣在印堂。難承父業。性易搖動。無論作何事業。總不能終始。功虧一簣者多。有疵亦然。肉凹者未報親恩。痣在山根。定走他鄉。夫再娶。婦改嫁。又常胃弱。在年上壽上。體弱多病。復有女難。痣在鼻頭。好女色。有女難。婦人爲夫勞苦不絕。其夫亦必爲多病之人。痣在人中。概多短壽無子福。婦人子宮有疾。有一橫痕。定有一度與人奸通。蓋以人中主子宮也。痣在食祿。屢爲食客所損。痣在口唇。與酒食有緣。痣在承漿。生涯間定有一度中毒。五十四歲最爲危險。痣在地閣。必出承繼。痣在淚堂。與長女無緣。在左。與長子無緣。淚堂之中。左爲中男。右爲中女。皆屬無緣。痣在眼尾下。與末子無緣。痣在妻妾宮。必有再娶。三痣三娶。以左爲妻。右爲妾。無妾之人。定有隱婦。屢遭女難。痣在田宅。難承祖業。痣在書上。易爲圖書文據所損失。痣在顴骨。屢爲人累。自己權利。又易爲他人所奪。痣在命門。一生定有一次火難。痣在妓堂。性好游冶。痣在小鼻。爲破財之相。故極不利於賭博輸贏之事。中年流落他鄉。如是之人。又極無勇氣。拒絕他人依託。而屢受損失也。痣在耳。孝行極篤。痣在法令。所事職業。必與親異。親死之際。難侍在側。五十六七歲爲大災厄。痣在交鎖。心臟力弱。痣在額路。生涯中定有一次有入獄之虞。婦人毛髮中。離髮一寸內。有痣。及眼瞼內側。由外不能窺見之處。有痣。爲淫奔之人。命門有瘤。三四十歲時。雖能發達。若到五十歲前後。運勢漸傾落矣。

夫痣之爲物。奇妙無倫。苟能精心研究。則對於人間造化。甚深微妙之情態。不難窺見。文殊菩薩囑痣經因觀黑痣之在於何處。而知其人之姙年爲何時。以十干言之。譬如受孕於壬年者。痣在腹。生於辛年者。痣在乳。甲年者。痣在脇腹等等。靡不悉中。則其於相學上。有極重大關係。可知矣。又聞有人將人之痣。與太陽班點。比例研究之云。是亦寓無限意思於黑子中者也。

第二　毛髮 Hair

頭之有髮。猶山之有草木。土地潤。草木自秀。而血液之循環得其道。則毛光且淸。故毛之色。雖不盡黑。苟艷麗有緻。撕扯不斷。斯爲上相。蓋毛髮之爲物。本表示性質。凡毛質之美惡。即爲其性質之美惡。而毛又即爲腎之苗。血之苗也。故吾人毛髮。因年齡之加長而變白色。乃爲自然之理。古書所謂自古以來無濃髮宰相。無突髮健兒。蓋指此也。然而年過六十。其毛鬚尚黑艷。不異壯年者。厥人運勢必在旺盛之時。而其子息則幼稚未能獨立。換詞言之。未得其後繼者也。

髮概以美黑色。有光澤者爲貴。前已言之。然而因其形質之殊。髮亦不同。試就一例言之。筋骨質之髮。粗而且硬。營養質之髮。粗而柔軟。又不如筋骨質者之濃密。而心性質。則細軟濃密彙之。各各不一。斯爲自然次序。不變易者。但有時亦有筋骨質軟。營養質硬。心性質粗之人。此謂之反常。生理變易。性質矛盾。急死頓死人。多從此出。蓋非常態也。

旋毛在中央前後齊整者。斯爲父母心性遺傳。良好之結果。定能發達。若居偏側。是爲遺傳不良之相。榮枯無定。盛衰無時。旋毛若更有二以上。遺傳更不善。體極虛弱。矛盾性更甚也。
前額中。號稱山林之處。生有寒毛之婦人。必於幼少之時。曾隨母改嫁。妓婦中多有此輩。顴骨中有一二條髭發生者。中年雖有佳運。但自三十五六以後。日漸否塞。與人游信用亦落。馴至於貧。口之周圍。粗髭亂積。狀不雅觀者。一生難冀開運。無論何事。都不易發達。年老髭黑而潤之人。無子福。髯之兩方長如燕尾。而中間短促者。其人運勢雖佳。只有兩子。夫吾人之相貌。因心神之如何。而異其形。神氣若動。血液自隨之。毛髮之相。亦有然者。故吾人意志。因血液之動搖而知之。因血液之作用。亦可知毛髮之相為如何。若夫吾人身邊。有一大事發現之時。體內毛髮悉成逆立。眉毛豎上矣。又於吾人悲觀煩悶之際。遍身毛髮悉翹橫伏。心有勇氣。眉之周圍寒毛。亦成逆立。婦人月經時亦然。故觀毛髮。可以知人之性格。及當面之心理。並其運氣矣。毛髮鬚髯眉毛。大凡粗硬者。其性剛愎。小氣。不甚發達。多非長子。細黑而艷。常似敷油者。腎氣盛。有忍耐力。運氣亦佳。多屬長男長女。乃父母腎氣強盛時之子女也。毛髮枯而不潤。為下賤貧乏之相。壽亦短促。縮毛乃其父母血液混濁之故。心性固不高尚。運命亦甚可憫。且有一度破其產焉。無家庭福。子孫福。尤其餘事也。故毛髮以不粗不幼。不濃不薄。常似絲色。而潤澤者。為最上相。若其黑似鍋墨色。為無智者。多下賤赤貧之人。髮如枯草。運塞無子福。短壽。人中無髭。不知自足。年少禿頭。及早白髮。均無子福。所謂髮多固不善。少亦不宜也。婦人毛髮。以細而柔軟者爲貴。粗硬如棱梠。且帶赤色。爲下劣之相。雖生於富貴。亦必零落。又凡弱年而禿。其人雖有智慧才幹。惟多用之於惡事。而老年不禿。或白髮全無。亦屬反常。體格縱健。家苦寂寞。壯年所事。仍不能捨棄。故毛髮由三十歲後。漸禿者吉。又其禿也。由前額禿落者爲貴。由後頭。或由上頂側頂。點點禿落者凶。所事什九不成。難期發達。婦人之瘦者。其髮多。均屬不幸。有改嫁之憂也。

附論鬚 Beard

茲所謂鬚者。乃鬚髭髯統稱之詞。鼻下爲髭。下顎爲鬚。頰部爲髯。三者婦人所無。雖間有之。則屬男性。蹇滯不遇矣。是故爲男子者。不可無鬚。無則流於女性。少丈夫氣。其人縱如何英邁。以其女質蟠於內心也。故每易偸安。當機立斷。非其所長。而責任心。較爲薄弱。古人稱之曰小人者。指此類人云。然而聰明睿智之士。亦有無鬚者。此其人必長於謀略。擅豪帷幄。夫無鬚固所忌。過多亦非宜。緣其人定屬陰性。常事姑息也。又凡強硬、自尊、名譽、諸性。發達恰當者。則彼鬚髭髯。亦能因其比例而發生焉。夫眉毛之清秀與否。固於其人之青年盛衰。大有關係。而鬚髯與老年之榮枯。亦復稱是。鬚髯常帶乾燥枯暗之姿者。乃蹇滯敗亡之兆。老境愈窘。古人亦每謂鬚以滋潤發福。乾燥敗退者。實獲我心矣。

氣色要訣圖 其一

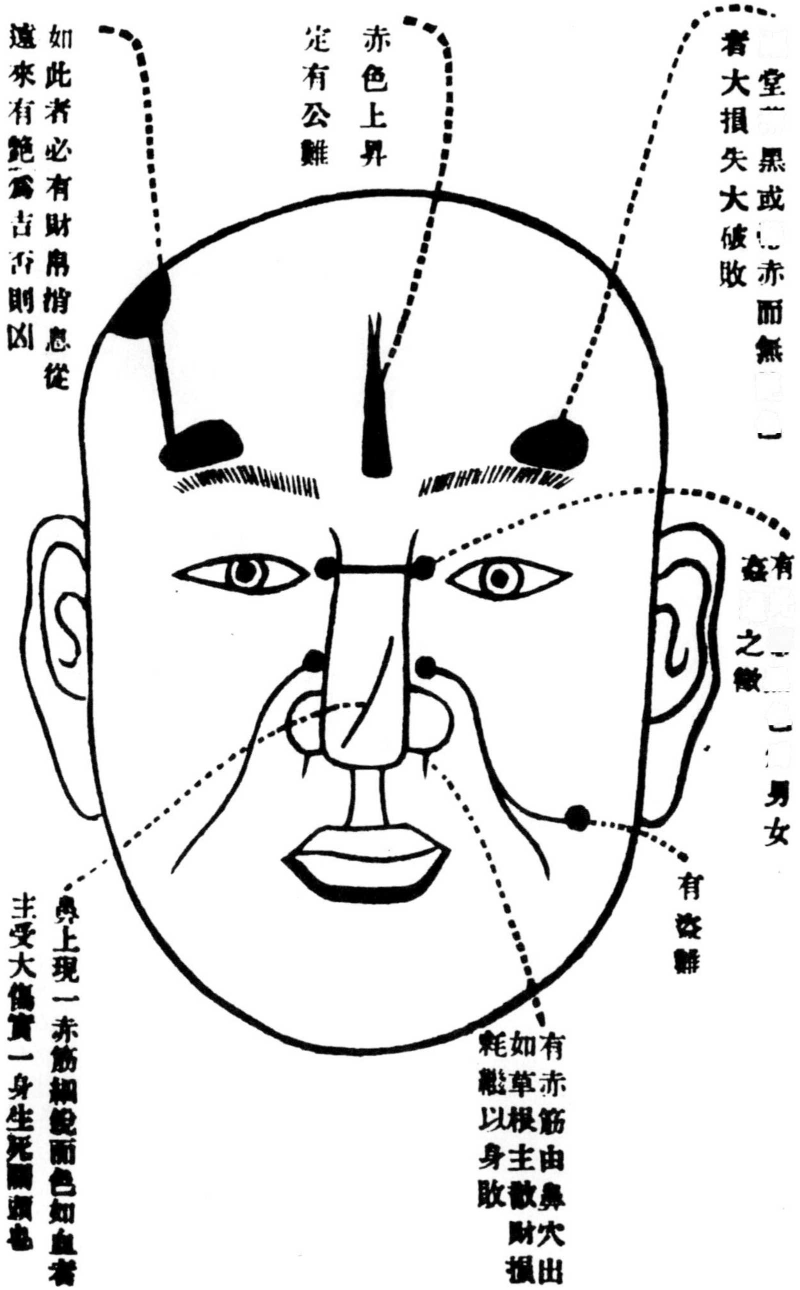
如此者必有財帛消息從
遠來有飽爲吉否則凶
赤色上昇
定有公難
堂黑或赤而無一
者大損失大破敗
有男女
姦之徵
有盜難
鼻上現一赤筋糾繞面色如血者
主受大傷害一身生死關頭也
有赤筋由鼻穴出
如草根主散財損
耗繼以身敗

氣色要訣圖 其二

額如雲濛連氣否塞大凶病人死惟雲中有黃氣而雲氣次第開朗者運氣開復病亦愈

額雲而右眉頭上有小粒突出如針尖而赤色者定有火厄

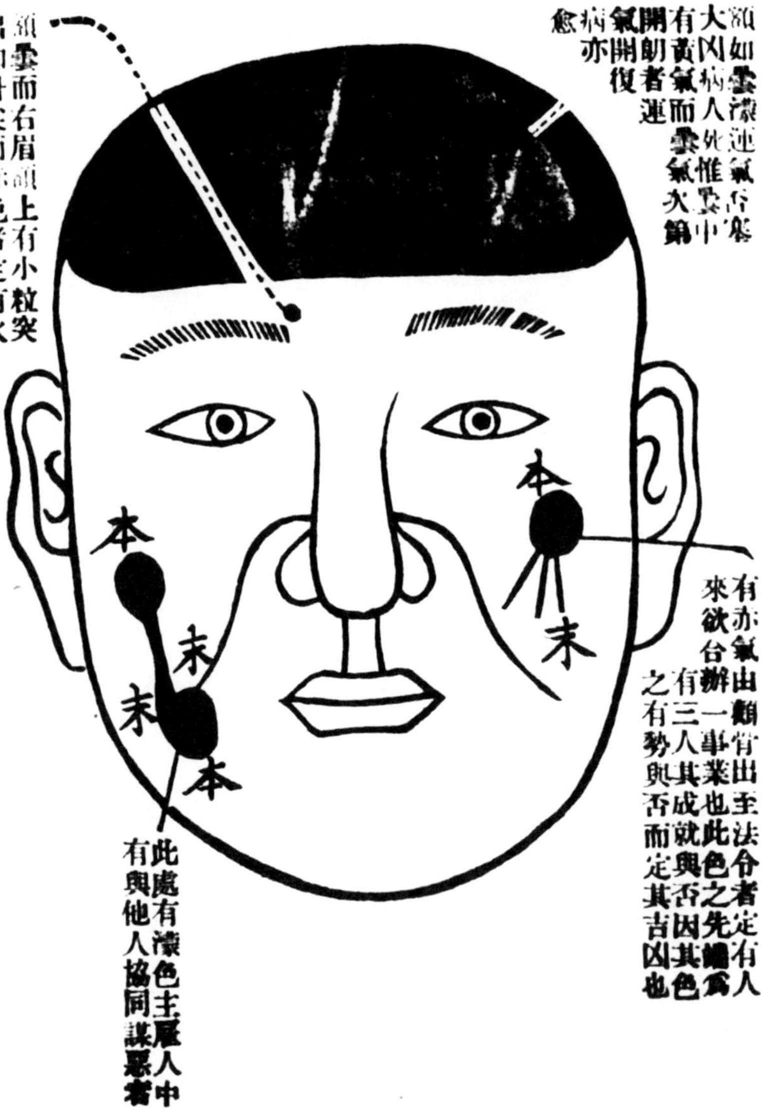

有赤氣出顴骨出至法令者定有人來欲台辦一事業也此色之先顯爲有三人其成就與否因其色之有勢與否而定其吉凶也

此處有濛色主歷人中有與他人協同謀惡者

氣色要訣圖 其三

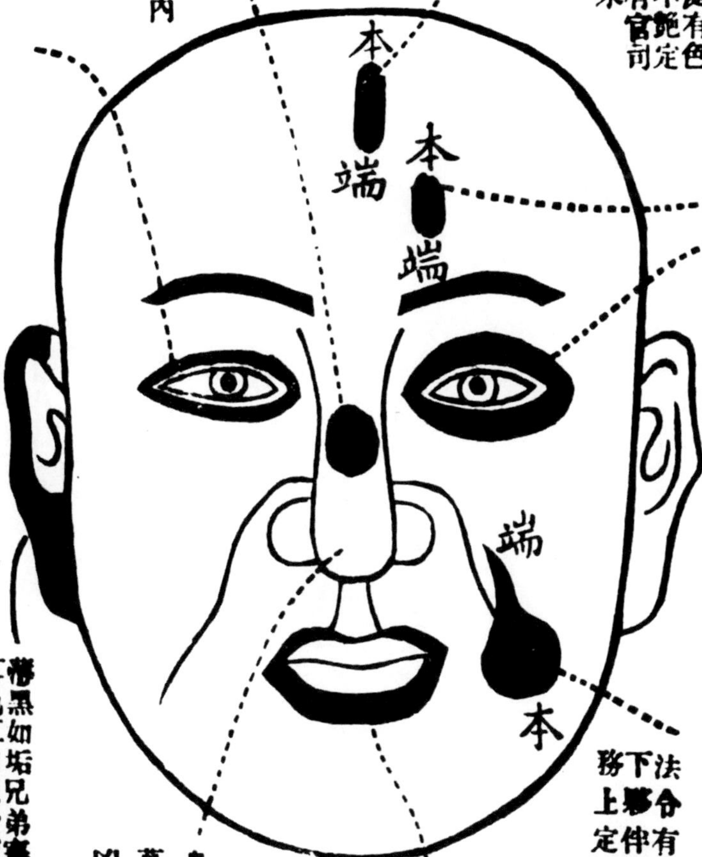
有薄黑之色及
氣必有意外之
災難
此處薄黑家內
定有病人
此處有色
而不艶定
定有官司
出來
紅色爲色事薄黑不陰德白是運惡
大薄黑爲不陰德女無子男損家
本
端
本
端
端
本
薄黑如垢兄弟塞運
耳色紅白艶於面色
爲吉
法令有薄黑色部
下屬伴之關在業
務上定作惡事
薄黑腰以下受
寒威男子家有
災難及水患
鼻頭不艶時
萬事不成大
凶

氣色要訣圖 其四

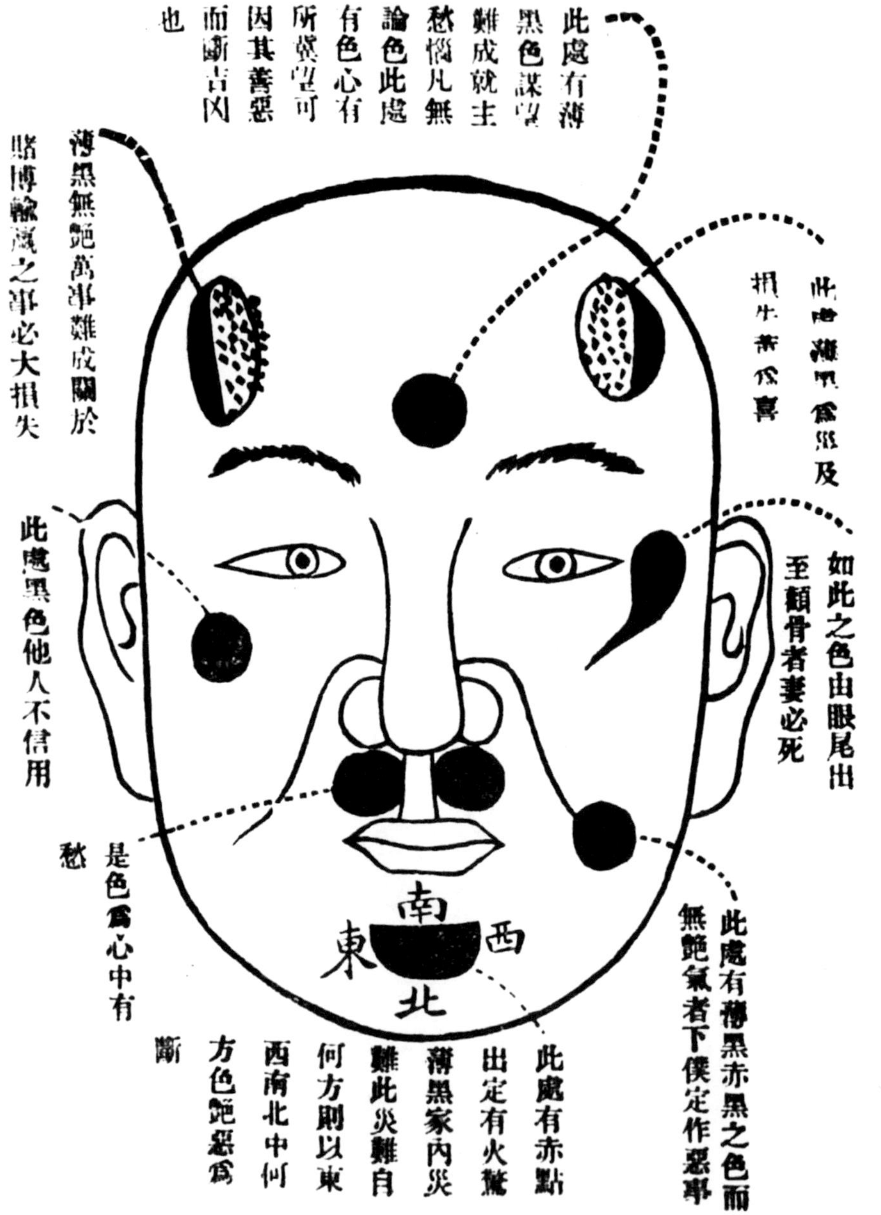
此處有薄黑色謀望難成就主愁惱凡無論色此處有色心有所冀望可因其善惡而斷吉凶也
薄黑無艶萬事難成關於賭博輸贏之事必大損失
此處薄黑爲凶及損失者爲喜
此處黑色他人不信用
如此之色由眼尾出至顴骨者妻必死
是色爲心中有愁
此處有薄黑赤黑之色而無艶氣者下僕定作惡事
南
東
西
北
此處有赤點出定有火驚薄黑家內災難此災難自何方則以東西南北中何方色艶惡爲斷

畫相 其一

畫相一名神相

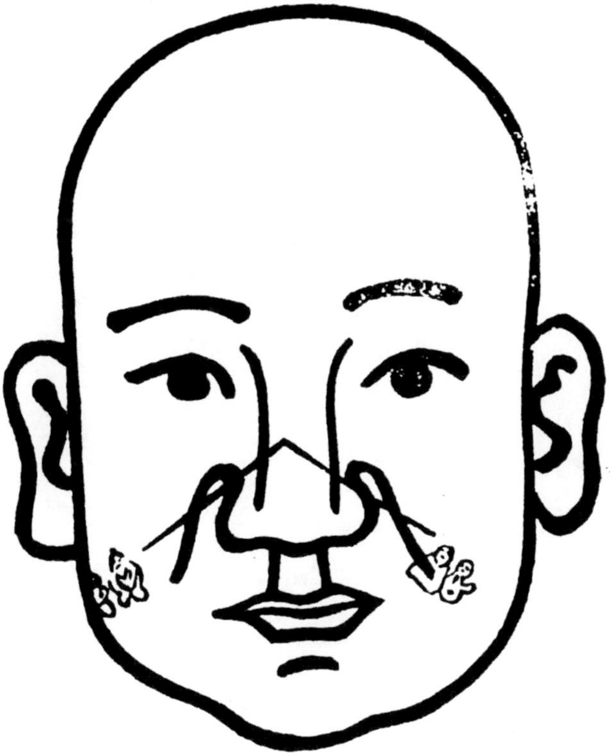

畫相 其二

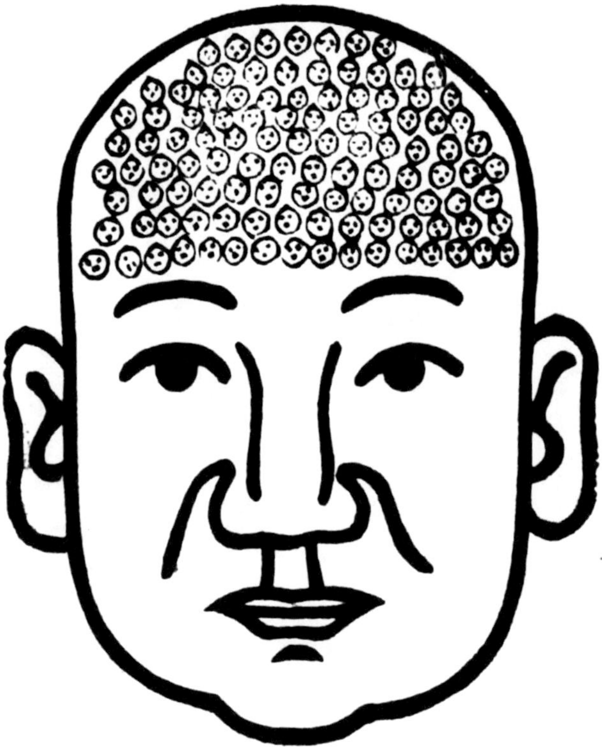

畫相 其三

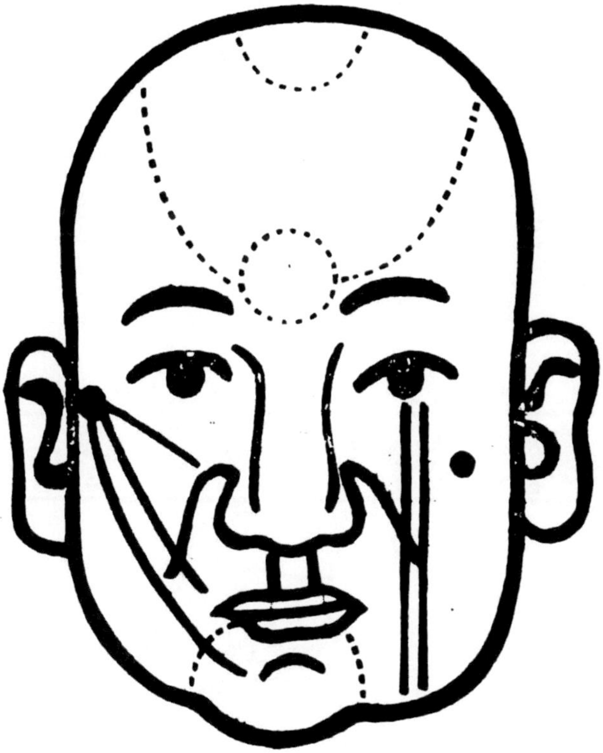

人相學之新研究

一月中每日氣色圖

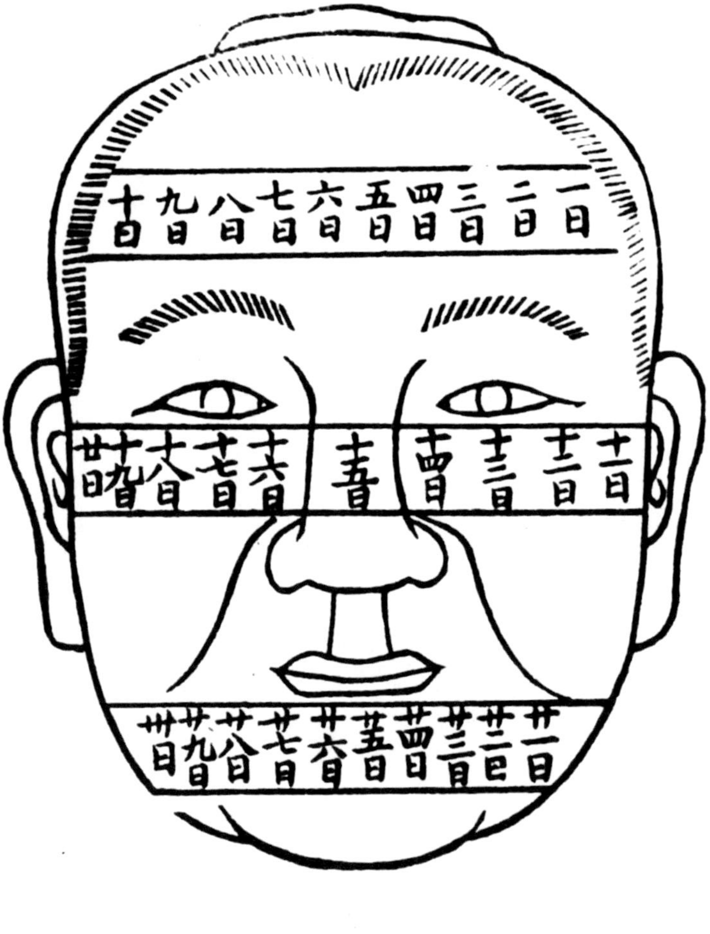
一日
二日
三日
四日
五日
六日
七日
八日
九日
十日
十一日
十二日
十三日
十四日
十五日
十六日
十七日
十八日
十九日
廿日
廿一日
廿二日
廿三日
廿四日
廿五日
廿六日
廿七日
廿八日
廿九日
卅日

第六章　神氣色論

第一節　汎論

神者(Spiret)精神。謂純一無雜。居藏體內。主宰全身者也。氣者(Anra)氣魄。由內磅礴而表於外者也。歐人嘗以器機驗之。有黃氣赤氣等。根於人之心理。而現有各種色彩云。我國古來相家。亦稱衰頹之氣。吉祥之氣。所有氣爲神之子。神爲氣之母。而氣色爲顏面血色。(Calour)其美惡源於神。發於氣。而表其清陽或陰惡之色。神相全編謂始則爲氣。定則爲色。即指此也。

神爲本。氣次之。色又次之。此爲自然次序。無可强者。然其實三者一體。互相表裏。故其人之神。有寂然不動者。斷無躁忙之氣。汚赤汚白之色。氣魄血色。亦復相同。彼清潤爽快之人。安有厥神不定者乎。質言之。血色之清朗。氣魄之煌煌。其源皆發於神。故有神斯有氣。有氣斯有色。三者全。乃得爲吉祥之相。苟有其神而無氣無色者。其神必爲氣所壓抑。是謂神慘。苟有其氣而無色與神者。其氣雖欲發動而無由。是謂氣滯。色亦有然。其與神若氣不相接者。謂之色泛。古人以神色氣三者。別爲神秀神滯氣秀氣滯及色秀色滯者。良有以也。今試就腦髓機關。與顏面部位相參透。將神氣之發源狀態。一一考究之。

以吾人實驗言。厥神在眼。厥氣在鼻。厥色在脣。運命心性之美惡高下。皆從斯窺度。百無一爽焉。夫神之所寄。固在於眼。惟是眼之自體。雖能十分表白刻下精神狀態。但活動行爲。則鼻爲主宰。非兩眼所得過問。由斯而言。彼兩眼有時趨於積極。惟其所主。在於消極。彼鼻有時流於消極。第其任務。則在於積極。且因其氣之如何爲斷。故眼靜者精神靜。眼不靜者精神不統一。目動神躁。不可與謀大事。是以彼大眼小眼。上視下視。慈眼天眼。土眼肉眼。莫不表視其精神狀態者焉。氣之於鼻。亦復如是。故氣骨渾厚。皮肉整齊者。其氣魄必敦樸雄大。於意力堅剛之中。有同情親愛之念。凡百營謀。易於成功。然若鼻過高。則猛烈之氣魄。咄咄逼人。反之。而細小矮短者。氣魄薄弱。殆無可取。其於任事。罕能勝任愉快。且更難望其收效。彼世人有嗜殺如飴。殘虐成性。夷然自得者。鼻骨必見長大。而彎曲作猫猛狀。斯爲殘酷之氣。是以鼻之大小曲直。可得與其人之氣魄。爲比例也。至於血色之見於顏面者。雖所在皆可認識。而其清污潤濁。最易識別者。莫如唇色。蓋唇之爲物。本屬赤色。其赤。以美麗爲良。苟帶有黑白赤污等色。則係屬無神無氣之時。眼鼻縱有多少可取。而所事定必凡百齟齬。無成功理。夫唇雖表示血行之良否。第因神氣之如何。可以令血行爽快。或澁滯。故觀唇色。而窺其清濁枯潤。而後與神氣相對照。則精神氣魄血色之大綱。可得而見矣。再就心性機關論之。神居上腦。氣伏中腦。血色藏於底腦。質言之。精神在上腦。尊崇機關。爲其發源地。氣之本。在於人間性機關。自尊強硬兩性。爲其中堅焉。因其氣由於人之內面發射也。血色屬於動物性機關。故破壞生命飲食男女諸性。爲其中軸。就中以生命飲食男女三性。主宰營養機關。而破壞性乃直接關係於血液之循環也。是亦可謂之血行之中樞矣。三者各行其是。而不逾軌越範。則彼顚頂棄可不慮偏倚。血行亦無過不及之憂。神氣色彌滿全身。其飽如溢矣。苟不然者。彼之破血破壞性之錯亂也。破氣自尊性之錯亂也。破神尊祟性之錯亂也。神滯氣滯色滯。其斯之謂乎。

太淸神鑑有論神一段。透闢無倫。今錄之以實斯篇曰。

神之爲道。出而不可見。隱而不可求。故虛而無形也。則是索之心。隱而無象也。則可謂測之於形。昭昭然見於眉目之上。幽幽然運於五臟之裏。故人晤寐則神游於眼。六德則神思於心。於是神出處於形。而爲之表。猶日月之光。外照萬物。而其神隱於日月之內也。且夫人之眼。明則神清。昏則神濁。清則六德多。六昧少。濁則六昧多。六德少。

又曰。夫望其形。或洒然而清。或魁然而秀。或皎然而明。或瑩然而凝。然眉目聳動。精彩射人。皆由神發於內。而見於表也。其神清而和。明而徹者。富貴之象也。昏而濁。柔而怯者。貧薄之相也。實而靜者其神和。玉管照神篇曰。詳而靜者。其神安。虛而急者其神躁。

又曰聳然不動。視之有威。謂之古。澄然瑩徹。視之可愛。謂之淸。怡然洒落。視之難捨。謂之媚。（中略）似明不明。似皎不皎。謂之流散。似醉不醉。似困不困。謂之昏濁。

抑更有言者。色有兩種。即一爲地色。二爲時時浮出之色。地色與其人之形格形質相關聯。如色白而沈着。雖遭如何之事。亦不少變。此爲心性質之色。赤而絕不帶黑白之色者。爲營養質中之多血質。顏面純黑。不雜赤白者。爲筋骨質之色。至於青黃污滯等色。由於形質結合之如何。以爲斷。詳在形質章。不復贅述。時時浮出之色。乃因其心性狀態時時變化之故。顯現於顏面。或因其部分種種色相。而與顯現者時時所獲之吉凶禍福。如合符節焉。第此兩色。其源蓋發於內臟。故破懷性大者。多赤色。强硬性大者多黑色。智力機關大者。多白色也。

第二節　應用

凡看氣色有一極宜注意。不可忽略放過者。即面上之面疱小瘡是也。面上之面疱小瘡。雖極微末。而發生氣色之源。純在於是。故因面疱小瘡之出於何處部位。而觀其氣色之走於何方。則主何吉凶。可無難立斷。更就氣色之秘訣言之。氣有守色、散色、害色、利色。各自有其特殊之顯象。以示其吉凶禍福焉。而血色則與此少異。蓋血色現於皮上而易見。氣色藏於膚內而難窺。但若經驗既久。則觀氣色。又反比觀血色爲易。全視乎其人之修養如何耳。今試罕譬而喻之。血色猶枝葉。氣色猶根幹。有血色而無氣色。謂之有枝葉而無根幹。具此相者實無相之可言。以吉凶適足相消也。

自來相書論氣色者多矣。但未見有言觀氣色之方法者。是亦一大憾事。竊以於觀氣色之方法。因光線關係。大有難易能否之別。故最宜於室內紙窗下。使被觀者寧神靜坐。與觀相者。相距約三四尺之遠。切勿過近。近反難見。或据其身邊。以天眼鏡照之。亦無不可。室內略使黑暗。更覺易視。最忌玻璃窗。及日光映射。若在夜中。以燃油燈爲佳。電燈煤油燈等光過强。須以白紙覆之。則百無一失矣。

血色分類。雖有多種。第其大體。約有十色。曰青、曰黃、曰白、曰赤、曰黑、曰暗、曰滯、曰濛、曰紅、曰紫、是也。(暗滯濛三色雖似漠然但經驗既久自易了解)。在初學者觀看血色。須先審其光澤之有無。而定其吉凶。斯可矣。苟其色吉而無艷。仍爲凶色。色凶而仍有艷。則爲吉色。是爲最易識別之一法。但此道易學難精。苟求其故。乃極幽微奧妙。如白紙着水。若可見。若不可見。非細心莫能察也。今將其色之大畧。分辨之。

青色　主驚恐過勞。忿怒。或受人怒責。

黃色　主喜悅。凡喜事臨門。金錢到手。情慾念起時。每現此色。

赤色　主災難。如火厄。入獄。爭論。離別。乃至負傷等事。

白色　主憂愁。死亾。

黑色　主疾病。損失。

紅色　主心中有喜。或情慾發動。
紫色　主大喜悅。但無艷澤。仍為凶色。
暗色
滯色　皆所謂青色也。本質無色。不過發於皮下心氣。而表於皮上者耳。主招災損失。所事不成。
濛色　面如附煤而無艷者是也。

夫在氣色所主之兆。什九皆凶。然亦以有光澤與否為斷。其關係恰如白紙之於表裏焉。蓋氣之為物。驟視之極難識別。苟仔細觀察。若覺其色萎悴無勢。膚如紙裏者。無論何色。皆主惡運將臨之朕。氣色縱極作艷。無有是處。獨於黃色一項。雖無艷光。亦不成災。但對於事物蹇滯難成。則仍無可避也。黃色而有潤澤艷絕逼人耶。即為其人作運大來之兆。此際宜極奮勇。向前開拓。無不當者矣。又黃色表現之前。驟觀之。面部薄黑。有如為日所曝。細視之。則有黃色彌滿全額者。乃主大開運之前兆。然運勢漸惡之人。其面部亦帶薄黑。與此相類。特細審其膚內毛孔。若有積垢然此衰敗之徵也。兩者異同。間不容髮。名相家往往視為第一獨得之秘訣。不輕示人者在此。暗滯濛同一屬不祥之氣色。純主災難遲滯損失。及所事難成。其呈露多在額之左右。即邊地山林之處。（邊地山林號稱仙骨靈妙不可思議之現象多發於此間）假如辦鐵路。掘鑛山。其線路圖樣。定於此部位有所顯示。特其成功與否。則仍視其氣色。及色澤程度之如何。以爲判斷耳。

氣色有守色。散色、害色、利色之別。前已言之。今再申述如下。一曰守色。又名緊色。其色微黃而聚。藏於皮肉。艷麗有勢。驟視之。似爲太陽晒黑者。是爲家產振興之兆。二曰散色。凡有色而無氣。謂之散。滿面光彩花雜。謂之散。明中生暗。謂之散。面色瑩潤。掌無氣色。謂之散。顏面明朗。耳鼻污暗。謂之散。具此五項。皆屬大敗。又驟觀之。雖覺紅艷。若有色而無氣者。事亦不調。三曰害色。又名蹇滯之色。色如庫泥。鼻準如烟。三陽不開。滿面如濛。或明亮如火。而似塗脂。俱爲大困大蹙之色。又滿面通紅。驟視之。似極佳美。細就之。則覺無勢者。亦爲凶色。四曰利色。又名動色。天庭新現明潤之色者。宜動不宜守。若赤色過重。動乃不利。至謂應動於何方。則須審命宮之色如何。以定其吉凶也。今舉一例以証明之。凡金錢出入之時。可從奸門福堂之間。引一線。直向土星而行。厥線鮮明者。金錢可如期到手。若其線於中途。生有障礙。則無論如何。必不能成就。又如推測事業成敗。須觀其氣色有横幅一二分。由眉間直昇髮際者。旬日之內。目的可達。苟於氣色線中。繼續污穢。或有小瘡横梗於其間者。什九必敗。以此類推。凡吉信婚姻與及一切人事。雖不可因其顏面之部位。爲下判斷。自古以來。相家秘不肯宣。學者亦不究顏面之現象。何故有此顯現。徒稱之曰氣色。或因其不可解也。故又名爲神相。畫相。實則腦面各中樞之細胞。本能將過去現在未來之事實。留有印象。隨時於顏面上顯現之。今者解剖組織之學。未大昌明。莫能一一考証。他時組織學大發達。必可語其理由之所在也。

此外尙有一種氣形氣色。與上述現象絕異。爲古來相家所珍秘。與近代歐美學者所倡道之物質的體察心性精神。其方法雖殊。而結果適與之符合者。亦稱之曰神相。此種氣形。發自身體頭顱。若蒸發之氣。騰空而上。厥形或圓。或直。或曲。或有勢。或無勢。其色有黃。有赤。有白。各自不同。具法眼者。欲知人之精神狀態。直可一望而鑑別之。佛家所謂御光想即此物。近日法國學者有以造像乾片。攝取此氣形者。其善惡美醜之觀。莫不各因其性而互異。（善者美麗無比。害惡躁暴之人則作風雨之狀云）近更能將其所思想之事物。攝之片上。凡愛兒之影。情人之象。苟方寸之所及。其形即隨之入片矣。此雖賴科學實驗之昌明。亦由近世心靈學之發達。與大有力也。

夫人氣本極難觀。在初時覺如烟縷。又似遠望村里中。靉靆厚薄之烟。後乃覺其爲水火之氣也者。是矣。水氣每於寒冷時。從井澤中有縷縷如息者。最易發見。夏秋之交。則非習見者。未易覩也。彼習見者且能辨別其池、沼、河、澤、澗、湖、海、等氣。雖隔林岳。苟在二三里內。仍能分辨。而火氣異是。大似於春夏之際。置火盤於炎日之下。而覺其蒸蒸然上昇者。是爲火氣。惟獨人氣。則大非一朝一夕所能窺見。須齊水火二氣之後。乃可向人頭上肩上。仔細觀看。苟能假以百日之時光。朝夕專望一人。則自覺有悠然之氣形。似縮縐者。上昇空際矣。望定之後。自然能分辨其大小細長厚薄。而吉凶禍福。

亦得由此窺見之也。

氣有呂律二氣五色五氣。病死二氣。茲以圖釋之。第一圖爲律氣。向上直竪。無中斷橫溢之態。始終

不變者。精神清爽之人也。彼自浴室初出。或溫食時所見之氣。乃爲水火之氣。與人氣有別。須細分辨之。水氣厚重。火氣輕散。而人氣清縮如緺然。各不相混也。

第二圖爲呂氣。結成一團。不得上昇。又有橫曲如蛇首。或似樟木作十字一字狀者。多發於凝滯及精神不安之時。主本身或家族親戚之間。定遭耗損。軍中有此氣。敗北之兆。席上屋上有此氣。凶問不遠云。

由斯以談。人之貧富榮枯邪正。剛柔或生死禍福等等。往往有一種美醜之氣。發於頭面。以預爲之兆。但非具有法眼之人。苦於瞠目。而冥然無覺耳。吾國古來相家。非無精於斯道者。特於上文所述。皆視爲最秘之訣。珍同拱璧。苟非其人。雖子弗授。馴至今日。口說失傳。而斯道遂以不振。可慨也矣。

第七章　流年法及其種類附性命轉換法

流年法爲我國所特有。發達甚早。種類亦多。學說紛繁。蔚爲大觀。而泰西相家。未言及此。以骨相學、

心理哲學。專論心性。不說運命。故惟專論心性。則眞理所在。豈容存有例外。彼究原因。我參結果。故以相學之眼光。觀察流年。大體亦復相同。未嘗有越軌之處也。今就從來經驗。舉其二三最適當而簡單者。次乃述其稍詳密之法。可乎。

第一 觀初年中年晚年之法。此法復有二種。

(一)觀兩耳及鼻而斷其一生大概也。斯法假定人生爲六十歲。男子以左耳主初年之二十年。鼻主中年之二十年。右耳主晚年之二十年。婦人反之。先右而後左。左耳之輪廓。整齊豐厚者。其人遺傳必善。兼席父兄之蔭。故初年運吉。耳粗則遺傳定惡。故具此相者。非生而貧賤。亦必不克膝下承歡。故初年之二十年間。難冀安樂。鼻又以體狀豐隆。肉能包骨。不大不小。整然居中。綺麗端肅者。爲表示人間力之發達。具此相者。中年定能騰達。自廿一歲以迄四十歲。乃當行運之時。反之。鼻惡而歪。則中年貧乏而惡矣。右耳惡者。自四十一歲至六十歲之間。定難振拔。左右兩耳。若能兼美。晚福更大。若耳部雖佳。而鼻或不端。則初年雖好。一屆中年。當自己活動之時。福祿不免較前減色。故必三者美備。乃稱全才也。

(二)以額爲初年。鼻爲中年。下顎爲晚年也。天庭綺麗之人。初年運吉。中停綺麗。顴鼻又無故障者。中年定能立身發達。下停豐厚者。晚年有子福。家產亦裕。額惡者不獨初年運蹇。即中晚年之運。亦大受影響。惟鼻苟佳良則中年尚可望有振作耳。

此外尚有以一歲至十四歲屬於耳。十五歲至三十歲屬於眉。三十一歲至四十五歲間。屬於鼻。四十六歲至六十歲屬於口。即以該部之佳否定其運之通蹇者。斯法雖與上列二者。大同小異。亦歷驗不爽。惟眼不入流年之內須與他部分參照觀之。眼苟善者耳鼻眉口。縱極惡劣。尚可補救。眼若不善則各官無論如何優異。亦難行運。蓋觀人莫善於眸子。以眼在相學上實占最重要位置。故與他部位相參照。而下判斷。則其人之情狀運勢。可以得其大體矣。

第二爲精密之法

更就精密者言之。即以顏面各部位分主六十年之法是也。（雖有人分爲八十歲九十歲然余意仍以六十歲最爲適當正確） 該法以耳爲始。以左耳之上部天輪。爲一歲。耳珠爲七歲。天輪至耳珠。分爲七段。自上而下。以右耳之天輪。爲八歲。耳珠爲十四歲。復分爲七段。亦自上而下。婦女反是。以右耳爲先。苟當十四歲內之流年。其部位有紋理傷痕者。則其年定罹疾病。或與親離。若無故障。初年運吉矣。自十五歲迄廿五歲。其間主運者在額上髮際之正中。即天中之處。自上而下。至於命宮爲止。但此所謂額者。非指額全體而言。止取中央日月角間。寸幅方位而已。其間若能豐厚美麗。而無障礙者。則發達順適。苟其不然。設有汚點、黑痣、傷痕等。則當此年齡之際。定有災難。以額管初年。又主長上。故多與所親分離。印堂至山根。乃主廿六歲至三十歲五年間。此處開張坦闊。發達可期。狹而形惡。則當廿六七之交。定遭失敗。又自山根以迄準頭。乃主三十一歲至四十歲之流年。鼻體豐隆美麗者。可於斯時。逐漸開運。若加以肉色綺麗。有氣勢而稍仰直端肅。則從當年。便可發達行運矣。但當卅五六之交。倘鼻中央有傷痕黑痣者。必遭厄敗。或親離子亡。否則危及一身。準頭有痣。更屬大凶。刀兵之災。恐終難免。故於四十歲年內。更須遇事加謹。脩心養性以壓之耳。四十一行左鼻翼。四十二歲行右鼻翼。四十三歲行左之法令內側。小鼻外側。四十四歲則行其屬於右者。次爲食祿。分四年計之。由左數去。近法令之處。爲四十五。四十六。近唇之處爲四十七。四十八。上唇爲四十九。下唇爲五十。海角左爲五十一。右爲五十二。又自海角懸一垂直線。又以上四分。下六分之比例。引一橫線。更於其上之四分。引一橫線。分之爲二。上爲五十三。下爲五十四。法令之末。爲五十五。右爲五十六。復次海角之下。即所懸垂直線之下部六分之處。可縱分爲四。由左數去。以中間兩縱線爲五十七。五十八。外側兩縱線。爲五十九。六十。是爲觀察流年六十之法。參觀顏面相法。精密而研究之。則其人之行運在幾時。發行至何程度。與及蹇滯失敗遭難之屬。靡不瞭如觀火矣。六十之後。週而復始。即六十一歲。更從左耳計算云。

有所謂九執流年法者。亦算秘法。所言多中。譬如左眉中。有黑痣疵痕。或其毛惡劣。凡有多少破綻者。則於一歲、十歲、十九歲、二十八歲、三十七歲、四十六歲、五十五歲、各流年皆遭惡運等說。是也。今更列舉之。如左。

左眉　主一歲、十歲、十九歲、廿八歲、三十七歲、四十六歲、五十五歲之運。

右眉　主七歲、十六歲、二十五歲、三十四歲、四十三歲、五十二歲、六十一歲之運。

左眼　主五歲、十四歲、二十三歲、三十二歲、四十一歲、五十歲、五十九歲之運。

右眼　主八歲、十七歲、廿六歲、三十五歲、四十四歲、五十三歲、六十二歲、之運。

左耳　主四歲、十三歲、廿二歲、三十一歲、四十歲、四十九歲、五十九歲之運。

右耳　主九歲、十八歲、廿七歲、三十六歲、四十五歲、五十四歲、六十三歲之運。

鼻　主二歲、十一歲、二十歲、二十九歲、三十八歲、四十七歲、五十六歲之運。

口　主三歲、十二歲、二十一歲、三十歲、三十九歲、四十八歲、五十七歲之運。

頦　主六歲、十五歲、二十四歲、三十三歲、四十二歲、五十一歲、六十歲之運。

又凡萬法流年之法。關於業務之流年。以左法令之首即迫近小鼻之之處爲一歲。其末爲三十歲。以右法令之首爲三十一歲。其末爲六十歲。關於親族之流年。以左眉首爲一歲。尾爲三十歲。右眉骨爲三十一歲。眉尾爲六十歲。觀子女以左眼下眼頭爲一歲。右眼下眼尾爲三十歲。右眼下眼頭。

爲三十一歲。右眼下眼尾。爲六十歲。右破綻現於各部位者。雖極微小。亦不可放過。研究流年者。所當留意也。

坊間最通行之流年法。亦多可采。其歌訣載入神相全編。相理衡眞等書。今摘錄如左。

欲識流年運氣程。男左女右各分行。天輪一二初年運。三四週行至天城。天郭垂珠五六七。八九天輪之上停。人輪十歲及十一。輪飛郭反必相刑。十二十三并十四。地輪朝口必康平。十五火星居正額。十六天中骨法成。十七十八日月角。運逢十九即天庭。輔骨二十二十一。二十二歲司空衡。二十三四邊城地。二十五歲中正評。二十六上邱陵好。二十七歲塚墓宏。二十八歲印堂限。二九三十看山林。三十一歲行何部。正是得志凌雲程。人命又達三十二。額又黃光紫氣生。三十三行繁霞上。三十四看彩霞明。三十五上太陽位。三十六上會太陰。中陽正當三十七。中陰三八主亨成。少陽年當三十九。少陰四十少弟兄。山根路逢四十一。四十二造精舍睛。四十三歲發光殿。四十四歲年上增。壽上又逢四十五。四十六七兩顴擎。準頭喜居四十八。四十九入蘭台楹。廷尉相逢正五十。人中五十一須清。五十二三七仙庫。五旬有四食倉盈。五五得請祿倉米。五十六七法令明。五十八九過虎耳。耳順之年過水星。承漿正居六十一。地閣六十二三迎。六十四內池池內。六十五居鵝鴨鳴。六十六七穿金縷。歸來六十八九程。不踰之年逢頌地。地閣七十一有情。七十二三多奴僕。腮骨七十四五眞。七旬六七尋子位。七十八九丑牛耕。太公之年添一歲。更兼寅虎相偏榮。八十一二三卯兎位。八十四五辰龍行。八旬六七巳蛇上。八十八九午馬中。九旬九一未羊明。九十二三猴結果。九十四五聽雞聲。九十六七犬吠月。九十八九亥猪呑。人生百歲順流行。週而復始輪於面。紋痣缺陷禍非輕。限運并冲明暗九。更逢破敗屬幽冥。又兼氣色相刑尅。骨肉破敗自伶仃。倘若運逢部位好。順時氣色福相迎。五岳四瀆相朝拱。扶搖直上萬里程。誰識神仙眞妙訣。相逢談笑世人驚。

夫流年之法。在科學上言之。雖無稽考。然而額主初年。應前頂部。中停管中年。應顱頂部。下停屬晚年。應後頭部顳顬部。由此推察。則與心相學之原則。大體尚相符合。絕非無根据者可比也。

又凡計流年之法。性急小氣者。以其年之若干爲流年。性緩過遠者。以計足月數爲流年。是則不可不知也。

附性命轉換法

吾人苟持非相之說則已。如以吾書之所敘述。非盡無稽。則人自賦形氣稟以來。豈不於冥冥漠漠中。一皆有主宰束縛。而莫或逃於宿命之數者哉。雖然。人定勝天之奧。吾於前文固不惜屢爲暗示。何以故。以人之運命。非不能以自己之意志自由變更之故。諺云。貌隨心變。要在厥人之心性如何耳。此說也。從一方面觀之。似與彼觀相流年等等。若相枘鑿。而其實則相反者。適足以相成也。今且先論人類之心性究爲何物。其於相學上。大約可分三段言之。一爲天性。二爲理性。三爲靈性。天性在腦髓下部。人與動物。均所具有。理性居額之上部。靈性屬於前頂部。今日之人類。大都棲息於曾通天性者多。廻翔於理性者少。靈性則更不必言也。夫人類不能由理性。而更進於靈性之域耳。（即精神生活）苟人人有高尚美妙之心。諸天世界。自我生滅。則彼相術。及其他各種學問。安能爲我而設。然而今人。多未足以語此。姑讓一步而言。亦不過有小一部分。入於理性而止。其於靈性。則全屬門外。蓋今人對於物質物體。雖有多小理解。至人類之研究。實未能對於理性。眞能實用。若於性質運命。得以理性而推測之。當可達於靈性之境。惟吾人今爲天性所囿。與動物無擇。質而言之。吾人腦髓中所活動者。飲食性生命性理財性男女性而已。吾人人類。究爲何而生。爲何而死。曾無所解。吾之性質如何。吾之運命如何。更不俟論矣。今試舉一端以驗之。夫男女性者。豈非創造兒女之機關乎。顧造兒女之法。亦有其道焉。今以不軌其道者多。故所生之子女。大半不肖。是即爲棲息於天性之憑證。而我究何故而得不肖之子。愚魯之兒。末由明也。苟繩以相學之原理。則洞若觀火矣。不宵惟是。且將有以利用之。即能將今所生之子。或爲政客。或爲學者軍人。或爲豪傑。皆爲我所欲。又不獨生子爲然也。即凡百事物。果能循斯道而行之。則吾人便可棲息於理性。而邁進於靈性之域矣。相學者乃能統一萬有之科學也。今世人不察。醉生夢死。既不識天性之所以爲天性。理性之所以爲理性。則我之境遇。我所生之子。純如其顏面之相。而爲宿命所支配。夫又何尤。今就一例言之。昔袁了凡少時。有一士人相之曰。足下某歲食廩。出貢後。選四川大尹。在任年數。娶妻無子。齡亦不過五十三等等。了凡徵其後所歷。盡符其言。於是了凡以爲性命者。總信出於宿命。淡然無求矣。貢入游南雍。未入監。先訪雲谷禪師於棲霞山中。對坐一室。凡三晝夜不瞑目。禪師謂了凡曰。汝坐三日。不見起一妄念。何以養得到此。願得聞焉。了凡告以士人之言。禪師乃大笑曰。予待汝爲豪傑。今不得不笑其愚也。於是禪師說因果報應。禍福所自招。即幸與不幸。莫不求諸己。欲求果則不可不作因之理。徵六經。引佛說。諄諄諭焉。了凡大感。忽變從來志行。勉爲積善行德。無幾登科第。官至縣令。娶妻生二子。今竟六十有九矣云。此事載在其所著立命篇中。遺其子孫。以爲陰德陽報之實例。即了凡者。於其始也。亦棲息於天性之中者。一旦大徹大悟。乃由天性而入理性。由理性而躋於靈性之域矣。方今之世。類多了凡四十八歲以前之人。五十三歲以後者絕少。故彼相學。亦得因而靈驗焉。而物質論者。每謂人之賢與不肖。純在遺傳。精神論者。則歸究於前世之宿因。前者之說。其責任父母。爲厥子者無與也。後者之說。其責在己。於父母無與也。實則二者全歸一致。前已言之。夫知我之前業。及其心性運命。則自奮發。脩心改性。其顏面亦隨之。變爲愉樂之色。即知前世之因。後世之果。由天性而入理性。更從此而至美妙崇高之靈性。斯可盡人類之本分矣。我相學之究竟。

即作此也。豈區區期驗爾邪。

萬法流年圖

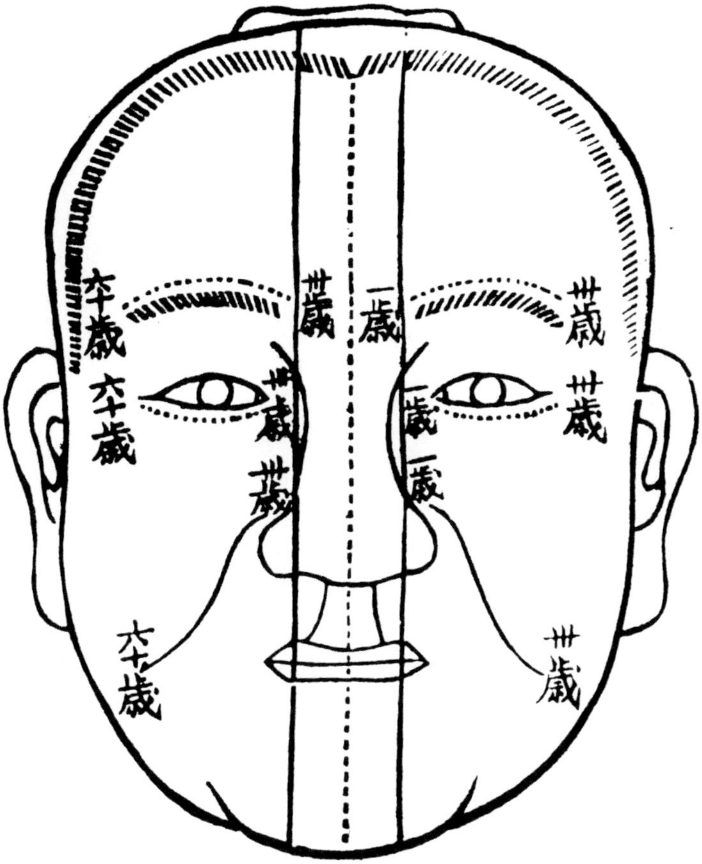

最單簡易了之流年法

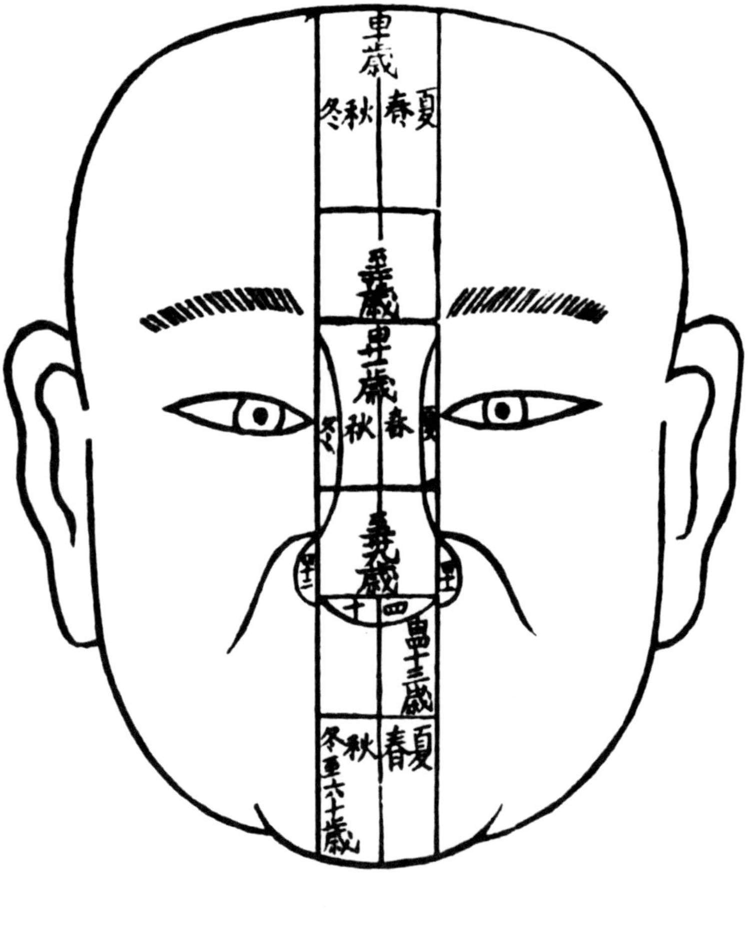

手指論下

焉。覌

今夫運勢之否泰。心性之美惡。均得就面上各宮以相之。固已。然至乎手。其地位雖未足與顏面等量齊觀。而亦有所表彰。可以令人察之而生奇妙之感。不見乎手麗者性美。手粗者性鄙。手大者其心亦大。肉多者柔。骨多者剛。其所以表裡相應。若合符節者。豈無故哉。據生理學家言。人之四肢全體。以神經三種分布之。手亦然也。顧因其分布之情狀。各自不同。故其手之大小。即不免相緣而各有所偏焉。試求其故。則頭蓋中腦塊。有以使之。故古來相傳。善搆思者。手指脩長。好實行者。肉多而指橫。今更以學理証之。始知前者之優劣。純視前頭葉之高下以爲斷。而後者之有無。則因中下部之發達與否也。以是之故。手頸大者頸必大。面長者手指長。頭橫者掌亦橫。前頭低者指必短。其掌紋善者。體質美。腦質亦善。其爪甲厚者。骨格強。其頭蓋骨甚堅。而腦纖維亦硬。更以形體比例之法驗之。其人必目光甚銳。形體脩長。鼻梁骨張。眉高顴秀。下顎稍突。此乃筋骨質者之最上乘者。若反而審視憂鬱悲憫者之手。則掌背均脩長枯瘦。爪甲極薄。實係由腦髓亂動而致。亦足証其頭蓋本薄也。又如胃腸衰弱之人。其小指下之外側部。必無肥滿也。而大指外側部之骨肉齊整者。其肩脊必無枯瘦。而且胸腑厚大。以頭腦居其中部。較爲發達。故其手指骨多而形長。但若小指下之外側部。屬於肥滿。則其腦之下底部。定必發達。腹部因之而大。故一生可免胃腸之患。且面上頰部。頗覺肥大。故其手指亦不免肥大。而其端則尖也。大凡手指肥大而其端尖者。其腦髓自亦橫張。故性質雖或寬裕。而刻烈者亦復不少。其前者緣於後頭葉之發達。足以壓倒顳顬葉。而後者則因顳顬葉之較爲過大也。至於手指之長大。其關係雖以顱頂葉居多。而前頭上部。亦有不能忽視者。何則。前頭發育過於幼稚。則其人不但心性愚蒙。作事拙劣。且必不能享有長大美麗之手指也。

手之分類。亦可適用形體比例法則。即手長骨多者屬筋骨質。肥短肉多者營養質。細而長者心性質也。故其手握力強而好活動。謂其爲美麗。毋寧謂爲強硬。絕無柔軟之姿者。筋骨之手也。武人勞役殖民者最宜有是。其廣厚柔軟。指肥端細。握力雖溫而無持續強硬之力者。營養之手也。至於不善勞力而長於處理精巧之技術。或邃於推理者之手。乃心性質者也。今更取腦髓以與三形質相對照。則營養質者之手屬於動物性。筋骨質者之手。係與自利的感情機關相關聯。而心性質者之手。則因與前額有關。故屬神靈性。是以掌之橫而廣者。爲自利之人。持脩長之姿者。每自恃自尊。不恤人言。而賦性溫雅。氣韻優尚者。其手多細長。蓋高士之風標。自必有與庸俗異也。

又自掌與指言之。掌屬腦髓下部。而指主上部。指勝於掌者。上部發達也。掌勝於指者。下部較優也。掌短指長。氣品雖優。而處世疎闊。不善治生。以動物性之不足也。掌大指短。則又反是。其才高。其財豐。而其行可[illegible]在心性平均之人。指掌亦無長短過不及之殊。故其嗜慾之性。常受制於高等感情與理性之下焉。觀彼動物。唯動物性是賴。故其手指僅存。形跡幼稚極矣。昔人謂掌爲虎指爲龍。唯龍能吞虎。虎不能噬龍。良有以也。

五指發達。貴能與掌相稱。如是者其感情智力。必能和合無間。苟長短不齊。甚至偏曲大小。是爲腦髓偏僻之徵。例如大指薄小者。意思判斷之力必弱。故大指屬額。主智。而上節主強硬。次節主判斷力。其餘四指。純主感情。主頭腦下側部。故四指相稱。亦是頭腦相稱之徵。頭腦苟偏曲。則四指自隨之不正矣。小指短小。其人之營養力必覺不足。身體家庭均無幸福可言。是亦自然之數也。

婦女多橫紋。男子多竪理。此爲自然之理。蓋筋骨質者之手。橫紋少而營養質者竪理亦少也。昔人以竪理多爲獨立發達之人。橫紋多者爲求助於人之人。良非無故。又自掌根直上之紋。謂之天柱紋。持此紋理者。必不甘家食。不恤人言。以竪理主與顱頂葉顳顬葉上部相關聯。而橫紋則與顳顬葉下部及後頭葉相統屬也。由是言之。顱頂不發達之人。指面掌內。均無明確竪理。可斷言矣。

心性質者之手。竪橫兩紋。均極繁多。此蓋由於心性活動。過於刺激歟。每見患憂鬱病者。其指瘦小。其爪甲扁薄。細紋縱橫擺列。而至魯鈍白痴及目不識丁之人。則只有一二三粗紋。且中多生掌硬肉。毫無山谷起伏之態。又此等人其顏面之發達。極爲幼稚。故掌紋之美惡粗野。亦一如其腦髓焉。蓋歷驗不爽也。

發生紋理。純屬運動神經作用。故此神經之中樞。苟不受他神經之作用。則紋理必大。而豎紋居多。固也。但若營養神經之作用過盛。則其紋理又必甚夥。故紋理之大小長短多寡。全視各神經之優劣。以爲比例。即腦界原分三段。其三段之發達程度如何。即紋理之所由分也。

紋理之精粗美惡。其理由既如上述矣。然尙有說。不能不一及者。即掌中三紋是也。掌中三紋。俗謂之天紋人紋地紋。西人謂天紋爲心情之線。人紋爲頭腦之線。地紋爲生命之線。手相家者流。雖有種種說明。要之天紋爲感情之線。與前頭葉有關係。人紋爲頭腦之線。即屬理性。故主顱頂與上額焉。乃人間質也。地紋屬後頭顳顬二部。故主一身一家之事。動物性也。自古相書。以天紋主父母。屬志望成敗之事。配初年運。人紋主自己及產業行狀。配中年運。地紋主妻子婢僕子孫之事。又藉以觀家屋產業。配晚年運。三紋條理明晰端正之人。一生平穩。福祿攸歸。由是言之。三紋之於頭腦心性。其關係豈淺鮮哉。

手能表彰心性。其偉大之力。大概若此。故吾人不能忽視之。雖然。若過重視。遽謂手指能代顏面頭腦之職者。則又非也。蓋手雖靈活。萬不能有所思索考究以及發明也。但其動作。係由思索考究以及發明之機關流露而來耳。語曰。人爲萬物之靈。然人之所以靈。固不在乎手。而實由於心性。讀者幸毋本末倒置。而墜於世間手相者流。被譏爲井蛙之見。斯可矣。

看相偶述目次

看相偶述

盧毅安述

第一　緒論

人的稟賦，因有種族文野男女老少之別，和因外界一切作用而成的變態，（如因疾病，氣候，境遇等類）其容貌的肥圓瘦削，各有不同，性質命運，亦自有異，進一步說，面部手足，失其比例停勻之時，即所謂特殊的發達，或特殊的欠缺之時，更覺得顯著。我們找着這個特徵，評斷它的性質命運，和它的前途，是謂之看相。在這個學問來說，今日雖還沒有達到科學化的程度，但依據它的理論來判斷，有百分之七十以上，可能得到準確。要是不準確的話，便是看相者的眼力有差。譬如說：一個醫生治病，治不好一個病人，便說這個病，別的醫生也治不好的似這樣說法，恐怕說不過去吧？

我國古代，醫相同源，後來因人生的需要，醫的發達，遂先走快一步。但望聞問切，第一還是個望字，可見得宅的重要性。是以在古醫書中，說相的事，不一而足，尤其是置於德性的方面，挖掘起來，特別的多。在這一點，人們知道的很少，而相術本身，因有別種關係，進步較遲，甚至被人歧視，或則被認爲一種神秘的學問，不輕易着手。其實牠有何可異之處呢？若能通其原理，如按圖索驥，探囊取物耳！

照着普通相書來說，將面部的五官十二宮百三十部，分析流年，以觀其人的終身休咎，而忽畧了其人的性質，身分，氣宇，遺傳，境遇，以爲這些都是無足輕重，反而發生疑問，說此人相貌如何堂皇瑋麗，而屈處下僚，此人形衰貌寢，而置身顯達；遂謂窮達之途，和相無關，實則微妙複雜之處很多，未可執一而論。且流年的種類，又逾十種以上，又須數種參用，方能周匝無遺。還有一件，值得注意的，就是氣色和流年的關係：流年雖好，而氣色不佳，會受相當折扣；流年不好，而氣色明潤，尤其是耳色好。亦可免於一切的災厄窘難，兩者互相影響之處，太大太大了。

我國古來命相之書，什九談休咎，尤其是氣色流年，或更借重其人的「靈感」，「直覺」，以下判斷，差不多是一種定命論者，結果論者，至于如何來此定命結果，竟沒一提。更罕言性質，須知「靈感」，「直覺」，或因其修養未足，或因精神未獲統一，未必盡屬可靠，故往往所言不中。因爲性質之影響于其人的運命，實占最大因素，因其人賦有這性質，才生這形相，而這形相，也得之于其父母的遺傳。近代歐美相書，其出發點，純以研究腦髓作用爲主。腦髓的構造，便影響到心性器官，表露出來的，就是骨格形相，因其形相，而察其性質，因其性質而推測其將來的途徑，就可以探求所以載福致禍之由。這是它們所獨擅，每事科學化，故一切較爲準確。研習之者，也不必盡賴天才，而能把握着核心。惟關於推定流年，只在手相上，稍有論究，也未必盡屬準確。至於氣色流年，則眞成我國所獨有，人人視爲神秘的東西了。

第二 氣色血色直覺

氣色血色，雖主一時休咎，或一時心境，（如喜怒哀樂）但持此可能判斷其人當時的榮枯成敗得失，以及婚姻子女生死疾病。萬般人事，甚至顯出畫相，莫不因其氣色，神態，而有所表現，人物器具，活像一幅畫圖。我們根據這些表現，而下判斷，在相術上爲最重要，也被人們視爲最神秘的一事。但要知道，相者須先本身，能夠作到精神統一如老僧入定般，纔有可言。若經驗旣久，更可應用一種直覺性：卽不持這些根據，毋視一切理由，而下判斷，更覺得敏捷準確。我見世上名醫診病，也往往用此而不自知，也就他有過人之處。還有一件，認爲不可思議的，就是在該氣色畫相之中，有時關於其人的先人，或其他的亡靈，有所申訴，或涉仇怨或涉男女間之事，也見顯現出來，爲最可驚異。而且最奇驗的，更可仿效俗人的禳解之法，而禳解之。不過這些事：比較很少罷了。在科學上，究作何解識，還沒能說明。

再伸言之卽在看相上，最奇怪不過的，就是關於男女戀愛，婚姻，和因此而發生的幽怨仇恨，無論在過去，或最近的未來，可能因其人面上的顯現，而知其演變的經過。有時發現畫相，這畫相必是他或她對象的面貌體態，其人縱已死去多時，而受怨毒甚深，又加被相者的運命，漸就蹇塞的話，也能顯現出來；如在活世的人，更不在話下了，人的下唇，本和色情有關：而奸門，（卽左右兩太陽穴）則純然表示男女愛情的善惡。苟奸門黯黑不淨，和下唇左右歪斜，色又黝暗，此人必已受到對象的幽怨，男女老少，也不能例外。在看相來說，可以說是成了一個定律。據我看過這一類的例子，除了一些熟人不及計外，總可說超過二百人以上了——我爲此囘憶了一件很令人悵惘而罕有的故事：

某君名士也。生平愛漁色，而伉儷之情彌篤，妻苦之，頗爲之置妾。不數月，妾不死的話，便逃了去。初時以爲偶然。我和他在初，在相互間的朋友關係之下，認識了，一見莫逆。我那時正在開始學習人相之學，認爲他是一種變態性慾心理在作祟，也是難得一個研究的好資料好對象。在他的運勢上來說，實在很不利於置妾的，因爲他的右奸門極壞，所以力勸他勿爾。他不能聽，還以爲是讕言。未幾又置一妾，不夠五日，逃歸主家，不肯回來了，某君沮喪無奈。越一年，忽有一日折柬邀讌，到則見其盛設，似舉行慶典，賓客也雲集了。方驚訝間，突見兩妙齡的姬人，姍姍出來，向客展拜了。主人乃且談且笑，謔諧百出，以實我言之謬。衆賓客也驚其不驫。但不半年，這兩位姬人也者，也都因忤其太太之故，同時遣去了。某君也是粵人，居故都久，聰敏絕學，而又乖僻好義，人多憚之。他在性情上，既有種種極端矛盾的表露，遂使長材莫展而沒，總算是一個不遇之人了！

我剛才說的「直覺性」，卽不需要任何根據，毋視一切理由，而下判斷。這一判斷，往往遠較其他有根據的看法，更爲敏捷準確高明。在心理學上來說，乃屬一種內意綫，（即潛在精神）一種預感，又名第六感。若必強我找這個根據的話，只可在人們中的神態上，聲音笑貌上，所得到的感觸，從這一感觸，忽然若有所悟，這一個悟，就是直覺。在昔有名的宗教家們，往往擅此。故每恃這神秘的預感預言，和從心理上的暗示，（即用無意識的催眠術方法）醫治病人等等，作彼傳播救旨的工具，藉以吸收人們的信仰，就是持此力量作出來的。賦有此種力量的人們，有先天性的，有人工訓練得來的，婦女和帶有神經質的人，先天性者居多，營養質筋骨質的朋友，却很少很少有此。名醫生巫者，和星相家者流，則在無意識中往往練習得來。我對於這些經驗倒不少，但留有印象，今猶未能忘懷的，以太過瑣碎，就不多了。在這裡姑舉三件故事証之：

民十五年深秋間，康南海先生從滬上北來，漫遊各地名勝。比歸，我們門弟子三數十人，赴北京東車站送行。車快要開行了，他在車室中，面貼着鐵紗櫥窗裡，頭左右搖擺，向着我們；大聲朗誦詩歌，（忘其詩名）極度興奮，面部爲煤灰所汚，衆皆匿笑。我的太太，在旁告我，看他生龍活虎般，眞有九十以上的長壽，而我聽了，有如爲電所觸，心情突感不快，脫口而出曰：「三個月後，恐怕須要謝世了。諸君如須求他寫字的話，趕快求之吧！」衆人聽了，以爲我故作驚人之筆，旋復懍於我平昔之往事，未敢認作戲言，遂快快而歸。迨到翌年春二月，國民軍進兵上海，他倉皇避地青島，不數日，即告病逝。此事，我北方的親友，都得知道，引爲話柄之一。其次是民三十七年八月底，我剛從故都抵滬。某日赴南京路大新公司四樓看畫展，忽見陳樹人兄挈其家屬數人，從遠施施而來。然而神態陰慘，若有重病者。周旋數語，方將詰之，乃有一生客，突趨前向我握手，故未及與彼畢其詞，彼即離去，但聞云三數日後，即舉家返粵而已。我於其去，陡感悲酸，預感不復能再一面。月餘，竟得凶問了！

吾有兒子，方三歲，病腦膜炎將殆。醫主入院，但稱百分之百難救。家人等在悲傷紛亂裡，姆毋從客廳抱兒出，我則立在居室門口，中隔院子相對，可六七丈遠，在花木扶疏中，遙目送之，陡見兒之後腦部，光潤可鑑物；吾不覺脫口狂呼：「兒可救，十日可得轉機勿急！」衆聞之，方疑予失常。其後果如所言，剛十日始得救，今此兒已逾而立了。其時吾方治相學，恰好畧窺門徑，乃從極度神經緊張中，得到直覺。從此後獲得利用神經緊張，或在無我的心理狀態下，耑求直覺了。

第三　眼與犯罪坐牢遭險死亡

犯罪學上，刑事政策學上，有所謂「犯罪眼」一個名詞。說人們生有這一種眼的人，易犯任何一罪。而該眼的類型甚多，老法官警察偵探們，常常在一刹那間，便會有意識的分辨出來。而我今所說的，不只限於這一點，大凡人們不管其善良和不肖，罹法和寃枉，在運命上一生中，要受到牢獄之災的人，都算在內。換句話說，即等於其人，生有兇相，無辜慘死的情形，同屬一個道理。我見朋儕中，生有這種眼的人，確實不少，且多不能免，且和遺傳上，大有關係。而其人又非不肖，或反因此而獲得聲譽，故只在運命上判定其有這一個災厄。而這一個災厄，究在何時到臨？則仍在流年和氣色上，判斷之。我發現這個事實，遠在民九年冬初，偶爾碰到胡石青先生於天津一讌會席上。胡乃強請看相，我看竟，不覺大驚，認爲有牢獄災厄，而事則無由可致，心中未有把握，不敢逕告。且斯時我因初習之故，胡猜武斷之事，每不能免。乃私語於其同座者，請其防範不測而已。不圖一星期之後，胡因河南中興煤礦公司事赴汴，卽被該省督軍趙倜所扣，幾達二年，始獲釋出。其二在民十一年夏間，王寵惠組閣，羅文幹任財政總長。一日，羅向我大發牢騷，表示卽要去職。我告以在秋節前，應當引去，過此非吉，並恐易遭縲絏。羅悚然疑信參半。迨過重九，政潮洶湧起來了，政敵計使大總統黎氏下令深夜拘捕。翌日輿論大譁，僉以大總統此舉，於法無據，越二日卒釋之歸。羅的親故，聞訊歡呼趨候，我也往視。一見之下，我仍覺得他的氣色，正當在嚴重關頭，乃卽引入別室，告以君如不願吃眼前虧的話，應趕快趁下午火車赴津暫避，否則仍不免受苦。羅毅然答謂，我心坦蕩，絕無半點對不起人的事，敵人其奈我何。是晚十一時許，敵人乃弄好手續，再來逮捕了，彼於是嘗了十一個月的獄中生活。

上說兩君的故事，凡在北方認識我的人，都得知道，而且盛譽我的神奇。其實何神奇之有，兩君均生有這一種的眼。沒能逃避。近二十年來，南北熟人中，因爲政治關係的題目下，遭受縲絏的很多，有些還在囹圄之中。（包括在日敵時期，爲彼憲兵拘捕禁錮格殺槍決者一切）這些人的顴骨，都和尋常有異，說起來，很覺神秘，而事實的告訴我，乃是這樣的。遭逢季世，我現在更爲那些有這可能的朋友担憂。

又回憶一事，亦可足資談柄的。一九四六年春初，張君勵從滬飛京，我偕數友人，赴西郊機塲迎之。至時張未到，而軍統局戴笠，從機上躍下，隨從甚盛，簇擁而過。我問友此君爲誰，友以戴某對。旋察見我顏色微變，反詢我何所見。我以距離六七丈遠，一瞥而逝，自然沒能撮取其究竟，但面部淚痕，斑斑顯著，目露光芒，不免有易遭不測的災厄答之，且不只因其所役之職，易蹈險難而已。友亦驚疑未信。越一星期，我因事赴東單三條交通部東北特派員辦公處入陳特派員延焖居室，因平昔稔好，故常排闥直入，不圖突見戴方與陳密談。余好奇心動，乃藉放置手中所持提箱之故，掩門逼近座次，徐徐而出，在別室候之。戴旋辭去，陳知我意，笑問何如，我以極堅決之口吻應之曰：「遲則一月，快則一星期，此人必遭險難！」三星期後，聞彼果乘飛機碰山焚死。朋儕知其事者，驚奇的傳播一時。其實此事分析起來，本屬尋常：戴是具有四白眼的人，在相學上言，難免兇險。昔時楊永泰先生的兩眼，也具四白眼的。他本人也自知道，屢來詰我，我只支吾答之。至於兇險應在何時發動，則又須看其流年，如果應在最近的話，就可於其人的氣色上，觀察得之。我在當時看見彼眼兇光直視，即是表示去死不遠的特徵，而且彼的面部，陰慘如哭，淚堂下，又有淚痕。（在彼下意識內，已感受了一個惶惶不安的情緒，而不知其所以然。大凡人們碰有些災難來臨之前總會得到這個暗示）現此特徵的人，在三個月內，定難獲免。因病下世的人，目光直視，也是相同：也和初生的嬰孩，在七日內，目光沒有反應一樣，不過沒有這些兇光而已。死期愈近，直視的程度，愈見顯露。欲求免除這等災厄，非有很大的魄力，改造身心不可。佛忌造因，也許就是此理，然而談何容易呢！

走筆至此，陡然又憶到一件很凄愴的往事。某君乃清末民初，一個顯宦之子，留過德法的學生，習軍事，隸軍籍，貴爲次長，及總司令。爲人雖紈誇之習未除，且絀於識，然而俊朗機警善辯。以彼地位言，仍不失爲有可爲的一個。廿餘年來，在京津滬間，有過塲面的人，對彼是不會陌生的。我在民廿九年秋天，識之滬上，不久成莫逆。旋同客故都，踪跡彌密。他在這時，常常撫髀興嗟，不能自已。由是漸和當地的敲酋來往，我和粱秋水，頻加諷止，雖明知罔效，也聊盡我們朋友之責，暗自太息而已。迨到民三十三年冬，一日忽然造我，求我看相，且說近來面色甚佳，現有一事關係很大，請決進止。

我看竟告之：「君今日面色，好像不壞，而機則已大動，惟是動得不好，故非有大魄力，很不容易遏阻排除出去。常人每每受主宰者的翻弄，換一句話來說，就是爲運命所支配，而不克自拔，今者乃可以謂之卽受主宰者考驗之時了。論流年，雖像有些小利；面色之佳，也是由於心理情緒的作用，從內蘊喜悅而來，非眞有可慶之象，更談不到氣色之好。故此時唯有養晦待時，以杜遠禍」可是我詞未畢，他已不耐煩聽下去，只說他可能於旦夕間，發表任某省主席，剋日赴任，現在只問一句，前途有無危險，我答以無有，但遺臭則恐不可免，辛酸乃在一年後，千萬別要爲親者痛，故期期以爲不可。他就獰笑離座而言，沒有危險就行了，大丈夫作事，寧復顧此，遂不歡而去。抗戰勝利後，他覊押南京陸軍監獄。越一年後，瘐死獄中了。北平易手後不久，他所居東城有名的大厦，聞說也已易主了。他的相貌本甚英偉，眼則三白睘兇而銳，并帶有淚痕。且他的右掌，智力心情兩線橫互結合成一字形，即俗所謂斷掌紋也者。人事本靡常，禍福唯自召，我先民所賜給我這一份寶貴的學問，（雖還未能說達到發達）人們往往不能利用和受用，才智之士，尤加輕蔑，我對某君，深有此感。前歲梁君，過其故居得句有云：「多少侯門新易主，今過此宅轉徘徊；斜陽圈影掠人過，群雀作聲讓客來。」「死一生何忍問，交情交態不勝哀；盛衰得失尋常有，祇惜堂前燕未回」。讀起來我有餘哀。

第四　面型與性貧命運

人的運命，性質，職業，在面部頭部類型上，都可能一一分辨出來，這就是人相學的任務。我在以前，也曾說過。不過細密的加以分析，以便很容易踏進了狹而深的學理裡，而非這區區記述的範圍內罷了。今爲一般了解起見，舉一個例子，也是很有意思的。人們也許不大相信，認爲是我的一種武斷，可是的確有這一點顚撲不破的關係，沒能逃避。卽如關於性情過激而愛前進的人士，其面部類型，我雖然見的不多，但在統計學上的所謂「大量觀察」上，和他們的性質，傾向，綜合起來，得到一個共同的觀念。（有一個千萬別要誤解的，此處之所謂過激前進類型，不盡關於政治軍事，那只一方面，卽向着學術，實業，奮鬥進展的人，也算在內）卽它們的面型，是這樣的：「兩顴橫張，兩頰突出，眼尖銳，瞳少白多，或三白眼，四白眼不等；鼻則畧形平小，也有張而大者，但絕不高聳，面部的大小，倒不一定」。這在面部的大輪廓上，大多數，是傾向於這一類型罷了。在七七戰事爆發的那一年，我的大女孩，有一個同事丁君，縝密聰敏，時來我家。有一日，我你爾動念，視覺忽然向他的面部注視，感覺此君，乃過激類型那一路的人，且曾罹過牢獄之災的。我和孩子們說，孩子們笑以爲妄，我持之堅。後來我的太太密詢他客，客駭然問，何由得知；此君確曾一度以政治嫌疑，在南京入獄半年，纔避地到故都來的。現在聽說此君這三年來，在北國已很顯赫了。在學術界攻數學的曾君，我和他雖不認識，但在民卅七八年間李任潮港居座上，曾碰過一面，也是這一類型的人物，還比丁君特別顯著些。民三十五年秋，我在上海碰見了一個和我新有戚誼，而在銀行界，負有相當資歷的某君，又是此類型的顯著者，但從外表看來，好像官僚氣十足，宦海游泳，也很到家，生活又甚頹廢，而實際內心，則確另有主張。我初見時也很懷疑，後來果不出所料，聽說他少年留美時期，也是相當過激。

他的同學數人，同國不久，也就爲政治的歧見而遭犧牲去了的。這是廿餘年前的往事。又見近今我各政團的要路中，面帶此類型的人所在多有，但都未獲得意，也許爲其他多數的暮氣所籠罩過去而受到影響。至於非此類型而作此類型的事者，也隨處看見。大概這一類人，本無堅決的意念，不過爲一時的利害機緣，或爲恩怨所左右，所謂「識時務者爲俊傑」的人士。其處理和應付的才具，每較上述的人爲優，而其人的鼻，不會太大，兩耳不算善良，或和面部大小形狀，不相稱；牙齒也不會好，或則行列不齊，齊則齒形細小而白；下唇又薄，在運勢上來說，是比較容易獲取得意。而且這一種人，兩眼多浮突而不深藏，處事注重現實居多。無論在政治軍事實業上的團體內，如果朋友們的性行，有近於這一傾向的人，請閉目默察它的形貌，當能恍然於胸中了。至于智慧深，理想高，意念強，而表現於其行動的事，則又往往南轅北轍，事後頓覺苦悶。這人的額，必是高廣濶面；鼻形畧小，而顴微晦，口成一字形，齒尙雅潔，眼呆無神，乃屬表示其意志堅決，且有倔強執拗，堅忍耐守之力，無奈他屢爲外來的威逼利誘所脅，而缺乏履險如夷，和反抗的性態，因爲我的朋友和識人當中，有這一類的，我常代爲之担憂。他的結果，是會進退失據，身雖沒敗，名則會裂的。（求之古人，吳梅村，即是這一類型，而絕非不辨是非之人）又剛剛和上述兩類型的人相反，而且勇氣機巧，和自衞力，更遠不逮，故舉重若輕，自然是不能求之於彼輩。我見並世浮了出來的朋友們，敵不過這些潮流的激盪，而自毀滅的，不在少數。還沒毀去的，也很替它們担心，因它們本來是很自愛的。說到這，這些人的抵抗性，固然弱少，破壞性也很缺乏，當前的事實利害，縱能看透，也是沒用的，扭轉局面的勇氣，要想求之它們的話，恐又太天眞了。

述筆至此，我不覺懷念起張東蓀先生來了，他本來是一個聰明絕頂，天眞絕頂，加上高潔好義悲憫爲懷，而同時又是機智縱橫，喜歡玩火放火，而不肯蹈火的人。有這大大的茅盾，所以他不免對事熱心，對人冷酷，高視濶步。然而這個火。也往往惹到他本人身上來。所以說他能善於自謀，也是絕對不會的。從他臉譜上頭顱上來說，他的前額上部，高廣爽朗突出，是表示他的聰明細密，而其主要在研理；顱頂也相當高聳正義人惠之念，還是不時湧上心頭；然而跟着兩上額側部，以及中側腦部，也很飽滿發達，所以面部上的前額，仍畧突出；鼻準則過橫張，而下頷尖削。卽因缺乏營養質所致，一生羸瘦，不善應付且缺乏人緣，可惜在此。因上種種，他所賦予而表現出來的，他除有優美的思想外，還有：有計劃，有方案，有主張。他之所以能夠學有所立，就靠這點。不易與人妥協，性似柔和，實則倔強，亦緣鼻形大，寧犧牲一己而不願改易其主張之故。至於前唇過薄，縱有辯才，情愛則缺。此外最顯明表露出來的：他的兩目，成了下三白眼的（卽眼球內之左右及下部，露出白色，又卽眼內有三個眙）人了。大凡三白眼的人，在性質上來說，是愛弄機智。（即是兩中側腦部發達之故）不滿現狀，要打破現狀；在運勢上來說，是可能碰到災難，（在敵僞侵占時期，他會爲日憲兵拘捕入獄年餘）甚至可殺其身的，尤不可能得到下屬的助力。若光靠他的學問天分心地來說，他應該不會觸時世忌，然而他是一個終其身不會得意的人兒，得意恐怕在身後吧。

性與運命，是這樣的極其微妙。能善用之，便是一個成功者。可惜知道這個道理，而能控制得住自己情感的人，實在太少太少罷了。

第五　我對於風雲人物

近有人屢請我對於近時的風雲人物，畧予批評，藉以測驗將來的時局趨勢，以資考鏡。我却覺得這太廣汎，太爲難了。個別批評，根本就不易。且我認得的人不多，在民初人物，久已隨逝水而俱去了；近今浮出面的人們，每多爲我本身的人事牽纏着，關係複雜，有些地方，不能不爲它暫時保留，沒能來一個痛快的盡情臧否，且亦無益於事。不過有一句話，可能相告的，我所見過的在它們之中，和露過頭角的朋友，便都以精細強幹見稱於時，尤其是明察秋毫而不見輿薪之輩，絕沒一個能豁達大度，能容物，看得開，放得下，留有餘地者，想這也是氣運使然，只可作如是解釋，乃它們失敗的最大因素。既然說是氣運，它們也沒法能闖開和覺悟過來了。回憶民卅五年夏秋之交，南京開國共調解的會議，各黨派人士，正在京滬間鬧得不可開交之際，我藉這個機緣，得見些各方的所謂重要份子。据當時的感觸中，有二人特別好，但立場相反，在整個兩年後，可能嶄露頭角，厥後果如時言中，今仍屹立不動。雖關時勢，也屬福運。這些話，在當時和我稔熟的人，都得聽到。厥後我在兩年前，偶爾在香港見着了一人，其人春秋　方在盛年，不在黨派圈子裡的，我認爲其人將來，可能投時局以重大影響，爆出冷門。此時世人恐怕還沒注意到，因此人還沒有地位勢力表示，姑懸此言看看將來（一九五二　十月記訖）

第六　說流年

在最普通人看相裡，一開口，便說流年，以爲人的運命，那一年好，那一年壞，彷彿是生來注定，莫可挽救，也莫能擴展似的。故在相術上的需要，是在能推測流年的準確，而受到一般人的重視。然而這話，談何容易呢，於是人皆視這爲神秘的學問，絕非常人所能領悟得到。但是檢討它所根据，仍不外以面部部位的美惡，而推斷其過去未來的禍福，這未免跡近武斷，然其實又非眞是深邃莫測的學問，因爲流年一道，据我所得的經驗，和所持的原理，其觀察所得，仍舊有驗有不驗的中間往來着，而非鐵定不易，在冥冥漠漠中，受到主宰者的束縛，難逃宿命的樊籠者。古相書曾言「貌隨心變」，且說「有心無相，相逐心生，有相無心，相隨心滅」；又說：「人無一定心，即無一定相」。更有詳細闡明說：「凡人之壽數，固有天分者，又有人分者，由人事變化而挽回者，謂之人分；談命者必先盡人事，若不盡人事而談命，非知命之人也。由修養陰德，天相變爲壽相者，歷古不鮮。蓋相法之理，天稟形質，謂之先天；人事變化者，謂之後天。骨格毛髮，則主先天，爲相之體；血色神氣，則主後天，爲相之用。其體者者難變，在天而不在己；其用者易變，在己而不在天。人之壽夭，亦若是而已。不盡後天之養，而能全先天之壽者，未之有也」。這些話，眞是精闢無倫！卽是對於流年，也表示着不一定是人們禍福的時間表。假令不明這個道理，只見相者，論斷人們過去的事靈驗不爽，而未來者則又往往不驗，因此發生懷疑，以爲相術實無足取，安知情態有時會中變，是相法之驗和不驗，其權實操諸被相者，而絕非相者之過。遇兕虎而狎之，禍乃立見，此是當然之事。卽是說，人的命運，非不能以自己的意志，自由變更之故。昔賢有「人定勝天」之說，就是指此。話又說回來了，人類心性，本有三種：一是天性，卽出於一種動物的本能之性，人和動物，均具有的；二是理性，唯人有之。；三是靈性，即一種屬於「精神的生活」之性。人和動物，因受本能衝動的關係，多屬棲息于天性範圍之內。迴翔于理性的，却已很少，故每爲運勢所支配。換句話說，能用我的理性，控制我的情感，更能邁進一步于靈性之域的話，則諸天世界，自我生滅，嗟彼相術，安能囿我。但是今世的人，多不足語于此罷了。故流年的需求，還是須要的，不可缺少的。

看流年的方法，可有十餘種。我們爲人看相，也須同時參用二三種以上，始得準確。但此非一般人們所易了解，領會，記憶，而精密的計算，尤易陷于毫厘千里之差。故特舉最簡易而最恰當的例子三種，如能持此衡量人的一生輪廓，雖不中，也不遠了。

（一）是觀兩耳及鼻以斷其一生的大概，此法假定人生爲六十歲，男子左耳主初年之二十年，鼻主中年之二十年，右耳主晚年之二十年。女子恰恰相反，先右而後左。左耳輪廓，齊整豐厚，其人的遺傳，必定美好，兼席父兄之蔭，初年運自然是好的；反之粗劣，遺傳必惡，縱非生而貧賤，也難冀其安樂。鼻以肉能包骨，體狀豐隆，不大不小，綺麗端肅爲主，中年定能發展。鼻的形狀，苟有不端，或過大過小，則每事遭到蹉跎窘難，很不易振拔了。兩耳能兼蓋，晚運固佳，惟三者俱備，始能稱得全才。此外鼻是主財，中年財運如何，也可於此占之。

（二）是額主初年，鼻主中年，下顎主晚年。天庭美麗的人，初年運吉；中停美好，顴鼻又無障礙，中年定能立身發達；下停豐厚，晚年有子福，家產豐裕。額惡者不獨初年運蹇，即中晚年的運，也要大受影響。惟鼻如能佳美，中年還能有振作的希望而已。

（三）是一歲至十四歲，屬耳運；十五至歲三十歲，屬眉運；三十一歲至四十五歲，屬鼻運；四十六歲至六十歲，屬口運。其看法即以其部位之良否，定其運之通蹇。這法雖和上舉兩法，有大同小異之處，也是歷試不爽。但要知道，眼不入流年之內的，故須要和宅的部位，分別參照觀察。眼如善美，耳鼻眉口，縱很惡劣，也可補救，否則五官雖如何優美，也難行好運。古人也曾說過：「觀人莫善于眸子」，也極獲我心，以眼在相學上，實占最重要的位置之故。

此外尚有一種看法，是專以耳來作流年的。即以左耳主初年，右耳主晚年，綜合來相．又以天輪主初年，人輪主中年，地輪主晚年，作為流年的準繩之一法。因為耳的作用，是主營養，和人的壽命長短，有極大關係。即如地輪，乃表示顏面下部，和腦髓下部的心性作用之處。故看晚年的住所，子孫，家庭等等的緣分厚薄如何，都可能在這地方求之。比方耳的輪廓雖具，可是牠的形狀薄小枯瘦的話，那麼，生涯自然是趨於寂寞的，不止家庭的溫暖未可期，即社會之對于彼的態度，亦殊冷酷。天輪有缺的耳，因為獲得所親之惠過少，故有幼少坎坷孤獨，一生涯中，多從迍邅過去．耳輪反張的人，雖負勇敢之性，但說到貯財，是很不容易做到。而且破財的時候，多在最短的剎那時間裡。宅的舉動，則又從積極上做去。反之消極的，趦趄不前的，破財者，多是耳有輪而無廓的人了。

兩耳血色過紅，很不相宜；耳肉豐滿過紅，更不相宜。因爲遭到腦充血和溢血的人，多屬這一類，長壽是到底不可期的。世人往往和耳色紅潤相混，是有差之毫厘之處的，不可不察。

又凡計流年之法，性急任性之人，以其年之若干年爲流年；性緩馬虎之人，以計足月數爲其流年；這是萬不可遺忘的，否則便失其準確性。然如何而能審識其人的性格，從何部位窺其緩急呢？這就須看人們的眉毛濃淡長短輕重了。性急任性和氣量褊小的人，其眉毛總是走向輕淡而短小這一路，眉毛散小者，更顯著些。反是遲緩者，眉毛粗濃重厚而且長了。此是一個很簡單的看法，持此標準，可無一失。

第七　頭面與手指

刑事警察，在偵查某一人時，往往將其人的面部，身上特徵，可資注意認識的部分，甚至于聲音笑貌，也牢牢記取，以便探索。寖假在某一涉嫌的人中，會有碰着同一類型的特徵發現，此一發現，是語其人之性行的居多。積之既久，乃悉犯某一類案之人，面部手上，或其他部分，必有一同樣而異于常人之處，而人皆忽畧之。此一特徵，自然視其所涉之罪，而各有不同了，偵探家則認作爲開山之斧，持此線索，以偵緝犯人，已是成效卓著。近三十年來，指紋之效，其驗大著，這是人們所共知道的，這也不過是一部份。而偵探家所用來作探索的資料，能用在人相學上，尤使斯學大受其惠。但因研究的人太少，故世上知的人不多。在犯罪學者，精神病學者看來，已是認作一種珍貴的資料，給宅很大的供獻了。

我于上文所說，都是從頭部面部立論，至於手和指，與頭部顏面的特徵，其關係也有如形之于影，是分不開的。即顏面負此型的人，手和指也表現同一類型，絕對不會有例外的。故我們旣了解了頭部的大概，對于手的方面，雖不必如手相家那麽精深詳細，究其底蘊，然而認識手和面部相通之處，也是很有意思的。故在此將最易了解的大概，描述一下。

顏面全部，固然是表示一個意思和情感的地方，手和指又曷嘗不然？運命的歸趨，也可能清楚地顯露，而且精密之處，也有較比面部爲強之時。所以古人有言：「厥運在手」，的確不是一句虛話。

比方手指美的人，心性自然是美的，粗陋反是。在原則上來說，手肉多的人，性情柔和；骨張則趨強硬。由此推索，可以知道各神經分佈的形狀，和大小軟硬的由來，整個人的形質，可以說是表露無遺了。

在一般說來，手指修長的人，向認爲思想家；肉多指肥的，爲實行者。由此可以推斷，「思察」在面的前額上部，實行在面的中下部，手指大，頭部也大，額面長，手指必長，頭橫的人，手指也橫張；前額低的，指也短小。掌紋美好，其人的形質，也是優美，腦質亦復細緻。爪厚是主全身的骨格強固，賦性勇猛，外表是鼻骨稜稜有氣，顴聳肩橫的，乃是一個筋骨質的人。反之，掌甲枯瘦，其薄如紙，頭蓋骨，自然是薄的；其人的心性，萬事不免趨於消極方面，憂鬱悲觀，不期然而然的，湧上心頭。

女人的手，多橫紋，男子多豎紋。筋骨質者，橫紋少；營養質者，豎紋反不多。有豎紋的人，不願需人助；橫理多者，得天之佑又很厚，額部的福堂，表現美好。故由此說來，可以得到一個解答，卽豎紋和顱頂及額的上部，豎紋和顳顬下部，（卽在頭的兩側下部）及後頭葉，有很大的關係。換句話說，顱頂部欠缺的人，掌上未曾見過有明確的豎紋。

神經質的人，橫豎紋理，都很不少。這是由於心性的活動，易受刺激所致。所以這些人，都是指瘦爪小，橫豎紋理多，而且顯著的。反之性質魯鈍，目不識丁之人，又不同了，只有二三不規則的紋理，和像板般硬的掌肉。更申言之，紋理的美惡，即象徵腦髓的精粗，表裏一致，莫能改易。所以紋理之多寡，長短，粗大，細微，靡不循各神經作用之優劣，而皆有所準據。故持斯理以推衡一切，自然可以迎刃而解了。

我在這裡，已經說過，偵探家能以人們的面型，忖測其人的手和指的形態，恰如形之于影。但它之所以能如是，是靠面部身上特徵推斷。而人相家則以其特徵，而究其心性，因心性而判斷其命運，所以也能舉一肢而知其全體，面貌之何若，身材之肥瘦高矮，，瞭然若繪了。惟有一事，別要誤解的，手和指，可以表彰心性。揮手作勢，變化萬端，固然是極其重要，而司理這個職務的，則仍在腦裡。智愚忠

奸，躍然表露的，還須在頭上面部求之。主僕的輕重倒置，是萬不能
的，要分清楚的。

第八 論形貌的不足

這裡所謂的不足，非說不及的意思。不及乃對於過大而言，不足只是滿足的反面。

相貴停勻，即是表現得圓滿具足的意思。在這圓滿具足中間，有了不足，而顯現了各種變態變形之時，就是失卻停勻了。我們將這個不停勻的地方，能夠仔細觀察，可以清楚了這人的性質之不足，和運命上的不足了。

列舉形貌上的不足來說：(1)禿頭而無毛髮；(2)頭和頸不相稱；(3)肩狹小左右不整；(4)胸部陷腰部瘦小；(5)足有長短；(6)指疎肩有上下；(7)眼有大小一仰一垂；(8)鼻仰或曲；(9 左右顴骨上下高低，兩耳位置形狀參差；(10)一指有紋理，而一指無之；(11)睡中開眼；(12)語帶女聲；(13)齒露黃色；(14)口尖而臭；(15)步行欹側；(16)顏面萎縮；(17)頭小軀大；(18)上體長，下體短等等，都可以說是形體的不足。有這一項的人，便主福薄貧窘多病。茲將上所述的大體，再畧畧說明一下：

（一）　左右面，在面部正中，劃分左右兩界線，從頭腦所主宰的地方來說吧，左面主智，屬陽，趨于積極，向外的事，一切屬之；右面主情，屬陰，流于消極，內裏的事，一切屬之。

又以看流年的方法，看兩側面，也是行的。左主初中年，右主中晚年，比方左面正而豐美，右側較劣的話，便表示右側的不足。它的性格，自然向着進取的積極的向外的走，守成非其所長，長于計畫，而難克始終，任性妄爲了。在運命上說，外觀似好，內實匪佳，每爲家室操勞，與母緣慳，晚年不幸。婦女則務虛榮，愛修飾，不善治家，屢易其居，抵抗長上，多是重婚的人。

恰和上說相反，右面停勻，左側示弱的人：外表柔和，內實剛愎，能守成而拙于創設，故讓宅站在台上，不如隱在幕裡。這種人，本屬陰分者，在昔指稱小人惡人的人，多屬之。以其酷愛裝傻，善詐，故易招嫌怨。世間寡婦，也多這一型的人。

（二）　三停，上停的不足，是指額的偏小，左右廣狹不稱，凹凸偏斜，和疵痣等而言。這些毛病，可以說是從父母的遺傳得來，是表示着和雙親生離死別，或受了大破敗，故在初年的運命，無論是男和女，自然是不會好的。

中停的不足，是指眉眼的位置，上下，大小，三白眼，四白眼，鼻梁的曲折，顴骨的大小高低，疵痣，紋痕等而言。這些都對於中年的運命，有大的影響，卽使上停豐滿，所親富于資財，也難保守，縱能經營得法，也隨着中年氣運的沒落而消逝了。

下停的不足，是主晚年的不運，故第一要看的和子孫們的緣分如何了。口唇的歪左歪右，齒列的不齊，下顎的瘦小，偏曲，下停較比上中停的過大和過小，突出前方過甚，和後退過量，人中，食祿太平滿，紋理多，有黑痣，有缺陷，唇色極黑，又或整個下停極難看，有萎縮模樣等等，都是表示形相的不足。有一於此，不只表示人緣之不好，晚運之不佳，即初年中年的氣運，也多間接而受到挫折了。

第九　看相上不可缺少的要件

在看相上還有一件最重要而値得一提的問題，就是其人的風度，聲音，舉止，和其性格，甚至運命，有很大的關聯。所以在人們的看相上來說，縱屬美好無疵，如果宅的言動乖異，可能迍邅一世；反之相本平庸，而儀表不俗，也得躋於上乘。此中事實，在我國古書堆裡說的，不知凡幾，（所說雖頗籠統，但一言中的，示人以範的，確屬不少，如：左氏傳記叔向之論學子，視下言徐，蜂目豺聲之商子，熊狀豺聲之越椒，豺聲之伯石等等，和自宋代以來，相書中所述及的，尤不勝枚舉），但沒有劃然說得清楚些罷了。故就這一點來說，也可看出宅的性情，和宅所能達到的運命。甚至刑事警察，也時藉人們的舉動，性癖，偵查罪犯。而世之人對於這些還沒十分注意到。又因這些資料，尚很缺乏，且其準確性，還沒得到有把握的程度，故多忽畧過去。但是相的美惡，仍復佔最大因素。今為明瞭這些，和看相有關，而最普通最大概的言動，描述如下，用作看相時的參考。

（1）步相，人們的走路，千差萬別，各有不同，但大體說來，不外三種：即濶步逕前的人，對於事物的見解，特別廣博；行步蹣跚者：氣力和進展力，自然是很缺乏的；濶步疾趨，其人思想和活動力，固然可說得上充足。但步細而急，不但思想狹隘，而且拘泥小事，活動力差能保持得着罷了。足浮無力，萬事懶散，是一個毫無主張之輩。舉動活潑，乃屬心性力活潑的表現。舉步作模倣事物狀的，生平浮薄，天眞熱情，不能求之此人；也自然不是一個成功之器。直前不左右顧而行之人，是對着所向鵠的，勇往邁進；而左顧右盼，左傾右倚者，缺少直接進取的勇氣。疾步路隅的，對着所懷目標，更乏胆力向前謀取，只能追隨人後，倣着狐鼠的所爲而已。名譽性過量發達，多陷虛矯，姿容不免修飾，步時頭部，也畧作左右傾狀。自尊性強，其舉動自有一種高貴的氣概，流露出來。反過來說，欠缺這性的人，行時頭部，又必畧畧前屈。秘密，（又可稱之爲狡猾之性），警戒，理財，三種性質結合着者，步履輕，步時注意足尖，足音毫無，甚至有若蛇行。

（2）坐相，坐屬陰，步屬陽，步是動的，坐是靜的。是故端正厚重，不露浮動之態，在相上說，爲最理想。但有些人，坐下來，雙膝搖曳不定，在相中爲最惡，爲蹇運否塞。立如大樹，坐如山丘，步履則靜止若水，體復厚重，這屬最吉，賢者便能地位顯著，即平庸之人，也可福祿兼至。形神躁動不寧，定是百事不就之時，這個原故，仍是一種樹搖葉落，人動財散的常理吧。

．比方我們，在看每一個來客當中，也可見着一二個例子的。即來客中，有入室踧踖逡巡，如有所商的樣子，雖有所圖，但必無成，且其志望，又必趨於消極的，盤根錯節之事，自然不會這樣的人，能幹得來，此是一個破敗的相。入室之時，足先身而進，站立後，即泛覽四週，仰面而視的人，必定弄着詭計，有所圖謀，而反爲人所乘，因此人這時，必處逆境。對客言談中，兩手磨擦，或搓手玩弄的，有應付對方的意圖，缺乏誠心。婦人雙足交疊而坐，雙手十指，抱膝而談的，心存不貞，一生中終有一囘姦通之事。仰視而語的，自視過高，自私心強，也有謀人之志。有些人在對話中，如泣如笑，或在談笑中，聲音紊亂，語尾不大分明的，雖擁百萬之富，終必流浪浮沉，落到貧賤的境地而後已。又有些人，無論在室內，或在往來之中，常常撫面，或獨語，或側面而行，側首而坐。都是百事不就，乃屬不幸之輩。在對話中，始終左右前後顧視的人，心情無一定着落，而常抱險惡之志。閉目而後語的人，多虛語，巧弄詭計，婦人定有宅戀。伸頭而語，每每說人短長，常逆夫意。語時橫眼或俯視，乃存盜心。蹙額成皺紋的，屢易其夫。應對之間，頻弄姿首的，桃色災難，恐遭不免。鼻涕流溢，口沫飛颺的，孤獨，根基不穩；老年人，三年內必死。有突然縮其頭項之人，必在運蹇進退維谷之時。又在對話中，頻頻餂唇，或以牙齒。咬唇邊的，必定頑固不恤人言。凡與人握手緊而有力的，熱誠可靠，鬆而無力的，冷酷無情，不緊不鬆的，世故頗深人尚溫和。

（3）聲音相，聲音在看相上，也佔重要位置，稍一留意，便易分曉。聲音本來是由喉嚨發出來的，故以出自丹田爲吉，體健意志堅強的人，諸事順適，爲成功者之相。

高貴人的聲音，自然爽朗入耳，清脆。貧賤者的聲音，則多譟雜不清，乃對於事物把握不住之故，故每多招損破敗。聲音凡自咀邊的，思慮不週，處事輕率，難期成就，聲音混濁的，多辛勞，屢破其家，縱有所成，不易永續。話中斷續不清，頻吐涎沫的短命孤獨，多不成就。聲音爽朗而眼神混濁，其人卑鄙。聲音枯澁，顏面稍長（俗稱馬面的），一生不幸，住所職業，屢屢更動，或更與親屬無緣。五官雖不停勻，而聲音爽朗，其人必能出衆，顯達，但到三十五六歲後，便已漸趨蹇塞而招破損了。

婦人聲音特別高響，其人雖有本領，性急任性，尅夫，屢嫁，爲淫亂之徵，流浪，破家。聲沈的：孤獨，不幸。每語聲音屢變，謂之病言，是百事蹇滯，運氣減退。婦人而像男的聲音，自是一個反常的現象，也主尅夫，淫亂，破敗，甚至改嫁，有男子的姿勢者亦是。又婦人以口嚙衣服的，雖生富貴之家，也屬賤相，縱有子孫，難期孝養。

男作女聲，也是破敗之相，百事趨於消極。語尾低沈下去的，多艱苦。聲小而音響清晰，運吉，長壽。低聲俯語，其人當時，必在運蹇，爲財所惱，急求解救之時。聽音始高後沈，也屬運蹇。若在病人，難期恢復。總而言之，婦人言語，有性癖的，都是凶相。

（4）笑相，笑聲高響，是表示一個刹那間的衝動，刺激，和心性的旺盆•，而這個心性，絕沒有經過修養而後發出來的。柔和的淺笑，是表露着温和的性質，和有抑制熱烈情緒的力量。冷笑又是另一個心理作用，是對某一人，陰存惡意，責備•，輕蔑時，也是這樣。

爲一點瑣細小事，輕於發笑的，是爲一個氣量褊小之人，情感容易剌激，輙作嘻笑，是爲情緒的笑。笑聲宏亮有力，表示意志堅定。輕聾無力，便露着意思薄弱。心情快活之時，纔能笑得輕鬆開朗。笑聲急遽，乃屬精神輕易發動而無力控制。事本可笑，而反能閉口，或作半笑的形狀者，這人本身自有相當的控制力，有時能控制着不笑，而有時則復莞爾而笑之人，有控制力，同時也有强烈的破壞力。短笑和嘲笑，乃從冷酷的情緒中湧現出來的表露。笑臉迎人，始終不懈，乃由於名譽性的發動•，故性喜恭維，笑聲過高，自屬粗野，品格卑下。正義性强，修養有素之人，情緒温厚，故笑起來很能自然。不笑者，情緒發動遲鈍，精神未見愉快，又缺乏社交性•，家庭温暖，自然不易求之此輩之中，身體也未必能夠強健。有深厚的情緒，和詼諧性之人，有引人笑的能力。常愛說謊的人，不多愛笑；如果笑的話，必定掀起口角，成直線形，白齒露出來了。

這些都是從舉動風度中，發現種種的性癖，而因其性癖，得到看相的資料，犖犖大端，乃是這樣的，不過有一句話要牢記的　不能執其一端，而蓋其全部罷了。看相誠如老吏斷獄，直覺靈感之性，固極其需要，而搜集根據，判定根據，尤爲最不可或缺的一事，捨此別沒他途。此外尚有最顧忌而易陷于迷惘誤斷的，莫如先有成見，或偏見，而爲這等情感所左右，對看氣色，更不相宜，務須頭腦冷靜，使有平淡之氣，然後方能得到準確（對這等事，也要相當訓練訓練，未能一蹴而幾的，不過初時稍一注意還易得到門徑）。　諸君如要深造請讀拙着新人相學　可能有所資助。

指動心動的觀察要訣　附錄一

有一件事，可以用指動心動的方法，忖測人們的心理狀態，這心理狀態　就是在這十指上的動作，而能夠知得宅的喜，怒，憂，思，哀，慾，愛，希望，恐怖，任何中的一項，正在發展，和後果的好壞。此是一種心理的作用，應用到人事上的休咎，類似神奇，其實平淡，而且人人都可能應用的。退食之暇，不妨試之。人們對於事物，失却了判斷，也可幫助處理，故用途很大。這個方法。本來古已有之，但現在知道的人却很少很少罷了。

這方法是這樣做的：二人在靜室中對坐，約距三尺和五尺之間，一人伸直兩手豎起手指，一人則熟視其手，咸使靜默凝情，令入無我之境。數秒鐘之後，伸手指者的指，無意識的自然蠕動了，乃因其動而下判斷。這個判斷，就是結論。但這入到無我之境，須要十二分的做到。等於老僧入定，新名詞就是精神統一，故又可名之爲吸氣着情術。心理學上的所謂下意識，可以應用到人事上的關係，這也是其中之一吧。方法如下：

（1）右手拇指動，乃主其人的故鄉，發生何等的變故，否則定爲色情的事所惱。

（2）右手食指動，乃在自己的權力，不能發揮如意之時，然而偏要想達到其希望，而終歸失敗的。故在這時，還是謹愼將事，等候時機之至爲好。

（3）右手中指動，是主得到意外的恩惠，或其本身得到了一個着落。在某些時，有一件事，足資談柄的：某日有一貧窶的人，要我爲他看相，我用這法試之。他的中指，不覺動了，乃告他不日有意外的財可致，或則是得到一種遺產之類，足資慶賀的。這人自言不信，他說早失怙恃，六親無靠，安得有此，不意過了數日，他忽然來告，說此事實不可思識，也沒夢想到，最親還有伯母一人，頗富有，在數日前病逝了，沒有子女，我已承其遺產了云。

（4）右手無名指動，是主舉辦新的事業，或變更住所，尤其是對於現狀不滿，企求新的希望之時，有此表現。

（5）右手小指動，主有何等的恐怖事情，橫亘於目前之時，有此表現。

（6）左手拇指動，是主家中有喜事，如婚姻，生育，建築第宅，和其他一切可資慶祝的事，皆屬之。

（7）左手食指動，主在日內，有不得不憤怒的事發生。

（8）左手中指動，主自己本身，有可憂慮的事發生。

（9）左手無名指動，主有些甚可心痛之事，發生之時。

（10）左手小指動，主其人的運氣漸次蹇塞。

從人相學戲論美國政治人物

附錄二

一九五二、一〇、二、曾登載香港星島晚報

在風雲擾攘的現局中，美國未來的「白宮寶座」究將誰屬？這不祗是「當選者」或「落選者」的得失榮枯問題，而簡直關涉到整個未來的「世界局勢」。由於牽一髮而動全身，鹿歸誰手，遂爲舉世所矚目。此間人士，對於美國將來競選的結果，亦忖測紛紜，議論雲起，不過，以遠隔重洋的「異國人」而論列「它國」事，其中且有小數對於美國政情，或非研究有素，所見自難盡得其當，故擬另覓途徑，戲以「人相學」上的見解，論列各「競選人」的「相格」及「個性」。附帶幷畧論其他三數政要，評其得失，推其未來，求一結論。惟僅以雜見於美國各「雜誌」所登載的「照像」作根據，自不免有隔膜之感，以下皆就「以相言相」爲立塲，至於其人的「政治的背景」「歷史的因素」，皆一切撇開，而完全屬於「人相論」的遊戲性質，至於能否談言微中，非所計及，姑懸之以作異日的考証：

・艾森豪威爾：艾氏的相，面部成長方形，上額高廣，眉骨聳出，下頷又復豐滿，印堂朗潤，有二紋竪立，田宅且得明澈，這是表示其人的聰明過人處。品格嚴肅，富於理想而有實行力及活動力者，尤善處理事務；至於顴鼻大而相稱，準頭橫張，口大成一字形，乃因兩耳上的側腦部，較爲發達所致，這個地方乃謀略所從出，且表示自尊強而能下人，本性雖屬深沉而略欠秘密；兩目深入，烱烱有光，蘊藏着一種機智縱橫因應裕如的本領。獨惜兩眉欠整，右顴稍偏，兩下耳部稍縮，爲美中之不足。故雖天資精細銳敏，計劃週詳，不盡重視現實，但亦過度審愼，不喜涉險，馴至防禦勝於摧擊。下唇上包，牙齒行列，並非美好，尤見其雖能判斷而缺果斷，且恐不易堅其所守。好在天倉福堂（卽兩額下側部）太好，能一生處境順適，歷階而昇，五十以後，且有猝然而起之勢，復得屬下之力，以至身名俱顯，此是一個罕有的福相。六十六歲前，福命尤佳，今次候選總統，如無其他較爲優勢之人，出而與競，則自當膺選無疑。（也許異軍突起，在彼國兩黨以外，另有宅人，此是撇開現在事實來說的。）

又在另一觀點來看，我可大胆的說一句，艾氏豪氣總覺不足究非領袖羣雄之材，很容易走上多疑善變，任人不專，知人不足的一途，而且由於他的體質，驅使他遇事皆細大躬親，反成爲吞舟之漏的毛病。如果遭逢巨變，恐因疑慮太多而至失時僨事，令名難保。是意中的事。

史蒂文生：他的一切，可以稱得起是一個安常處順的相，至於地位聲譽，也都能臻上品，而材華也足以當之而無愧。上額高廣明朗，兩顴略露平視，下顎氣勢稍弱，眼下的淚堂，則特別發達，形成一個「袋狀」。這些都表示其人見識廣博，心平氣和，理解力強，分析問題，如繭抽絲，且有懸河的辯舌，能令當者披靡，聽者動容，處理事務，亦能有條不紊，尤其屬於經濟方面，與其稱爲善於開源，毋甯譽之爲巧於節流之爲得體。至於他的面部，本屬長形，入「鳥類型」而非「獸類型」，處事接物，自然較之方圓形的人，呆滯得多，吃虧得多。重以印堂眉宇兩耳山根鼻準，患有微瑕，是以温文爾雅有餘，大氣磅礴則不足。眼雖微露聰明寧靜，易爲人尊仰，但一切政治家所需要吸引羣衆的魔力，與乎應肆各方，和披荊斬棘的氣魄，頗難求之於「史氏」。若處承平之世，守法垂拱，確不失爲一個能手。民主黨此次推彼競選，是否另有深衷，我在這裡似乎不必深究。聽說他今年恰好五十二歲，以彼風度而論，還不及塔虎脫的渾厚而有霸氣，要使他推撼艾氏，爭取「白宮寶座」，在人相學的方面來觀察，眞替他捏一把汗。姑懸吾言，看看後果。

杜魯門：他是現任美國的總統，乍看似是一個好好先生，人亦多以此目之。假令羅斯福總統，不在任上去世，韓戰不起的話，他脫穎而出的機會，也許不會就那麼的輕易達到。但在人相學的天秤上，秤量他的面相所謂守如處子，出如脫兔，實在是一個英材內斂，居然很不容易給人看穿的。他的一生，能善用其所長，而掩其所矩，換句話說，他是圓臉型而顴微張者，有相當的秘密性。上額下頷，以及中部五官，皆能恰如其分，過猶不及的地方較少，故得天之佑特別大，爲宅人所無。如果勉強來說，他的所短，只在他的側腦部後腦部，畧較前腦部發達而已。所以鼻骨稜稜有氣，兩耳又大而完整，眼亦深藏不露，在在足以表示其人，活動力強而機智富，意志堅決而善於抓住機會，又時肯犧牲其意見，以遷就事實，絶不是一個呆板者。故果斷力強而胆大，且能任人不疑，雖後頭部較大，下顎豐滿，尚幸不至逾量，又口齒屬於美好型，使他有很深的家庭觀念，友情厚，吸引力大，統御力強。頰傍還有一道竪紋，叫做「捧塲紋」，格外顯露，更能增加這種力量。至於專權跋扈，雖非他所惡，但也有所怯，他的中下額，較之上額，略形欠缺，兩耳又略低，因此屬於見解方面，不免稍稍遜人一籌，而應付則恰到好處，氣度雍容而不昂藏，尤使宅能守繩墨而不蹈於偏激。在運勢上來說，他在七十四歲前，恐怕不易度着清閑歲月。而還須有活動的餘地。

綜觀他的相：的確太好，在比較上說，一切皆得停勻，故福運之佳，有富貴逼人之勢，往往隻手卽可打得天下而不須備嘗艱苦。故宅的事業，得之於天者一半，由於自己努力者又一半，然其領袖條件，雖已相當俱備，但雄心究嫌未足，這眞是爲天賦所限。單從眼說，他的威力和權力都不能使反對者屈服，不祗不及艾森豪威爾，麥克阿瑟二人，尤遜於杜威。爭取主動也很不易。總而言之，他是事業的追隨者，而非創造者。

艾契遜：這相面部，上廣下狹，成長方形，骨格神態，格外緊張，絕不鬆弛，這是一個筋骨性的心性質者。前腦側腦，逾量發展，營養力稍缺，由此而影響到他的事業心極重，硬幹苦幹，而鮮解圓活。至于他的全額兩顴，美滿完整，耳低口閉，鼻樑高聳，眉則粗密如茵，眼又帶下三白，印堂有兩度豎紋，這些都是顯露他天分極高超，見解極深刻，慮事極週密，意志極堅決，手腕極狠辣，毀譽不恤，謀定後動，沉機應變，邁勇直前等等，確有出賣風雲雷雨的本領，爲一個不世之材。但可惜的，地閣太過尖銳而負有氣勢，爲唯一的美中不足。因此宅的毛病，就很易走到：極端，徹底，專擅，孤僻，乃至偏激，樹敵，反抗的路上去；而缺乏：寬宏，通融，容忍，馬糊，至於持身廉潔，不善治生，友情眞摯，是爲彼的美德，不能抹殺的。

根據以上綜括來說：以他明敏的頭腦，邁勇的魄力，專橫狠辣的手段，是無壘不摧的。然而他究竟是個輔弼之臣，長于帷幄，他所缺乏的，是統御力，人緣較差，下屬又不大肯用命，如要展其所長，還賴上有明君。他的材質，不祗驅使宅到這樣而已，即從運勢上說，上額美好，是主得到長上信賴引拔的，而他確具此福相，且看他的印堂田宅，除一切明朗之外，天倉福堂，也大大寬展，天佑殊多。故一生處境順適，沒有波瀾起伏，不過晚年略存些寂寥之感罷了。聞他今年已滿五十有九歲，算來不管政情變化如何，在這十年內，總還有他活動的餘地。

杜威：看杜氏全面的相，可以感覺到，極度停勻之中，處處流露着各項的特徵，修短而不相侔，福運也足以副之，眞是一個近代罕見的奇才，環顧他們儔侶，在「事功」上看來，他似算是第一個。

他身上所賦有的特性　雖有粗豪，磅礴，寬宏，豁達等的氣概，而精細，謹密，輕巧，和緊執而不肯輕放的法術，也很能優爲之而有餘的。他身上所賦予的筋骨，營養，心性三形質，比例得很完善，加上天資英邁，體質健碩，在不知不覺間，驅使他走向「事功」的路上。

細看宅的全額，高廣飽滿，這就說明他的智識廣博，而不能深刻的因素。不過遇到任何問題，經宅分析過，也就迎刃而解。而且善謀善斷善辭令，處事機警，有快刀斬亂蔴之勢。下頷寬宏中，絕不露鬆弛，尤使它的活力，向着「事功」的路上走動，而不讓它有一分偷懶，或任何嗜好蠕動，這是理性能夠控制着嗜欲的表現。照理來說，下頷大者，精力特別盛，嗜好特別強，杜氏的前腦頂腦二部，較比下側腦下後腦二部的力量，占了些優勢，所以側後二部，要聽命於前頂二部，還要盡量發揮其所能的居多。何以如此呢？這個解釋，是這樣的：顴鼻是代表側腦部，下頷是代表後腦部，二者都是帶着些積極性，他這兩部分，的確充沛，但又帶些緊張，這一點是表明下級嗜好，無由宣洩，而改由其他的途徑，宣洩出來，而養成了它的心雄萬夫。卽是說，由「事功」代替了一切的慾性。這實在是人類的玄秘微妙處，不過要看宣洩的目標，走向那一方面，那就因人而異罷了。他的兩耳，比較其它的四官畧小，更足証明此說不誤。杜氏運命的崛起，既須向着前述的方向，而在運勢上，又適逢福澤深厚，天佑特多，波瀾的重疊，艱險的遭遇，是不會落到宅頭上的，也許稱得上是一個倖運之人。不過人世的運程，儘管熱鬧，然而未免單調些了。

他的眼大而有神，兩眉有彩，眼下淚堂，豐滿明朗，眉骨隱隱露出，這些也是表現出他的風度嚴肅粗豪虎虎有生氣之中，仍蘊蓄着雍容鎮定輕鬆活潑鋒鋩微露之態，所以彼的一生，友多敵少，統馭力也很強。艾契遜是陰中帶陽的人，他則陽中帶陰，在彼邦人士中，像東方式的豪傑，賦有豁達大度，能發能收，兼容並包的人，很不易發現。也許他們的社會條件，很難能培育這一類人吧。總括的說：杜氏始終是一個成功者，創造者，而非失意者。七十五歲前，居顯要，握大權的機會仍多，假使他對於集取衆長這一點，能多多注意，由今說來，未來的美景可說是還在後頭。其次有人問我，對麥克阿塞，馬歇爾，爲何不一併論列　鄙意以爲兩人勛業，精華已過，今後餘生，不過祗是一個極度安適四字而已。

公歷一九五五年六月十八日初版

看相偶述

定價港幣壹元正

著者：盧毅安

發行者：人相學研究社
香港九龍豉油街廿三號弍樓

總代銷處：世界書局
總局香港荷理活道74A號
分局九龍彌敦道641號

承印者：建明印務局
香港灣仔洛克道一〇四號

占筮類			
1	擲地金聲搜精秘訣	心一堂編	沈氏研易樓藏稀見易占秘鈔本
2	卜易拆字秘傳百日通	心一堂編	
3	易占陽宅六十四卦秘斷	心一堂編	火珠林占陽宅風水秘鈔本
星命類			
4	斗數宣微	【民國】王裁珊	民初最重要斗數著述之一；未刪改本
5	斗數觀測錄	【民國】王裁珊	失傳民初斗數重要著作
6	《地星會源》《斗數綱要》合刊	心一堂編	失傳的第三種飛星斗數
7	《斗數秘鈔》《紫微斗數之捷徑》合刊	心一堂編	珍稀「紫微斗數」舊鈔秘本
8	斗數演例	心一堂編	
9	紫微斗數全書（清初刻原本）	題【宋】陳希夷	斗數全書本來面目；有別於錯誤極多的坊本
10－12	鐵板神數（清刻足本）——附秘鈔密碼表	題【宋】邵雍	無錯漏原版 秘鈔密碼表 首次公開！
13－15	蠢子數纏度	題【宋】邵雍	蠢子數連密碼表 打破數百年秘傳 首次公開！
16－19	皇極數	題【宋】邵雍	清鈔孤本附起例及完整密碼表 研究神數必讀！
20－21	邵夫子先天神數	題【宋】邵雍	附手鈔密碼表 研究神數必讀！
22	八刻分經定數（密碼表）	題【宋】邵雍	皇極數另一版本；附手鈔密碼表
23	新命理探原	【民國】袁樹珊	子平命理必讀教科書！
24－25	袁氏命譜	【民國】袁樹珊	
26	韋氏命學講義	【民國】韋千里	民初二大命理家南袁北韋 北韋之命理經典
27	千里命稿	【民國】韋千里	
28	精選命理約言	【民國】韋千里	
29	滴天髓闡微——附李雨田命理初學捷徑	【民國】袁樹珊、李雨田	命理經典未刪改足本
30	段氏白話命學綱要	【民國】段方	民初命理經典最淺白易懂
31	命理用神精華	【民國】王心田	學命理者之寶鏡

32	命學探驪集	【民國】張巢雲	
33	澹園命談	【民國】高澹園	發前人所未發 稀見民初子平命理著作
34	算命一讀通——鴻福齊天	【民國】不空居士、覺先居士合纂	
35	子平玄理	【民國】施惕君	
36	星命風水秘傳百日通	心一堂編	
37	命理大四字金前定	題【晉】鬼谷子王詡	源自元代算命術
38	命理斷語義理源深	心一堂編	稀見清代批命斷語及活套
39-40	文武星案	【明】陸位	失傳四百年《張果星宗》姊妹篇 千多星盤命例　研究命學必備
相術類			
41	新相人學講義	【民國】楊叔和	失傳民初白話文相術書
42	手相學淺說	【民國】黃龍	民初中西結合手相學經典
43	大清相法	心一堂編	重現失傳經典相書
44	相法易知	心一堂編	
45	相法秘傳百日通	心一堂編	
堪輿類			
46	靈城精義箋	【清】沈竹礽	沈氏玄空遺珍 玄空風水必讀
47	地理辨正抉要	【清】沈竹礽	
48	《玄空古義四種通釋》《地理疑義答問》合刊	沈瓞民	
49	《沈氏玄空吹虀室雜存》《玄空捷訣》合刊	【民國】申聽禪	
50	漢鏡齋堪輿小識	【民國】查國珍、沈瓞民	失傳已久的無常派玄空經典
51	堪輿一覽	【清】孫竹田	
52	章仲山挨星秘訣（修定版）	【清】章仲山	章仲山無常派玄空珍秘 門內秘本首次公開 沈竹礽等大師尋覓一生 末得之珍本！
53	臨穴指南	【清】章仲山	
54	章仲山宅案附無常派玄空秘要	心一堂編	
55	地理辨正補	【清】朱小鶴	玄空六派蘇州派代表作
56	陽宅覺元氏新書	【清】元祝垚	簡易・有效・神驗之玄空陽宅法
57	地學鐵骨秘　附　吳師青藏命理大易數	【民國】吳師青	釋玄空廣東派地學之秘
58-61	四秘全書十二種（清刻原本）	【清】尹一勺	玄空湘楚派經典本來面目 有別於錯誤極多的坊本

62	地理辨正補註　附 元空秘旨　天元五歌　玄空精髓　心法秘訣等數種合刊	【民國】胡仲言	貫通易理、巒頭、三元、三合、天星、中醫
63	地理辨正自解	【清】李思白	公開玄空家「分率尺、工部尺、量天尺」之秘
64	許氏地理辨正釋義	【民國】許錦灝	民國易學名家黃元炳力薦
65	地理辨正天玉經內傳要訣圖解	【清】程懷榮	秘訣一語道破，圖文并茂
66	謝氏地理書	【民國】謝復	玄空體用兼備、深入淺出
67	論山水元運易理斷驗、三元氣運說附紫白訣等五種合刊	【宋】吳景鸞等	失傳古本《玄空秘旨》《紫白訣》
68	星卦奧義圖訣	【清】施安仁	三元玄空門內秘笈　清鈔孤本 過去均為必須守秘不能公開秘密 與今天流行飛星法不同
69	三元地學秘傳	【清】何文源	
70	三元玄空挨星四十八局圖說	心一堂編	
71	三元挨星秘訣仙傳	心一堂編	
72	三元地理正傳	心一堂編	
73	三元天心正運	心一堂編	
74	元空紫白陽宅秘旨	心一堂編	
75	玄空挨星秘圖　附 堪輿指迷	心一堂編	
76	姚氏地理辨正圖說　附 地理九星并挨星真訣全圖　秘傳河圖精義等數種合刊	【清】姚文田等	蓮池心法　玄空六法 門內秘鈔本首次公開
77	元空法鑑批點本——附 法鑑口授訣要、秘傳玄空三鑑奧義匯鈔　合刊	【清】曾懷玉等	
78	元空法鑑心法	【清】曾懷玉等	
79	曾懷玉增批蔣徒傳天玉經補註【新修訂版原（彩）色本】	【清】項木林、曾懷玉	揭開連城派風水之秘
80	地理學新義	【民國】俞仁宇撰	
81	地理辨正揭隱（足本）　附連城派秘鈔口訣	【民國】王邈達	
82	趙連城傳地理秘訣附雪庵和尚字字金	【明】趙連城	
83	趙連城秘傳楊公地理真訣	【明】趙連城	
84	地理法門全書	仗溪子、芝罘子	巒頭風水，內容簡核、深入淺出
85	地理方外別傳	【清】熙齋上人	巒頭形勢、「望氣」「鑑神」
86	地理輯要	【清】余鵬	集地理經典之精要
87	地理秘珍	【清】錫九氏	巒頭、三合天星，圖文並茂
88	《羅經舉要》附《附三合天機秘訣》	【清】賈長吉	清鈔孤本羅經、三合訣法圖解
89-90	嚴陵張九儀增釋地理琢玉斧巒	【清】張九儀	清初三合風水名家張九儀經典清刻原本！

91	地學形勢摘要	心一堂編	形家秘鈔珍本
92	《平洋地理入門》《巒頭圖解》合刊	【清】盧崇台	平洋水法、形家秘本
93	《鑒水極玄經》《秘授水法》合刊	【唐】司馬頭陀、【清】鮑湘襟	千古之秘，不可妄傳匪人
94	平洋地理闡秘	心一堂編	雲間三元平洋形法秘鈔珍本
95	地經圖說	【清】余九皋	形勢理氣、精繪圖文
96	司馬頭陀地鉗	【唐】司馬頭陀	流傳極稀《地鉗》
97	欽天監地理醒世切要辨論	【清】欽天監	公開清代皇室御用風水真本
三式類			
98-99	大六壬尋源二種	【清】張純照	六壬入門、占課指南
100	六壬教科六壬鑰	【民國】蔣問天	由淺入深，首尾悉備
101	壬課總訣	心一堂編	過去術家不外傳的珍稀六壬術秘鈔本
102	六壬秘斷	心一堂編	
103	大六壬類闡	心一堂編	
104	六壬秘笈——韋千里占卜講義	【民國】韋千里	六壬入門必備
105	壬學述古	【民國】曹仁麟	依法占之，「無不神驗」
106	奇門揭要	心一堂編	集「法奇門」、「術奇門」精要
107	奇門行軍要略	【清】劉文瀾	條理清晰、簡明易用
108	奇門大宗直旨	劉毗	天下孤本　首次公開
109	奇門三奇干支神應	馮繼明	虛白廬藏本《秘藏遁甲天機》
110	奇門仙機	題【漢】張子房	奇門不傳之秘　應驗如神
111	奇門心法秘纂	題【漢】韓信（淮陰侯）	
112	奇門廬中闡秘	題【三國】諸葛武侯註	
選擇類			
113-114	儀度六壬選日要訣	【清】張九儀	清初三合風水名家張九儀擇日秘傳
115	天元選擇辨正	【清】一園主人	釋蔣大鴻天元選擇法
其他類			
116	述卜筮星相學	【民國】袁樹珊	民初二大命理家南袁北韋
117-120	中國歷代卜人傳	【民國】袁樹珊	南袁之術數經典